Les troubles spécifiques des apprentissages

À l'école et au collège

dysphasie
dyslexie

dysgraphie
dysorthographie
dyscalculie

La ***Chronique Sociale*** est à la fois un organisme de formation et de recherche et une maison d'édition. Fondée à Lyon en 1892, elle s'est préoccupée dès ses origines de sensibiliser aux évolutions de la société et de suggérer une organisation de la vie collective plus solidaire et plus respectueuse des personnes.

Actuellement, les ***Éditions de la Chronique Sociale*** publient des ouvrages et des jeux pédagogiques qui contribuent à mettre en œuvre ces orientations. Issus de pratiques professionnelles et sociales, ils sont au service de tous ceux qui s'efforcent de mieux comprendre le monde.

Chacun pourra s'approprier ces outils et les utiliser, tant pour son développement personnel que pour une action collective efficace.

Pour plus d'informations :
www.chroniquesociale.com

Couverture : Agnès Chazelas, professeur d'arts plastiques de la Ville de Paris.

Responsable des Éditions : André Soutrenon

Correction : Gil Mozzo

Imprimeur : Présence graphique

Chronique sociale, Lyon, Dépôt légal : octobre 2017

Imprimé en France

Collectif coordonné par
Isabelle Poulet

Les troubles spécifiques des apprentissages

À l'école et au collège

3e édition

Pédagogie
formation

l'essentiel

Chronique Sociale 1, rue Vaubecour - 69002 Lyon
Tél. : 04 78 37 22 12

Dédicace

Je suis heureux de présenter cet ouvrage réalisé par une équipe de professionnels coordonné par madame Poulet, enseignante spécialisée « professeur ressources » dans l'académie de Paris.

Cet ouvrage est le résultat d'un travail conduit pendant plusieurs années : une source précieuse de réflexions, d'outils et de propositions pour chacun dans sa classe, à l'école et au collège.

Claude Michellet

Directeur de l'académie de Paris.

Les auteurs

Isabelle **Poulet,** enseignante spécialisée, maître formateur, professeur ressource à la Mission académique à la scolarisation des élèves en situation de handicap (MASESH), Paris (75) ; a assuré la coordination de cet ouvrage.

Chantal **Corajod,** enseignante spécialisée, coordinatrice d'ULIS, collège Alphonse Daudet, Paris (75).

Sylvie **Franco,** professeur d'anglais spécialisée, professeur ressource, collège Jeanne d'Arc, Azieu Genas (69).

Hélène **Gravier,** enseignante spécialisée, hôpital Trousseau, Paris (75).

Éric **Hurtrez,** enseignant spécialisé, coordinateur d'ULIS, collège René Cassin, Wizernes (62).

Hervé **Le Gallic,** enseignant spécialisé, unité de rééducation neurologique infantile, hôpital du Kremlin-Bicêtre (94).

Séverine **Milan,** enseignante spécialisée, coordinatrice d'ULIS, collège Jeanne d'Arc, Azieu Genas (69).

Présentation des auteurs

L'équipe de rédaction est constituée de cinq professeurs des écoles et d'un professeur d'anglais spécialisés, option C et/ou option D.

Option C : enseignants spécialisés chargés de l'enseignement et de l'aide pédagogique aux élèves présentant une déficience motrice grave ou un trouble de la santé évoluant sur une longue période et/ou invalidant.

Option D : enseignants spécialisés chargés de l'enseignement et de l'aide pédagogique aux élèves présentant des troubles importants des fonctions cognitives.

Chacun possède une formation universitaire différente : anglais, philosophie, musique, arts plastiques, informatique, sciences de l'éducation.

Leurs parcours d'enseignants de terrain sont très variés : classes ordinaires du premier ou du second degré, établissements spécialisés (pour enfants ou adultes), hôpitaux (en pédiatrie générale, en neurologie et en particulier auprès d'enfants cérébro-lésés, dans les centres référents pour les Troubles des apprentissages…), en CLIN (Classe d'initiation pour non-francophones), en CLIS ou en ULIS.

C'est aussi le cas de l'illustratrice, professeur d'arts plastiques de la Ville de Paris.

Certains sont engagés dans des associations comme HOPE (Hospital organisation of pedagogues in Europe), Si on rêvait ou Coménius qui visent à favoriser les échanges, le multiculturalisme, les compétences notamment linguistiques, l'expression des enfants à travers correspondances scolaires, publications…

Les professeurs ressources participent à l'évaluation des besoins des élèves de la maternelle jusqu'aux classes post-bac, en lien avec la MDPH, et travaillent à la mise en place et au suivi des projets de scolarisation des élèves en inclusion individuelle (PPS, PAI, PPRE).

Tous contribuent aux formations continues et initiales des enseignants du premier et du second degré en animant des stages, directement en classe ou lors de colloques organisés notamment par des associations de parents, des médecins et des rééducateurs.

Remerciements

À Jean-Pierre Baratault, inspecteur de l'Éducation nationale et conseiller du Recteur de l'Académie de Paris, qui est à l'initiative de ce projet rédactionnel.

À Catherine Billard, responsable de l'unité de rééducation neuropédiatrique du CHU de Bicêtre, pour sa contribution scientifique et sa relecture attentive de la première partie de l'ouvrage.

À tous les enseignants, médecins, orthophonistes, ergothérapeutes, psychologues… et parents, partenaires de nos projets.

À l'équipe de la Mission académique à la scolarisation des élèves en situation de handicap dont Pascal Madjalian, formateur en informatique pédagogique pour les premier et second degrés.

Et à tous nos élèves.

Les troubles spécifiques des apprentissages

Préface

Comment résister au plaisir de présenter cet ouvrage et ceux sans lesquels rien n'aurait été possible ?

Les Troubles spécifiques des apprentissages constituent un vrai défi pour l'école ; ils posent là le problème ancien du clivage entre normal et pathologique, soumis à l'École de Jules Ferry. À cette époque, Alfred Binet tranchait en indiquant que « l'intelligence, c'est ce que mesure mon test ». Une formule bien trop simpliste pour la reprendre à notre compte aujourd'hui. Et pourtant… ? À partir de quels moments les difficultés avérées relèvent-elles du « trouble », à partir de quel moment sont-elles intrinsèques aux apprentissages ? Si Jules Ferry n'avait pas systématisé l'alphabétisation en la confiant à l'École publique, parlerait-on de « dyslexie » ?

L'expression, elle-même, qui contient les termes « troubles » et « apprentissages » laisse entendre la nécessaire collaboration entre le médical et le pédagogique. Mais la frontière est-elle si facile à tracer alors que l'on sait le développement de l'enfant hétérochrone et souvent bien détaché du modèle épistémique de Jean Piaget (ce dernier le rappelant lui-même) ?

En réalité, comme l'indiquent fort justement les auteurs, ce n'est pas la description d'une ou de plusieurs pathologies qui définit le handicap mais comment la scolarité est affectée par la pathologie. Cet aspect, bien évoqué ici, recoupe la question de savoir quel est le spécialiste compétent, l'enseignant, le rééducateur, le médecin… ? Poser la question ainsi conduit le plus souvent à l'impasse, plutôt au déchirement qu'à la coopération. Or, il ne fait aucun doute que la réponse aux problématiques de ces élèves relève d'une réflexion partagée. Pour, au fond, dire quoi ?

Dire modestement que la solution est portée par l'élève lui-même et que, plutôt qu'appliquer une recette, il vaudrait mieux lui faire confiance pour développer des « capacités d'adaptation », capacités qui font l'objet d'un étayage et non d'un traitement qu'il soit pédagogique ou médical. Cela suppose que l'environnement de l'élève ne le considère pas comme inapte et l'encourage plutôt dans sa recherche d'accessibilité aux savoirs. Cela vaut pour tous les enseignants bien sûr, directement par leurs témoignages, ou plus indirectement par les modèles de comportement qu'ils induisent de leurs propres élèves. La technique du « pilori » existe encore parfois – hélas – dans certaines classes.

Enfin s'inscrire dans le cadre fixé par le Socle commun de connaissances et de compétences, c'est la garantie de véritables inclusions et non d'une simple juxtaposition des élèves. Les études de cas proposées sont précieuses, elles font bien de cet ouvrage un véritable témoignage professionnel.

L'on prétend parfois que les enseignants ne savent pas travailler en équipe, ce livre est la conclusion d'un travail d'équipe.

L'on prétend souvent que l'Éducation nationale est prisonnière de son esprit de clan, cloisonnée par les corporatismes et pourtant les auteurs de ce livre ont su partager leurs expériences et se coordonner dans un projet d'écriture – ceux qui se sont essayés à une écriture de groupe savent la difficulté de l'exercice.

On fait part de ses doutes – ou l'on s'interroge – sur le rôle des enseignants spécialisés, voilà une bonne réponse ; leur action est déterminante dans la mise en œuvre pédagogique de la loi du 11 février 2005 et notamment dans le travail de mutualisation des savoirs ; car, personne n'en doute, l'efficacité vient de l'échange de savoirs entre professeurs spécialisés et non spécialisés. Se former, ce n'est pas seulement acquérir des références théoriques, c'est aussi partager des expériences pratiques, se confronter ensemble à des situations-problèmes, c'est chercher ensemble pour trouver des solutions concrètes à des difficultés très variées. C'est apprendre par l'expérience, théoriser sa pratique pour la partager ; c'est devenir une personne-ressource qui, par son témoignage et le partage de cette expérience, fait gagner du temps, réassure, conforte sa propre position de pédagogue.

Jean-Pierre Baratault,
inspecteur de l'Éducation nationale
et conseiller du Recteur de l'Académie de Paris

Introduction

Inclusion scolaire et accessibilité pédagogique

En parlant des Troubles spécifiques des apprentissages (TSA), nous voulons avant tout éviter une approche catégorisante et perdre de vue **l'hétérogénéité des enfants concernés,** ainsi que notre objectif principal : **l'inclusion scolaire.**

Nous pensons que, même si un diagnostic médical de « dys » est posé, une action pédagogique peut être menée efficacement auprès des enfants confrontés à des Troubles spécifiques des apprentissages. Même si le trouble est étiqueté et persistant, les progrès et les apprentissages sont possibles. Les enfants ayant des TSA sont aussi des élèves avec des besoins éducatifs particuliers et leurs difficultés d'apprentissage, même si elles ne peuvent se confondre avec celles d'autres élèves, doivent être prises en compte par une **modification éclairée des pratiques pédagogiques.** Cela est d'autant plus vrai que ces troubles interpellent de façon forte notre pratique d'enseignants et d'enseignants spécialisés, interrogeant l'essence de notre métier.

Avec l'abord neuropsychologique, les Troubles spécifiques des apprentissages peuvent se définir à *quatre niveaux :*

- le niveau neurobiologique, celui du cerveau : le siège d'une *lésion* ou d'un *dysfonctionnement ;*
- le niveau cognitif, celui du traitement des informations : la *déficience ;*
- celui de l'école, où s'expriment avec plus ou moins d'intensité les déficits cognitifs durables dans un ou plusieurs domaines d'apprentissage : l'*incapacité ;*
- celui de l'enfant, dans son ressenti et son vécu, celui des conséquences sur sa progression scolaire, sur ses relations avec l'entourage (parents, enseignants, camarades…) et à plus long terme sur son avenir : le désavantage.

L'enfant souffrant par exemple d'une dyslexie, liée à un dysfonctionnement cérébral, présente une déficience du langage écrit, responsable d'incapacités à l'école (lecture non scolairement fonctionnelle, difficulté à orthographier), lesquelles entraînent un désavantage certain. Par rapport à ses pairs, il ne démarre pas sur un pied d'égalité : il est dans une situation injuste et inéquitable.

Même si tous les élèves qui ont des Troubles spécifiques des apprentissages ne relèvent pas du handicap, parce que les atteintes peuvent être de sévérité variable, il faut penser pour eux des **compensations** du désavantage et des **adaptations,** les inventer et ne rien s'interdire par avance, car pour nous tout élève peut apprendre.

C'est pourquoi nous allons nous intéresser dans cet ouvrage à des situations individuelles, dans un cadre donné, et au désavantage engendré par ces troubles qui affectent l'élève à l'école. Ce sont les répercussions de la pathologie dans la scolarité (et non la pathologie en tant que telle) qui nous importent, la notion de handicap prenant en effet un caractère essentiellement « situationnel » depuis la loi du 11 février 2005[1].

Prise en compte des besoins particuliers et compensation du désavantage

Cependant, parler d'élèves ayant des Troubles spécifiques des apprentissages, ce n'est pas seulement parler d'élèves en difficulté**.** Ce ne sont pas des élèves qui se différencient des autres par la réussite scolaire. Ce sont des élèves qui ont des empêchements liés directement à leur constitution : leurs troubles sont **structurels** et pas seulement fonctionnels. Ils éprouvent des **difficultés,** mais ne sont pas en difficulté.

S'il y a Troubles spécifiques des apprentissages, c'est qu'il y a des compétences difficiles, voire impossibles à viser, mais aussi des possibilités d'apprentissage différentes. Ce sont des enfants qui peuvent faire autant ou plus, sans passer par les mêmes étapes, démontrant par-là même que les apprentissages ne sont pas linéaires et cumulatifs. Cela signifie qu'il faut s'appuyer sur leurs potentialités pour **construire autour,** c'est-à-dire contourner, et non chercher à combler les manques, trouver d'autres voies pour accéder au savoir.

Les élèves manifestant des Troubles spécifiques des apprentissages ne doivent être soumis, ni à un programme spécial, ni à un traitement indifférencié. Il y a un équilibre à trouver pour travailler sur le Socle commun, tout en proposant un enseignement adapté à certains moments.

---

1. Loi n° 2005-102 pour l'égalité des droits et des chances, la participation et la citoyenneté des personnes handicapées :

« Constitue un handicap, au sens de la présente loi, toute limitation d'activité ou restriction de participation à la vie en société subie dans son environnement par une personne en raison d'une altération substantielle, durable ou définitive d'une ou plusieurs fonctions physiques, sensorielles, mentales, cognitives ou psychiques, d'un polyhandicap ou d'un trouble de santé invalidant. »

Les adaptations doivent être comprises dans la différenciation[2] due à tous les élèves, même si elles restent spécifiques à leurs difficultés. Les élèves touchés par un TSA ont droit à un regard différent et à des adaptations durant la scolarité, puis à des aménagements pour les examens, qu'ils soient scolarisés dans les dispositifs collectifs d'inclusion ou qu'ils soient tout simplement dans les classes ordinaires.

Lorsqu'il y a handicap, les **adaptations** et les **aménagements** sont une compensation, non du handicap, mais du désavantage installé, et elles sont dues de droit.

Il ne s'agit pas alors d'empiéter sur la liberté pédagogique, mais de respecter les adaptations pédagogiques qui seront décidées avec tous les partenaires lors des Équipes de suivi de scolarisation (ESS) et qui seront inscrites dans le Projet personnalisé de scolarisation (PPS).

Il ne s'agit pas non plus d'accorder un régime de faveur à ces élèves, ce qui pourrait paraître injuste, mais de **prendre en compte leurs besoins particuliers** pour compenser une inégalité.

Le terme de handicap ne doit pas faire peur. Il ne s'agit pas de stigmatiser ces élèves, mais de leur apporter de l'aide. C'est souvent lorsque le handicap n'est pas reconnu que les enfants peuvent entrer dans la spirale de l'échec et développer des problèmes de comportement qui les excluent.

Cet ouvrage est donc destiné à donner des informations et à présenter des situations pour répondre aux questions des enseignants et les aider à faire des choix pédagogiques afin de permettre un accueil optimal dans leur classe des enfants « dys » et afin de faciliter l'organisation de la différenciation. Il peut également aider tous les partenaires qui accompagnent ces élèves dans leur scolarité.

Il est en effet parfois difficile de se représenter les obstacles et d'apprécier les progrès, mais ce qui est sûr, c'est que les enseignants et les accompagnants peuvent participer au développement de ces enfants, comme les soignants et les rééducateurs, lorsque les adaptations mises en place sont bien définies.

Même si les techniques et les méthodes pédagogiques proposées à ces élèves ne seront pas forcément différentes de celles proposées aux autres élèves, lorsqu'ils sont scolarisés en classe ordinaire, il est indispensable qu'elles soient choisies de façon éclairée et réfléchie.

Cela nécessite que tous les enseignants et accompagnants soient **formés** à l'accueil de ces enfants.

---

2. Philippe Perrenoud, « Différencier l'enseignement, c'est faire en sorte que chaque apprenant se trouve, aussi souvent que possible, dans des situations d'apprentissage fécondes pour lui », in *Pédagogie différenciée – Des intentions à l'action*, ESF, 1997.

Personnalisation des apprentissages

La Loi de 2005 permet à tout enseignant de pouvoir scolariser les élèves en situation de handicap.

Avec la création des Unités d'enseignement pour les établissements spécialisés (où étaient les enfants « non scolarisables »), tous les enfants sont déclarés éducables et ont droit à être scolarisés. Des dispositifs de scolarisation sont donc à créer, car, pour les enfants en situation de handicap, ce sont avant tout les interactions avec leurs pairs, qui permettent les meilleures conditions d'apprentissage, mais toujours à condition que les adaptations nécessaires soient mises en place à l'intérieur des classes.

Il ne s'agit pas alors de confondre l'aide de l'enseignant et le travail de rééducation. Les enseignants sont des spécialistes de l'enseignement collectif dont la dynamique doit profiter aux apprentissages de chacun.

Enseigner à des élèves présentant des troubles des apprentissages, c'est avant tout rester enseignant et même perfectionner ses compétences pédagogiques. C'est pourquoi, il serait indispensable qu'au sein de la formation initiale des enseignants, il puisse y avoir une sensibilisation aux Troubles spécifiques des apprentissages.

En apprenant à mieux connaître les élèves avec un TSA et la manière dont ils apprennent, en les accompagnant dans leurs cheminements intellectuels, en les aidant à réussir et à comprendre les tâches scolaires, en les soutenant par de nombreuses verbalisations et explications, les enseignants pourront ajuster certaines situations d'enseignement aux caractéristiques de ces élèves. L'important, c'est avant tout l'attention qui leur est portée et la personnalisation dans le cadre des tâches ordinaires d'enseignement.

De plus, comprendre les élèves affectés par des TSA, c'est aussi permettre aux enseignants de **mieux repérer les difficultés d'autres élèves** et **prendre en compte les particularités de chacun.**

Pertinence de l'action pédagogique

Les difficultés électives des élèves ayant un TSA doivent permettre de mieux comprendre les contenus et les compétences scolaires qui concernent tous les élèves, le *Socle commun* devant être la référence pour tous.

Leurs difficultés obligent à préciser les objectifs, les compétences à atteindre, à rechercher l'essentiel, à imaginer des progressions différentes et à réfléchir sur les critères d'évaluation.

Elles permettent de mieux comprendre les contenus des programmes officiels et donc d'améliorer la façon d'enseigner en trouvant les moyens de faire progresser ces élèves, comme d'autres élèves à besoins éducatifs particuliers.

Les difficultés, comme les erreurs, permettent de se pencher sur les savoirs eux-mêmes et leur signification. Les obstacles permettent de mieux comprendre les objectifs et d'**être plus pertinents** dans l'action pédagogique.

Les contenus seront alors utilisés comme médiation pour répondre aux difficultés.

Les difficultés des élèves avec des TSA ont la particularité d'être en lien étroit avec la pédagogie. C'est pourquoi l'accueil de ces enfants dans les classes s'avère extrêmement motivant et enrichissant pour les enseignants qui, tout au long de leur carrière, cherchent à mieux comprendre les fondamentaux du Socle commun de connaissances et de compétences, réfléchissent à faciliter leur accès et savent innover.

Première partie

De quoi parle-t-on ?

Reconnaître et distinguer ces troubles

Les Troubles spécifiques des apprentissages (TSA) sont, pour nous enseignants, des troubles que l'enfant peut présenter dans ses apprentissages scolaires : dans le domaine du langage, de la lecture, de l'écriture, de l'orthographe, et du calcul.

Ces troubles sont répertoriés dans la Classification internationale des maladies de l'OMS : CIM-10 et dans le DSM-IV : Diagnostic and statistical manuel of mental disorders.

Ils comprennent les **Troubles spécifiques du langage oral**, *communément appelés* **dysphasie,** *les* **Troubles spécifiques du langage écrit,** *communément appelés* **dyslexie-dysorthographie,** *les* **dysgraphies** *et les* **dyscalculies.**

Ces différents troubles peuvent être associés chez un même enfant : il peut y avoir comorbidité.

4 à 6 % des enfants présentent des TSA, parmi lesquels 1 % sont atteints de troubles sévères. Ces troubles concernent trois à quatre garçons pour une fille.

Leur origine neurobiologique et génétique est établie.

Troubles cognitifs

Les Troubles spécifiques des apprentissages sont des troubles cognitifs : ils peuvent être considérés comme le symptôme, la conséquence visible, révélant les troubles des fonctions cognitives sous-jacentes et s'extériorisant principalement à l'école[3] :

- le langage oral (dysphasies) ;
- la coordination des gestes et le repérage visuo-spatial (dyspraxies) ;
- les dysgnosies visuelles ou auditives ;
- l'attention (syndromes dyséxécutifs) ;
- la mémoire ;

3. Michèle Mazeau, *Neuropsychologie et troubles des apprentissages. Du symptôme à la rééducation*, Masson, 2005.

- l'espace ;
- le temps…

Nous avons considéré les troubles du langage oral comme des troubles des apprentissages, parce que les répercussions sont très importantes à l'école, parce que la *maîtrise de la langue française parlée* est une priorité de l'école maternelle[4] et que *s'approprier le langage* ou *s'exprimer à l'oral* sont des compétences scolaires.

Même si ce n'est pas à l'école que les enfants apprennent à parler, l'école joue néanmoins un rôle important dans le développement du langage oral, et cela d'autant plus que le milieu socioculturel des élèves est défavorisé.

Nous avons fait aussi le choix de ne pas considérer la *dyspraxie* ou le *Trouble d'acquisition de la coordination (TAC)*, en tant que tels, comme un TSA. Nous ne traiterons pas ici de la Dyspraxie visuo-spatiale (DVS) par exemple, mais des conséquences de celle-ci, c'est-à-dire de la dyslexie visuelle, de la dysgraphie dyspraxique, de la dyscalculie spatiale et de la dysorthographie lexicale.

Dans son article 2, la loi du 11 février 2005 définit le handicap et distingue la **spécificité** du handicap cognitif. À côté des fonctions mentales et psychiques notamment, la loi met en évidence la possibilité d'un handicap dû aux troubles des fonctions cognitives.

Les *fonctions cognitives* représentent tous les processus mentaux par lesquels l'être humain acquiert l'information, la traite, la manipule, la communique, et s'en sert pour produire des actions. Les troubles cognitifs englobent tous les dysfonctionnements des fonctions cognitives. Ils peuvent être globaux (déficience intellectuelle) ou spécifiques à une fonction cognitive particulière, comme le langage, le geste, l'attention, la mémoire…

---

4. *Orientations et instructions pour la préparation de la rentrée 2012*, circulaire n° 2012-056 du 27/03/2012.

Éclairage apporté par Catherine Billard

Le rôle des facteurs cérébraux en cause dans le traitement de l'information que représente la cognition est une conception nouvelle, appelée « sciences cognitives ». Les descriptions cliniques très fines des effets chez l'adulte cérébro-lésé de telle ou telle atteinte d'une zone cérébrale précise ont permis, bien avant la naissance de l'imagerie cérébrale, d'objectiver les liens entre ces zones et les fonctions cognitives. Par exemple, en fonction de la localisation de la lésion, un adulte peut perdre soit la production du langage oral (aphasie de Broca), soit sa compréhension (aphasie de Wernicke). Après l'étude des effets des lésions cérébrales, le développement de l'imagerie cérébrale s'est intéressé aux troubles développementaux et tout particulièrement à la dyslexie. Les techniques d'imagerie couplées à des études neuropsychologiques détaillées ont permis de mettre en évidence chez ces enfants souffrant d'un trouble développemental de l'acquisition de la lecture, des dysfonctionnements de zones cérébrales localisées comme l'aire de la forme visuelle des mots (« visual word form area »). Plus important encore, les mécanismes cognitifs en cause dans le développement des apprentissages normal ou troublé ont été précisés, en tout cas en partie, comme le rôle du traitement des sons dans la dyslexie (cf. Franck Ramus[5]), avec toutes les applications dans la compréhension, la prise en charge et la prévention de ces troubles.

Ainsi donc une autre vision que la vision pédagogique, sociale ou psychodynamique est née, assortie d'une recherche très riche établissant certaines données consensuelles sur les bases scientifiques des troubles des apprentissages (expertise INSERM). Ce regard a apporté des connaissances indiscutables, extrêmement précieuses pour aider les enfants. Il n'est plus possible, avec honnêteté, d'ignorer ces quatre dernières décennies de recherche. Mais s'il serait dangereux pour les enfants de les rejeter, il le serait tout autant de considérer que ces connaissances cognitives excluent tous les autres regards. Le développement de l'enfant est une co-construction entre le développement de sa cognition mais aussi de sa communication et relation, et les interactions en sont étroites avec l'environnement pédagogique, social, psychique.

Troubles spécifiques

La spécificité de ces troubles est une notion importante.

Les troubles cognitifs spécifiques affectent le développement de l'enfant alors qu'ils ne touchent qu'une partie des fonctions cognitives ou des apprentissages, les autres étant préservées. Il s'agit de dysfonctionnements isolés, sans déficience intellectuelle globale, et ils peuvent concerner un

5. Franck Ramus, *Rapport de l'INSERM*, 2007.

enfant normalement scolarisé, dans un environnement psychoaffectif et socioculturel normal.

Ils existent donc chez un enfant ne présentant pas :

- de déficience intellectuelle ;
- de trouble sensoriel ;
- de trouble moteur ;
- de trouble psychologique grave ;
- de défaillance éducative (contrairement à l'illettrisme).

Cependant, les aspects psychoaffectifs (souvent en lien avec un passé scolaire catastrophique) ne sont pas à négliger[6].

Ces troubles peuvent aussi être considérablement aggravés par le contexte socioculturel[7].

L'enfant ayant un TSA présente des dissociations dans ses performances et des hétérogénéités significatives dans les tests étalonnés. Cela signifie notamment qu'il y a des domaines préservés sur lesquels il sera possible de s'appuyer. En effet, l'enfant ayant un trouble spécifique, ne répond pas de la même façon que celui ayant une déficience globale, aux interventions rééducatives ou pédagogiques.

Troubles et non pas retards

Ces troubles sont durables et résistants : ce ne sont pas de simples retards.

Il est important de distinguer le *retard* qui régresse avec le temps et un étayage bien construit (suivi éventuel du Réseau d'aides spécialisées aux élèves en difficulté : RASED) du *trouble* avec ses formes déviantes de développement, le non-respect des phases d'acquisition et l'absence de progrès suffisants malgré les stimulations. Les répercussions dans la scolarité peuvent néanmoins diminuer avec des adaptations pédagogiques bien réfléchies.

Le dysfonctionnement cognitif ou l'atypie développementale place l'enfant « dys » en situation d'iniquité par rapport aux autres élèves et la loi du 11 février 2005 reconnaît comme handicapante l'altération des fonctions cognitives lorsqu'elle est sévère : le trouble compromettant alors une bonne scolarité.

6. Monique Plaza, « Dyslexies de développement : perspective clinique, investigations expérimentales », *ANAE,* n° 62/63, 2001.

7. Catherine Billard, *Revue d'épidémiologie et de santé publique,* 2010.

C'est pourquoi il est essentiel de pouvoir **poser un diagnostic précis** de « dys », notamment dans les centres référents « troubles du langage et des apprentissages », afin non de stigmatiser l'enfant, mais de lui apporter les aides et les adaptations pédagogiques qui lui permettront de progresser dans le domaine scolaire.

Un **Projet d'accueil individualisé** (PAI) peut être construit avec tous les partenaires.

Lorsque les troubles sont sévères, ils peuvent donner droit à compensation : aménagements des examens, présence d'un Auxiliaire de vie scolaire (AVS) ou Assistant d'éducation, scolarisation en Classe d'inclusion scolaire (CLIS) et en Unité localisée pour l'inclusion scolaire (ULIS), inscription dans un Service d'éducation spécialisé et de soins à domicile (SESSAD), matériel adapté… Un **Projet personnalisé de scolarisation** (PPS) doit alors être élaboré.

Dans ce livre, ce n'est pas au niveau des causes cognitives que nous nous situerons (encore moins au niveau de l'origine neurobiologique, c'est-à-dire du cerveau), mais au niveau des conséquences de ces troubles pour les apprentissages scolaires : parler, lire, écrire, orthographier, calculer…

Il est important de savoir distinguer, lorsque l'on emploie le terme de « dys », les causes neurologiques (mises en évidence par le bilan neuropsychologique) des conséquences fonctionnelles.

Repérer et dépister

Langage

Cadre de référence

- Février 2000, rapport Ringard « À propos de l'enfant dysphasique et de l'enfant dyslexique ».
- 21 mars 2001, « Plan d'action pour les enfants atteints d'un trouble spécifique du langage », ministère de la Santé et de l'Éducation nationale.
- Janvier 2002, enquête de l'IGAS/IGEN sur les dispositifs de prise en charge (médico-sociale, sanitaire et pédagogique) des troubles complexes du langage.
- 31 janvier 2002, circulaire d'application pour la mise en œuvre du Plan d'action.
- Décembre 2003, guide « Apprendre à lire avec un trouble du langage », collection Prévenir l'illettrisme, DESCO.
- 11 février 2005, loi n° 2005-102 pour l'égalité des droits et des chances, la participation et la citoyenneté des personnes handicapées.
- Handiscol : « modifications des dispositions du code de l'éducation introduites par la loi du 11 février 2005 ».
- Circulaire n ° 2005-129 du 19 août 2005 (BOEN n ° 31 du 1er septembre 2005) : scolarisation des enfants handicapés, préparation de la rentrée 2005.

Rapport Ringard

« Le manque de concertation entre les professionnels de la santé, les professionnels de l'enseignement et la famille contribue à rendre l'analyse de la situation, et la recherche de solutions, complexe.

Le partenariat apparaît pourtant comme un élément-clé de la réussite d'un projet élaboré pour aider un enfant présentant une déficience du langage oral et écrit.

Tout au long de la scolarité, il est nécessaire de veiller aux conditions (temps, supports, etc.) et aux critères d'évaluation pour les élèves porteurs de troubles spécifiques du langage. Afin d'éviter que ne s'installe un vécu global d'échec chez ces élèves, on s'attachera à distinguer, dans leurs productions, les acquisitions réelles [...] et l'impact des troubles sur la qualité de l'expression. »

À l'école, le repérage et l'évaluation se font par les enseignants et par les psychologues scolaires. Ces derniers testent les compétences et les capacités préservées, ainsi que les difficultés et/ou les incapacités et/ou les déficiences.

Le *dépistage* est fait par le médecin de PMI ou de santé scolaire.

Le *diagnostic* est un acte médical posé en pluridisciplinarité et qui peut nécessiter selon sa complexité un centre spécialisé ou un centre de référence.

Le partenariat est un élément essentiel et la vigilance de tous permet d'alerter et d'agir au moment le plus opportun.

Évaluation en classe

On pourra se référer notamment :

- à l'Aide à l'évaluation des acquis des élèves en fin d'école maternelle, DGESCO, janvier 2010, suite à la circulaire 2008-155 du 24-11-2008 définissant le livret scolaire ;

- aux outils d'évaluation pour la GS et le CP :
  – circulaire n° 2001-148 du 27-7-2001 (BOEN n° 31 du 30 août 2001),
  – *www.banqoutils.education.gouv.fr*

- à la brochure CANOPÉ : *Le langage à l'école maternelle*

qui propose des repères relatifs au développement du langage, un parcours balisé par les programmes, des indicateurs de vigilance pour chaque niveau de maternelle et des propositions d'aides.

Voici des définitions qui nous apparaissant importantes pour guider l'évaluation du niveau de langage oral.
Devant un enfant qui parle « mal », il est important de distinguer :

- *les difficultés articulatoires*

L'enfant prononce mal un ou plusieurs phonèmes : les fameux ch/j/z/s... (chuintement, zozotement...). Ces difficultés de parole se corrigent généralement spontanément vers 6 ans. 10 à 20 % d'entre elles qui ne « passent pas » nécessitent d'être signalées au médecin scolaire, mais elles ne mettent **jamais** l'enfant en difficulté scolaire.

• *le retard de parole*

Le problème se situe au niveau du mot qui est déformé. L'enfant prononce bien les phonèmes isolément, mais déforme les mots au point que son langage devient parfois peu intelligible. Il dit par exemple : « tacalogue » pour « catalogue », « cocholat » pour « chocolat », « capé » pour « canapé », « gand » pour grand, « grapeau » pour drapeau.

Un ou quelques mots complexes mal produits ne sont pas inquiétants, mais un retard de parole doit être signalé au médecin scolaire dès la seconde partie de la PS si l'enfant est inintelligible ou en GS si le trouble perdure, afin que celui-ci juge des évaluations complémentaires nécessaires.

• *les troubles spécifiques du développement du langage*

Il s'agit d'une altération portant sur les fonctions de parole (phonologie) et de langage (lexique et structure de la phrase), soit sur le versant expressif, soit sur les deux versants : expressif et réceptif. Dans le pire des cas, l'enfant n'est pas ou peu intelligible.

Ce Trouble spécifique du langage s'accompagne en règle générale d'un retard de parole comme dans « pri a bro a tab moi » pour « j'ai pris la brosse sur la table » (syntaxe non respectée et déformation des sons dans les mots).

Les enseignants ne doivent pas « prescrire » de l'orthophonie, mais signaler l'enfant (et cela dès la seconde partie de la PS) aux parents et au médecin scolaire qui, avec le médecin de l'enfant, prescrira les évaluations complémentaires indispensables[8].

Un bilan orthophonique n'est pas en effet une « prescription pédagogique », mais une prescription médicale !

En PS, on peut repérer des enfants ayant des difficultés de langage oral, car c'est une période particulièrement dynamique du développement linguistique (lexique et syntaxe).

> ☞ Voir le questionnaire *Langage et comportement* (Chevrie-Muller), le questionnaire DPL3 (Dépistage et prévention langage à 3 ans) et l'IDE (Inventaire du développement de l'enfant).

En GS, on peut repérer les enfants présentant des difficultés en langage oral, en particulier dans les habiletés de conscience phonologique.

> ☞ Voir le BSEDS (Bilan de santé évaluation du développement pour la scolarité) qui comprend des tests de motricité fine et des tests de langage :

8. Recommandations de l'ANAES (Agence nationale d'accréditation et d'évaluation en santé) et HAS (Haute autorité de santé).

– répétition de non-mots, évocation lexicale, compréhension orale syntaxique ;
– compétences cognitives sous-jacentes à la lecture : conscience phonologique, mémoire phonologique à court terme, dénomination rapide (RAN : *Rapid automatized naming*), attention.

En CP, les enfants ne rentrant pas dans le décodage.

En CE1 et CE2, les enfants dont le décodage et la lecture ne sont pas automatisés, ainsi que ceux dont l'orthographe ou/et le graphisme sont déficitaires.

☞ Voir l'ODEDYS (Outil de dépistage des dyslexies).

En CM1 et CM2

☞ Voir le Reperdys pour les enfants suspectés de dyslexie.

En CM2, 6e et 5e

☞ Voir le ROC (Repérage orthographique collectif).

Certains *outils* de repérage et de dépistage sont en ligne sur le site du Laboratoire de cogniscience, IUFM de Grenoble :

- IDE ;
- BSEDS ;
- ODEDYS ;
- ROC ;
- ELFE (Évaluation de la lecture en fluence) ;
- Annexes au PAI dyslexie : grille d'évaluation avec niveau de compétences.

Pour la dysphasie de développement, le trouble est évoqué vers 4 ans et peut être diagnostiqué à 5 ans/5 ans et demi.

Pour les enfants en difficulté d'acquisition du langage écrit, le diagnostic peut être posé fin CP ou début CE1.

60 % des enfants présentant des difficultés dans le domaine du langage oral ont des difficultés transitoires et il y a récupération potentielle entre 5 et 6 ans. Cependant, certains de ces enfants pourront développer des difficultés au niveau du langage écrit.

Graphisme et écriture

Voici deux signes d'appel à prendre en compte dès la *MS* :

- la discordance entre les compétences langagières et les réalisations graphiques et gestuelles ;
- la fluctuation dans les réalisations.

Il faut notamment observer :

- le geste graphique et la préhension du scripteur ;
- le dessin du bonhomme ;
- l'écriture du prénom ;
- la copie en cursive ;
- la copie de formes géométriques complexes.

Cependant le diagnostic de dysgraphie ou de dyspraxie est difficile à poser et ne peut pas l'être avant 7 ans.

Mathématiques

Il importe de repérer précocement :

- comment l'enfant entre dans la *comptine* numérique, comment il se « débrouille » avec les irréguliers (11, 12, 13, 14, 15, 16, 20, entre 69 et 100), les éventuelles erreurs phonologiques (6 écrit 10, 14 écrit 40 parce qu'« au début on entend quatre »). En bref, les relations que construit l'enfant entre les quantités et le code verbal ;
- comment l'enfant entre dans la numération, se méfier d'un *dénombrement* instable : différencier le dénombrement d'une collection uniquement avec les yeux, avec l'aide du doigt, avec l'aide du doigt d'un tiers ;
- étudier attentivement les tentatives de calcul à l'aide des doigts (*gnosie digitale*), la pose des opérations, les correspondances linéaires, l'influence des leurres perceptifs, la lecture et l'écriture des chiffres arabes, l'influence de la longueur des nombres et/ou de la présence de zéros, l'existence de difficultés également en géométrie ;
- comment l'enfant retient les énoncés de calcul mental, le résultat des faits numériques, les tables : pathologies *mnésiques* ;
- comment l'enfant passe d'un exercice à l'autre, d'une succession d'exercices similaires à un exercice nouveau, d'une procédure à une autre : pathologies *dysexécutives*.

☞ Outil : *La course aux nombres*, logiciel libre pour les enfants de 4 à 8 ans (Anna Wilson, Stanislas Dehaene et al., 2006), téléchargeable sur www.unicog.org

Diagnostiquer et prendre en charge

Qu'est-ce qu'un centre référent ?

Les Troubles spécifiques des apprentissages peuvent compromettre la scolarité de l'enfant, mener à l'échec scolaire, être source de difficultés d'insertion sociale. Pour éviter cette situation de handicap, un plan gouvernemental d'action et la circulaire ministérielle (DHOS/01/2001/209 du 4 mai 2001) a donné naissance aux centres référents en hôpital pour les troubles du langage et des apprentissages. Un centre référent ne prend en charge que les enfants présentant des troubles spécifiques complexes, sévères et résistants aux soins.

Il existe au moins un centre référent par région. Il est rattaché à un Centre hospitalier universitaire. Son équipe est composée au minimum d'un neuropédiatre ou d'un pédopsychiatre, d'un orthophoniste, d'un psychologue. La contribution d'un neuropsychologue, d'un psychomotricien permet d'affiner cette évaluation multidisciplinaire. Des enseignants spécialisés, qui aident à l'évaluation et accompagnent la mise en place de la prise en charge proposée dans l'école de l'enfant, se rajoutent parfois à cette équipe.

Les centres référents sont regroupés en fédération et se réunissent une journée par an, ce qui permet d'échanger sur leur pratique et de mutualiser des savoir-faire.

Objectifs d'un centre référent

- Proposer une évaluation multidisciplinaire globale afin de faire un diagnostic précis, de mettre en place les rééducations nécessaires et de proposer une scolarité adaptée.
- Assurer le suivi et la coordination des rééducations effectuées en ville, construire un travail en réseau avec les partenaires extérieurs (avec les orthophonistes, le médecin habituel de l'enfant et les professionnels de l'Éducation nationale : médecins, infirmières, psychologues et équipe pédagogique).
- Participer à la formation des professionnels de santé dans ce domaine.

- Valoriser une activité de recherche par l'élaboration ou la participation à des protocoles de recherche clinique et d'évaluation concernant aussi bien les outils diagnostiques que les techniques de rééducation.
- Conseiller les équipes éducatives, les équipes médicosociales et les équipes soignantes.
- Travailler en partenariat avec les différentes structures déjà existantes.

Rôle des différents partenaires

- Le *neuropédiatre* propose des examens pour écarter une pathologie neurologique.
- Le *pédopsychiatre* écarte les troubles du développement de la personnalité, les troubles psychotiques, les troubles de l'humeur ou les troubles envahissant du développement. Il repère les dysfonctionnements familiaux majeurs, les symptômes et/ou les comportements entraînant une souffrance de l'enfant et/ou de la famille.
- Le *psychologue*, au moyen de tests d'intelligence et/ou de tests de personnalité, participe au diagnostic de trouble spécifique ou global des apprentissages, de déficience mentale ou de développement intellectuel anormalement précoce ; il détecte les symptômes ou les comportements exprimant la souffrance psychologique de l'enfant.
- Le *neuropsychologue* ou *psychologue clinicien* vérifie que l'enfant ne présente pas de retard mental. Il spécifie les difficultés et les domaines dans lesquels il a le plus de difficultés, s'il s'agit de troubles simples ou complexes (plusieurs troubles dys). Il faut deux ans de retard dans un apprentissage pour parler de réels troubles (dyslexie ou dysgraphie).
- L'*orthophoniste* détermine la nature du trouble : dysphasie ou dyslexie, son profil (voie d'assemblage ou d'adressage), le degré de sévérité, la nécessité d'une rééducation et ses axes.
- Le *psychomotricien* repère la dysgraphie, la dyspraxie, les retards ou les troubles de l'acquisition du schéma corporel, de la latéralisation, de l'orientation dans l'espace et le temps, les maladresses motrices.

Il est important, en tant qu'enseignant, de pouvoir prendre connaissance des éléments communicables des bilans de ces différents partenaires, avec l'accord des familles[9].

---

9. Article de Jean-Pierre Walch, « Quelques remarques à propos de l'utilisation d'éléments tirés d'un bilan neuropsychologique dans la pratique pédagogique », base documentaire de l'association Coridys.

Voir la liste des centres référents sur le site : http://www.cfes.sante.fr

Il faut aussi préciser que le *diagnostic* peut être posé ailleurs que dans les centres référents qui sont victimes de leur succès et voient les demandes se multiplier.

Il peut également être établi par le médecin et le psychologue de l'école à l'aide des évaluations complémentaires qui auront été demandées.

La famille doit être dirigée vers un centre référent uniquement lorsque le problème est compliqué.

Le centre référent a dû développer de nouvelles collaborations. Il est maintenant au centre d'un *réseau* et devient *centre-ressources.*

En 2007, est créé le Dispositif d'expertise et de liaison pour les troubles spécifiques des apprentissages (DELTA 01).

Soins

L'enfant souffrant d'un Trouble spécifique des apprentissages peut être pris en charge par plusieurs types de rééducateurs : le plus souvent orthophoniste, ergothérapeute, psychomotricien, psychologue, rééducateur en logicomathématique. Les indications de soins relèvent d'une synthèse des évaluations par un médecin prenant en compte la globalité de l'enfant.

Le travail rééducatif est destiné à « réduire » les incapacités individuelles et ne peut se confondre avec un travail pédagogique au sein du groupe classe.

Les rééducations sont très techniques, bien ciblées. Elles reposent sur le **principe d'éducabilité cognitive** et prennent en compte précisément les mécanismes pathologiques sous-jacents au symptôme.

Les soins doivent absolument être évalués régulièrement (6 mois ou un an maximum). Il s'agit d'orienter le projet thérapeutique en fonction de son évolution.

Lorsque plusieurs types de rééducations sont nécessaires, l'enfant peut être suivi par un SESSAD.

En résumé et d'un point de vue pragmatique

1. *Repérage* et *évaluation,* par les enseignants de la classe et les enseignants spécialisés, le psychologue scolaire, des compétences et capacités préservées ainsi que des difficultés et/ou des incapacités et/ou des déficiences.
2. *Dépistage* par le médecin de PMI ou de santé scolaire.
3. *Diagnostic* : bilan spécialisé prescrit par un médecin.
4. *Prises en charge* rééducatives et pédagogiques.
5. *Projet d'accueil individualisé (PAI)* ou *Projet personnalisé de scolarisation (PPS)* Pédagogie et mode de scolarisation adaptés.
6. *Évaluation* des bénéfices du programme rééducatif et pédagogique.
7. En cas de trouble sévère, complexe ou persistant malgré le programme précédent, un bilan peut se faire dans un *centre référent.*

Il s'agit de distinguer :

- les difficultés scolaires ou d'apprentissage ;
- les troubles des apprentissages associés à d'autres problèmes ;
- les troubles développementaux ou spécifiques : les TSA qui, s'ils sont sévères, peuvent donner lieu à une demande de reconnaissance de handicap auprès de la MDPH.

Caractériser les différents troubles

Il y a deux types de Troubles spécifiques du langage (TSL) : la dysphasie et la dyslexie.

- *95 % des dysphasiques seront dyslexiques.*
- *60 % des dyslexiques ont des troubles du langage oral.*
- *20 % des adultes en situation de précarité sont dyslexiques.*

La dysphasie = Trouble spécifique du langage oral

Caractéristiques

- La communication est préservée (contrairement à l'autisme).
- Les aspects relationnels et sociaux du langage sont investis de façon adéquate.
- Mais la forme linguistique du message est distordue : non-respect des règles constitutives de la langue.
- 1 % des enfants sont concernés.
- Il y a plus de garçons que de filles.

Marqueurs de déviance du langage chez les dysphasiques[10]

Ils peuvent être isolés ou combinés.

Si trois marqueurs au moins existent, on pourra parler de dysphasie.

- Hypospontanéité verbale : l'enfant s'exprime comme à regret.
- Dissociation automatico-volontaire : les énoncés sur commande sont d'une qualité très différente des énoncés spontanés, incapacité notamment à produire des phonèmes sur commande alors qu'ils sont produits spontanément.
- Troubles touchant la syntaxe :
  – en production : trouble de l'encodage syntaxique (flexions verbales, prépositions, articles…), avec agrammatisme, style télégraphique ;
  – en réception.

10. Christophe-Loïc Gérard, *L'enfant dysphasique – Évaluation et rééducation*, De Boeck Université, 1993.

- Troubles touchant l'accès au lexique :
  - manque de disponibilité du mot (trouble de l'évocation) ;
  - persévérations lexicales.
- Troubles touchant la compréhension du discours avec une rétention verbale immédiate très déficiente, une insuffisance lexicale :
  - troubles de l'identification des mots ;
  - troubles de la discrimination phonologique.
- Troubles touchant l'expression :
  - troubles de la production et de la programmation phonologique ;
  - dyspraxie buccofaciale.

Classification simplifiée des dysphasies de développement

- Dysphasies réceptives ou mixtes (tout trouble réceptif entraîne une difficulté expressive).
- Dysphasies qui prédominent sur le versant expressif.
- Dysphasies en rapport avec un trouble du traitement de l'information ou de l'organisation de la signification.

Les dysphasies réceptives ou mixtes

1. Agnosie verbale ou auditivo-verbale

- Incapacité à reconnaître les sons (malgré une audition normale).
- Comportement d'un enfant sourd.
- Production orale absente ou très réduite.
- Mise en place précoce de stratégies de compensation : mimiques, gestes.
- Les difficultés à communiquer et les troubles de la compréhension vont générer des troubles du comportement (agressivité, anxiété, retrait…) : ce qui complique le diagnostic.

2. Dysphasie phonologico-syntaxique

- Trouble expressif spectaculaire : stock verbal très pauvre avec un vocabulaire restreint, nombreuses erreurs au niveau phonologique, non-utilisation des mots de fonction, des articles, des prépositions.
- Agrammatisme net.
- Manque du mot fréquent.

Les dysphasies expressives

- Absence totale de parole : atteinte de l'articulation.
- Parole fluente au contraire, mais peu ou pas compréhensible.
- Trouble de l'évocation lexicale ou manque du mot entraînant une réduction de la parole, avec l'utilisation de périphrases, du mot « truc » ou de réponse « je ne sais pas ».
- Hypospontanéité verbale.
- Dissociation automatico-volontaire : difficultés à utiliser le langage selon le contexte.
- Dysphasie lexico-sémantique :
  - difficulté élective à trouver ses mots ;
  - langage spontané souvent correct mais difficulté à dénommer, à élaborer un récit sur demande, à commenter un récit ou des images, à trouver le mot adéquat ou la forme verbale adaptée.
- Syndrome du trouble de la programmation phonologique :
  - compréhension normale ou subnormale ;
  - enfants fluents mais inintelligibles en raison d'une phonologie totalement déformée ;
  - syntaxe pouvant être correcte ;
  - phonèmes qui peuvent être répétés mais non programmés.

Les troubles du traitement de l'information ou de l'organisation de la signification = la dysphasie sémantico-pragmatique

- Parole fluente.
- Phrases correctement structurées.
- Vocabulaire riche.
- Mémoire auditive excellente.

Mais

- Les enfants perçoivent les sons du langage mais n'en comprennent pas la signification.
- Discours peu informatif, langage inadapté au contexte, plaqué.
- Intentions de communiquer superficielles, limitées, monologue, écholalie.

- Compréhension déficiente : les questions ouvertes, les tâches nouvelles, les situations inhabituelles, les énoncés complexes, le langage métaphorique mettent particulièrement en difficulté les enfants.

La dyslexie = Trouble spécifique du langage écrit

Ce trouble ne peut être expliqué par d'autres raisons, médicales ou sociales.

C'est un trouble persistant de la reconnaissance automatique des mots chez une personne d'efficience intellectuelle normale.

Il y a des difficultés d'acquisition de la lecture avec un retard en lecture d'au moins 18 mois.

Recommandation de la Haute autorité de santé (HAS)

- Même si des signes avant-coureurs en maternelle peuvent donner l'alerte, il est difficile de diagnostiquer une dyslexie avant 7-8 ans, en CE1, année où la lecture/écriture devient totalement fonctionnelle.
- La majorité des élèves en difficulté de lecture n'est pas dyslexique !

Enfants à besoins éducatifs spécifiques

- En France : 20 %.
- Difficulté de langage écrit : 13-15 %.
- Dyslexie développementale : 5 à 7 % des enfants.
- Elle touche plus de garçons que de filles.
- D'autres troubles sont souvent associés.

Définition de la dyslexie

La dyslexie est un trouble spécifique du langage écrit.

Il ne s'agit pas d'un simple retard dans les acquisitions, mais d'un trouble structurel et cognitif.

Ce n'est pas un trouble concernant l'investissement à la communication ou une déficience intellectuelle.

Le développement des capacités de manipulation du code langagier n'a pu se faire normalement au niveau lexical, et/ou syntaxique, et/ou phonologique. Le handicap est durable et résistant aux rééducations. Il s'agit d'une déviance : il ne peut y avoir qu'une amélioration lente et modérée et cela uniquement grâce à une rééducation intensive couplée à une pédagogie adaptée.

Les enfants présentent des atteintes d'intensité et de caractère très variables.

Ce déficit de langage handicape la lecture par une impossibilité à réaliser la segmentation phonémique et à discriminer des différences morphologiques et syntaxiques dans les énoncés.

La mémoire immédiate est également très atteinte.

Le graphisme et l'écriture peuvent aussi être touchés puisque l'organisation des gestes fait appel à la séquentialité (atteintes au niveau spatiotemporel).

Les aspects psychoaffectifs sont importants. On constate souvent une hyper-activité avec des troubles de l'attention ou une inhibition.

Spécificité du trouble dyslexique

- Le bilinguisme et un faible niveau socioculturel favorisent les troubles du langage
  - essentiellement au niveau du lexique (expression et compréhension) ;
  - absolument pas pour la répétition de non-mots comme pour les enfants affectés par un TSL.
- Bilinguisme et faible niveau socioculturel n'expliquent pas tout, car la corrélation langage oral et déchiffrement concerne la conscience phonologique, non le lexique.

La dyslexie suivant les langues

Les variations dans la forme de la dyslexie et dans sa prévalence sont dépendantes de la transparence ou de l'opacité de l'orthographe de chaque langue.

L'italien a une orthographe plus transparente (transcription phonétique, régularité) que le français et surtout que l'anglais.

Hétérogénéité des causes

- Trouble de la conscience phonologique[11] : un défaut de conscience phonologique est le facteur le plus prédictif d'une dyslexie. La conscience phonologique est l'interface du langage oral et du langage écrit : il s'agit d'entendre les sons et faire le lien avec la trace écrite.
- Déficit de l'empan visuo-attentionnel[12].

11. Margaret Snowling, « Phonemic deficits in developmental dyslexia », *Psychological Research,* n° 43, p. 219-234, 2001.

12. Sylviane Valdois, Marie-Line Bosse, Marie-Josephe Tainturier, « Cognitive correlates of developmental dyslexia : Review of evidence for a selective visual attentional deficit », *Dyslexia,* n° 10, p. 1-25, 2004.

- Déficit cérébelleux[13].
- Trouble de la résolution temporelle des systèmes auditifs et visuels[14].

☞ *Voir annexe 1 : Que fait-on quand on lit ? d'après Gouth et Tunner.*

☞ *Voir annexe 2 : Les deux voies de lecture, modèle d'Harris et Coltheart.*

Les différentes dyslexies

- Dyslexie phonologique.
- Dyslexie de surface.
- Dyslexie mixte.
- Autres types.

La dyslexie phonologique (60 à 67 % des dyslexies)

- Déficit de la voie d'assemblage indirecte.
- Difficultés d'accès aux règles de conversion grapho-phonique.
- Difficultés d'accès au stade alphabétique du modèle de Frith[15].
- Lecture difficile des pseudo-mots.
- Voie d'adressage préférentiellement utilisée comme mode de compensation, malgré un lexique orthographique pauvre et parfois mal construit.

La dyslexie de surface = dyslexie « lexicale » ou dyséidétique (10 à 30 % des dyslexies)

- Déficit de la voie d'adressage.

Elle correspond à une difficulté de mise en place de la stratégie orthographique.

Il n'y a pas de reconnaissance directe, visuelle des mots même fréquents, pas de « stock lexical ».

13. Rod Nicolson, Angela Fawcett, Paul Dean, « Developmental dyslexia : the cerebellar deficit hypothesis », *TRENDS in Neurosciences,* n° 24 (9), p. 508-516, 2001.

14. Paula Tallal, Malcolm Piercy, « Defects of non-verbal auditory perception in children with developmental aphasia », *Nature,* n° 241, p. 468-469, 1973.

15. Uta Frith, « A developmental framework for developmental dyslexia », *Annals of Dyslexia,* vol. 36, p. 69-81, 1986.

- Seule la voie d'assemblage est utilisée, la lecture est lente et l'accès à la compréhension difficile.
- Lecture difficile des mots irréguliers.
- Association avec une dysorthographie de surface : la transcription donne des mots phonologiquement acceptables mais ne respectant pas l'orthographe.

La dyslexie mixte (20 à 30 % des dyslexies)

Elle combine un déficit dans les deux procédures avec une utilisation prédominante de l'assemblage. C'est la dyslexie la plus pénalisante.

D'autres types de dyslexies, plus rares, ont été décrits

- Dyslexie visuo-attentionnelle pour nommer une difficulté dans l'analyse de la forme visuelle du mot. Elle se manifeste par des erreurs uniquement visuelles (« joie » lu « joli », « soupière » lu « sorcière ») suggérant un déficit de l'encodage de la position des lettres.
- Dyslexie lettre à lettre qui se caractérise par une impossibilité de lire les mots sans les avoir épelés.

Pour chacune des dyslexies énumérées ci-dessus, on parlera plutôt d'une dominante des difficultés, car les enfants sont également atteints, souvent à un moindre degré, dans un autre domaine que celui qui est le plus touché.

La dysgraphie

La dysgraphie se définit, selon Ajuriaguerra[16], comme une « déviance de la qualité de l'écriture qui ne peut être expliquée simplement par un déficit neurologique ou intellectuel, ou par un manque d'apprentissage ». Elle se caractérise par des critères d'inconfort ou fatigabilité, d'inefficacité ou lenteur, d'illisibilité.

L'écriture est non conforme aux possibilités de tenue instrumentale de l'enfant et à l'âge. C'est à partir de 7 ans que l'on pourra parler de dysgraphie.

Une écriture illisible renvoie souvent à un Trouble de l'acquisition des coordinations ou à un trouble praxique.

16. Julian de Ajuriaguerra, *L'écriture de l'enfant*, tome 1, Delachaux et Niestle, 1989.

Moscato et Parain[17] en font « un trouble moteur de la réalisation spatiale des éléments graphiques ».

Pour Denckla et Roeltgen[18], la dysgraphie est la conséquence d'une mauvaise planification de l'action motrice nécessaire à l'écriture.

Pour Gaddes et Edgell[19], les principaux signes de la dysgraphie sont une mauvaise organisation de la page, une maladresse du tracé ainsi que des erreurs de formes et de proportions dans le traçage des lettres. Les espaces entre lettres et mots peuvent ne pas être respectés, l'enfant a du mal à suivre les lignes ou lorsqu'il écrit sur papier blanc, les espaces entre les lignes d'écriture sont irrégulières. Les lettres ne sont pas bien proportionnées. Elles sont mal accrochées les unes aux autres, les enchaînements ne sont pas correctement réalisés et on note des interruptions.

Un enfant dysgraphique est toujours maladroit, mais il peut être :

- soit *lent et précis* : graphisme appliqué et mise en page soignée, mais tremblements possibles ;
- soit *raide et tendu* : tracé crispé et aspect anguleux ;
- soit *hypotonique* au contraire : écriture petite, ronde, étalée en largeur, tracé peu précis, ligne ondulée, mise en page négligée ;
- soit *impulsif* avec un manque de contrôle des mouvements : formes imprécises, prolongement excessif des finales, des accents, de la ponctuation, mise en page bâclée, marges réduites et lignes irrégulières.

C'est en analysant les productions écrites et le geste graphique, mais aussi en s'interrogeant sur les rapports de l'enfant avec l'écriture qu'un bilan peut être fait afin de diagnostiquer une dysgraphie. L'enfant est mis devant plusieurs situations : écriture spontanée, copie d'écriture cursive, copie d'un texte imprimé, dictée de mots ou de phrases.

Il s'agit de ne pas banaliser lorsque l'enfant est significativement en décalage dans ce domaine de l'écriture.

Même si tous les enfants ont un rythme de développement propre qu'il faut respecter, certains *signes* doivent nous alerter et nous faire penser à autre chose qu'un simple retard.

---

17. Michel Moscato, Jacques Wittwer, *La psychologie du langage*, PUF, 1978 ; Brice Parain, *Recherches sur la nature et les fonctions du langage*, Gallimard, 1998.

18. Martha B. Denckla, David P. Roeltgen, « Disorders of motor function and control », in I. Rapin et S.-J. Segalowitz, *Handbook of neuropsychology, volume 6 : Child psychology,* Elsevier Health Sciences, 1992.

19. William H. Gaddes, Dorothy Edgell, *Des troubles d'apprentissage et la fonction cérébrale : une approche neuropsychologique*, Springer-Verlag, 1993.

- Il faut comparer le dessin et l'écriture manuelle.
  - En cas de dysgraphie consécutive à une dyslexie, le dessin est de bien meilleure qualité que le graphisme.
  - En cas de dyspraxie, dessin et écriture manuelle sont de piètre qualité, « sales », brouillons.
  - En cas de dysgnosie visuelle des images, on rencontre plutôt une agraphie, ce qui peut être également possible en cas de troubles dysexécutifs sévères (l'enfant fait « n'importe quoi »).
- Il faut faire attention à la crispation ou non de la main sur le scripteur, évaluer l'influence de petites méthodes de décontraction.
- Les productions spontanées de l'enfant doivent être comparées à la copie qui est significativement plus difficile en cas de pathologie neurovisuelle.
- Il faut essayer d'évaluer les stratégies visuelles des enfants : l'enfant arrive-t-il à poser son regard, les yeux suivent-ils ce que fait la main, les tâches visuelles entraînent-elles une fatigue anormalement précoce et disproportionnée ?
- Il est important d'évaluer le coût cognitif de l'écriture manuelle : existe-t-il une inconstance de la réalisation des lettres, quelle est la vitesse d'écriture, quel est le coût en attention/concentration, quelle conséquence écrire manuellement a sur la dysorthographie ?

La dysgraphie est toujours un trouble durable et persistant de l'écriture pouvant toucher à la fois la vitesse et la qualité. L'écriture a tendance à se dégrader avec le temps (ratures, erreurs de copie) et il faut s'interroger sur la rentabilité des productions de l'enfant : sont-elles efficaces, lisibles, rapides, sans fatigue ?

Il ne faut pas exiger l'impossible, demander à l'enfant de se rapprocher d'une norme à laquelle sa pathologie l'empêche de prétendre et sans cesse lui demander de faire des efforts qui auront alors un coût cognitif, empêchant l'enfant de se concentrer sur autre chose.

La dysorthographie

C'est le trouble de l'orthographe qui est souvent associé à la dyslexie.

Comme en lecture, on utilise aussi deux voies pour orthographier.

Le système alphabétique français est inconsistant[20] :

20. Michel Fayol, Jean-Pierre Jaffré, *Orthographier,* PUF, 2008.

- plus de phonèmes (32 à 36) que de lettres ;
- certains graphèmes (ch, s, c…) correspondent à plusieurs phonèmes, mais assez peu ;
- certains phonèmes peuvent se transcrire de plusieurs manières (36 phonèmes qui correspondent à 130 graphèmes), ce qui est équivalent à ce qui se passe en anglais.

Le français écrit est aussi un système orthographique complexe :

- lettres muettes : t**h**éâtre, acha**t**… ;
- marques morphologiques qui n'ont le plus souvent pas de correspondant oral : ex. les poule**s** rousse**s** picore**nt**, notre ami**e** est fâché**e**.

Cependant la corrélation est modérée entre performance en lecture et en orthographe d'après une étude de Michel Fayol, Michel Zorman et Bernard Lété[21].

- Bons lecteurs et bons en orthographe : 21 %.
- Faibles lecteurs et faibles en orthographe : 17,6 %.
- Bons lecteurs et faibles en orthographes : 4 %.
- Faibles lecteurs et bons en orthographe : 4 %.

Par contre, il y a une forte association des performances en lecture de mots et en production orthographique.

Les dyslexiques effectuent un apprentissage orthographique correspondant à leur niveau de décodage et de conscience phonologique[22].

Le décodage est la source de l'apprentissage orthographique, il permet un auto apprentissage des formes orthographiques des mots, mais cependant pas de tous les mots.

Pour mémoriser les lettres n'ayant pas de contrepartie phonologique, il y a un apprentissage implicite des régularités[23].

Le lexique orthographique est largement appris implicitement par la pratique du décodage et cela d'autant plus facilement que le niveau de lecture est correct.

Cependant les faibles en orthographe ne sont pas tous faibles lecteurs.

---

21. Michel Fayol, Michel Zorman, Bernard Lété, « Associations and dissociations in reading and spelling french : unexpectedly poor and good spellers », *British Journal,* 2009.

22. Travaux de David L. Share, 1995, 1999, 2004.

23. Sébastien Pacton, Pierre Perruchet, Michel Fayol, Axel Cleeremans, « Implicit learning out of the lab : The case of orthographic regularities », *Journal of experimental psychology : General,* n° 130, p. 401-426, 2001. – Sébastien Pacton, Michel Fayol, Pierre Perruchet, « Children's implicit learning of Graphotactic and Morphological regularities », *Child development,* n° 76, p. 324-339, 2005.

Pour les faibles en orthographe, l'apprentissage explicite est utile s'il est organisé soigneusement : régularité, systématicité, reprises organisées, feedback…

Peuvent être utilisées les échelles Dubois-Buyse et EOLE (Échelle d'acquisition en orthographe lexicale), ou encore la base Manulex.

Pour l'apprentissage de la morphologie flexionnelle, il est nécessaire de faire attention au sens. La surcharge attentionnelle est la source d'erreurs d'omissions.

Il faut distinguer entre production et compréhension : produire des accords est une tâche différente de celle qui consiste à détecter des erreurs. Les enfants connaissent les règles, mais ne les appliquent pas forcément (importance de la relecture). Les erreurs sont souvent dues aux associations fréquentes : ex. Ils les portes.

La progression d'un travail sur l'orthographe est à construire sur la gestion du contenu : compléter des mots, écrire des mots, transcrire des phrases, production écrite complète. Elle doit toujours être en lien avec des productions d'écrits ayant du sens.

La dyscalculie

C'est un concept récent à la définition fluctuante.

La DSM-IV emploie la terminologie « troubles du calcul ».

6 % à 1 % des enfants peuvent en être atteints et il y a autant de garçons que de filles.

Dyscalculie signifie :

- difficultés en numération, opérations arithmétiques, résolution de problèmes, géométrie ;
- retard significatif dans les tests standardisés de mathématiques par rapport à l'âge développemental ;
- retard qui interfère avec la réussite scolaire : le diagnostic ne peut être posé avant deux ans d'apprentissage formel (CP/CE1).

Le point-clé dans cette pathologie est d'écarter la déficience ou les difficultés de raisonnement logicomathématique pour pouvoir considérer des pathologies cognitives plus ciblées : verbale, linguistique, visuo-spatiale, mnésique, dysexécutive, responsables de troubles en mathématiques, comme dans d'autres secteurs.

Selon Michèle Mazeau[24], les dyscalculies sont la traduction dans plusieurs secteurs des apprentissages d'un même trouble cognitif en amont :

- trouble visuo-attentionnel ou visuo-spatial ;
- pathologie des compétences linguistiques ;
- déficit de mémoire de travail auditivo-verbale ;
- troubles des fonctions exécutives.

Principales fonctions cognitives engagées dans les activités arithmétiques

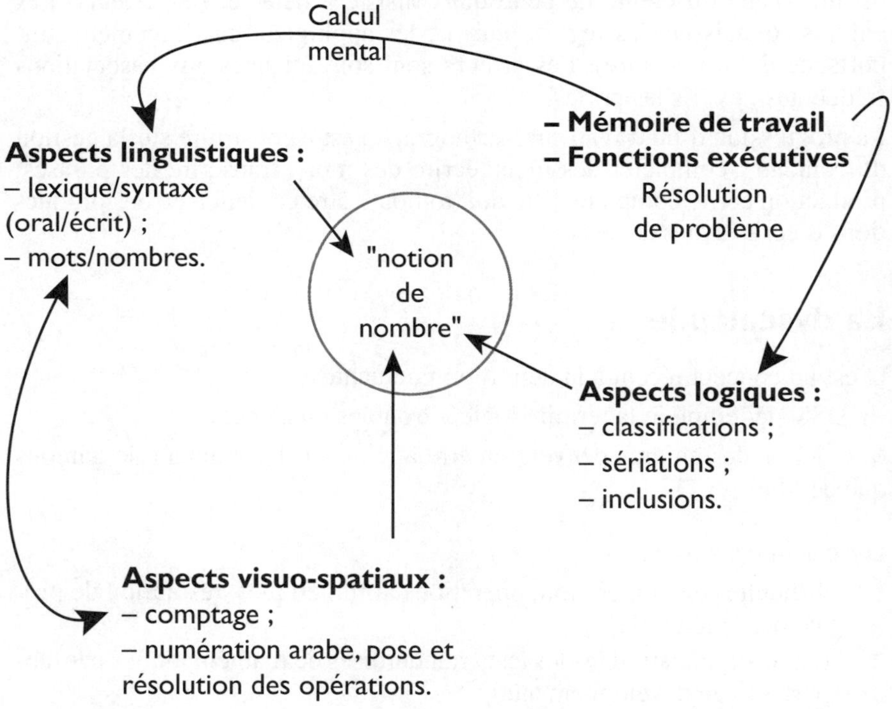

La dyscalculie est rarement isolée : elle est associée pour 50 % à une dyslexie, pour 25 % à des troubles de l'attention ou encore à des troubles visuo-spatiaux. C'est pourquoi certains chercheurs mettent en doute l'existence d'une dyscalculie pure.

On s'interroge sur l'existence d'une dyscalculie primaire due à un dysfonctionnement des structures cérébrales (hypothèse de Dehaene[25] et

24. Michèle Mazeau, *Neuropsychologie et troubles des apprentissages, op. cit.*

25. Stanislas Dehaene, *La bosse des maths*, Odile Jacob, 1996.

Butterworth[26]) ou d'une dyscalculie secondaire, liée à la mémoire de travail, à un déficit visuo-spatial et de cognition non verbale (hypothèse de Rourke[27], étude de Share, Moffit et Silva[28]).

En attendant un diagnostic, il est d'abord important d'avoir une idée des capacités de comparaison, de sériation, de compréhension des problèmes, de choix des opérations, de raisonnement dans les résolutions de problèmes. Être rassuré sur ce point permet de s'autoriser des adaptations en fonction des difficultés repérées :

- travailler sur les chiffres arables sans rien « en dire », en cas de pathologie linguistique ;
- compter à l'asiatique ;
- proposer un repérage dans la feuille, des aides à la résolution des opérations, mais surtout le recours au verbal, au formel, à l'apprentissage par cœur des faits numériques, en cas de pathologie praxique et/ou visuo-spatiale ;
- contourner les difficultés mnésiques : mise à disposition des tables, de la calculette ;
- mettre en place des mesures adaptées aux difficultés d'attention, de stratégie, en cas de syndrome dysexécutif : éviter les distractions, les doubles tâches, les questions à choix multiples, séquencer les activités…

De plus, ce n'est pas parce que des enfants ne sont pas dyscalculiques que les troubles liés au calcul ne les affectent pas et que ce n'est pas difficile pour eux.

☞ Voir à *l'annexe 3 les différentes théories et définitions.*

- La théorie du triple code de Dehaene et Cohen.
- La classification de Badian.
- La classification de Kosc.

26. Brian Butterworth, Dorian Yeo *Dyscalculia Guidance : Helping Pupils With Specific Learning Difficulties in Maths*, David Fulton Publishers, 2004.

27. Byron P. Rourke, « Arithmetic disabilities, specific and otherwise : A neuropsychological Perspective », *Journal of Learning Disabilities,* n° 26(4), p. 214-226, 1993.

28. Étude de David L. Share, Terry E. Moffit, Phil A. Silva, « Factors associated with arithmetic-and-reading disability and specific arithmetic disability », *Journal of Learning Disabilities,* 1988.

Voici les tests dont on se sert fréquemment pour diagnostiquer une dyscalculie (voir en annexe 4 le détail de leur contenu).

- ECPN (Épreuves conceptuelles de résolution de problèmes numériques), Meljac, 1995.
- UDN2 (Épreuves de logique), Meljac et Lemmel, 1999.
- NUMÉRICAL, Gaillard, 2000.
- TEDI-MATH, Van Nieuwenoven, Grégoire, Noël, 2001.
- ZAREKI-R, Von Aster et Dellatolas, 2005.
- ÉNUMÉRÉ (Évaluation des compétences numériques et résolution de problèmes), Bobée - Soltani, Bernoussi, Guimard et Verrier, 2007.

Remarque

Nous nous interrogeons en tant qu'enseignants, sur la nécessité d'une référence à un niveau scolaire global en conclusion de nombreux tests (de lecture ou de mathématiques). Cela nous semble contraire à l'évaluation par compétences et préjudiciable à l'image de soi des enfants.

Identifier les désavantages

Avec le terme de désavantages, nous entendons parler des répercussions des Troubles spécifiques des apprentissages dans la scolarité.

C'est dans la deuxième partie de ce livre, à travers le choix des situations présentées, que nous mettrons en évidence ces désavantages. Nous avons choisi les compétences et les niveaux de classe où les désavantages nous paraissaient les plus visibles.

Définition du désavantage : « Préjudice qui résulte de la déficience ou de l'incapacité et qui limite ou interdit l'accomplissement d'un rôle considéré comme normal compte tenu de l'âge, du sexe et des facteurs socioculturels. »

Lorsque nous parlons d'élèves ayant des difficultés à l'école et que celles-ci sont importantes, en lien avec tels ou tels troubles décrits précédemment, les attentes de l'école révèlent des désavantages pour ces élèves. Ils sont empêchés, ou dans l'incapacité de répondre d'un point de vue normal, à certains objectifs, à certaines demandes. La sévérité des troubles est un point déterminant pour évaluer le désavantage mais, de façon tout aussi importante, les situations scolaires, mettant en jeu les objectifs pédagogiques, les attentes d'apprentissage, sont essentielles dans la perception du désavantage. Nous prendrons cet angle de vue pour mettre en lien troubles et situations d'apprentissage.

Langage oral

« Le langage oral est le pivot des apprentissages de l'école maternelle. L'enfant s'exprime et se fait comprendre par le langage. Il apprend à être attentif aux messages qu'on lui adresse, à les comprendre et à y répondre.

Au cycle des apprentissages fondamentaux, les élèves continuent leur apprentissage du langage oral : respect de l'organisation de la phrase, expression des relations de causalité et des circonstances temporelles et spa-

tiales... ; prises de parole de plus en plus longues et mieux organisées, dans le respect des sujets traités et des règles de la communication.

L'élève est capable d'écouter le maître, de poser des questions, d'exprimer son point de vue, ses sentiments. Il s'entraîne à prendre la parole devant d'autres élèves pour reformuler, résumer, raconter, décrire, expliciter un raisonnement, présenter des arguments. »[29]

Ces trois passages mettent en lumière l'importance du langage oral et l'étendue des apprentissages. À chaque âge, la maîtrise du langage nécessite un travail soutenu et l'acquisition de compétences croissantes en complexité.

Du retard de langage au trouble du langage oral, comme la dysphasie, l'élève sera plus ou moins en difficulté. Un trouble est diagnostiqué parce qu'il se révèle important, on parle de déviance par rapport à la norme et il est le plus souvent durable.

« S'exprimer clairement à l'oral en utilisant un vocabulaire approprié »

Les troubles sévères les plus visibles se traduiront par une expression inopérante. Selon le profil de l'élève, l'expression est réduite à quelques mots (langage enfantin ou télégraphique) ou les paroles sont inintelligibles malgré une volonté de s'exprimer (parole fluente).

D'autres caractéristiques du langage sont touchées.

- Les troubles de l'évocation concernent des enfants ne pouvant pas nommer avec précision des objets, des actions de la vie courante. L'expression est le plus souvent détournée par des termes évasifs (truc, machin...). L'explication va consister à donner une définition approximative ou une interprétation du mot recherché.
- Les troubles de la syntaxe, l'agrammatisme limitent la précision du discours et la capacité de se faire comprendre.

Les différents troubles concourent, dans leur ensemble, à un lexique pauvre, mal structuré. L'expression orale reste parfois superficielle car il y a de réelles limitations à un enrichissement de l'expression, à la construction d'un argumentaire, à la restitution d'un résumé, d'une histoire...

Le désavantage s'accroît indéniablement avec l'âge lorsqu'il est demandé à l'élève de tenir compte des nouveaux apprentissages, d'adapter ses propos

29. *BOEN* hors-série n° 3 du 19 juin 2008.

en fonction de situations de langage plus complexes supposant une maîtrise du langage simple totalement fonctionnelle.

Pour les élèves porteurs de dyslexie, le langage oral ne présente pas de troubles à proprement parlé, mais il peut présenter certaines faiblesses : notamment pauvreté du lexique, difficulté d'explicitation, compréhension orale. Les apprentissages du langage oral sont couplés avec ceux du langage écrit, au fur et à mesure de la scolarité, les difficultés au niveau du langage oral retentissent sur le langage écrit.

« Pratique de la récitation »

Les aspects phonologiques et syntaxiques du langage oral étant touchés, les difficultés sont renforcées pour réciter avec une prononciation juste et maîtrisée, pour restituer des écrits poétiques, jouant également sur les formes syntaxiques. Ces difficultés sont accrues lorsque les capacités de mémorisation sont réduites. Les difficultés sur le mode expressif (dire/réciter) ou sur le mode réceptif (retenir des mots, des vers) ont un retentissement sur la mémorisation.

Compréhension orale

Le langage oral est mis en défaut du point de vue réceptif. Les troubles s'expriment à l'écoute lors de la prise d'informations orales. La perception est altérée (phonologie, syntaxe, lexique), le traitement des informations est plus difficile. La mémoire de travail est fortement sollicitée et n'est pas toujours performante. La compréhension orale est plus ou moins déficitaire dans les situations de classe :

- lors de l'écoute des consignes ;
- lors des explications, discussions, échanges ;
- lors de la manipulation de vocabulaire spécifique à une notion étudiée, de concepts, de termes abstraits.

Ex. Le sujet est-il inversé dans la phrase ?

Lecture

« Cet entraînement conduit progressivement l'élève à lire d'une manière plus aisée et plus rapide. Au cours élémentaire première année, des textes plus longs et plus variés, comportant des phrases plus complexes, sont progressivement proposés aux élèves. »

« La lecture continue à faire l'objet d'un apprentissage systématique :

- *automatisation de la reconnaissance des mots, lecture aisée de mots irréguliers et rares, augmentation de la rapidité et de l'efficacité de la lecture silencieuse ;*
- *compréhension de phrases ;*
- *compréhension des textes scolaires ;*
- *compréhension des textes informatifs et documentaires ;*
- *compréhension des textes littéraires. »*[30]

Les apprentissages de la lecture conduisent l'élève à devenir un lecteur expert ayant automatisé sa lecture et pouvant accéder à la compréhension de multiples écrits. Les troubles du langage oral et plus particulièrement les troubles du langage écrit ont des répercussions déterminantes sur ces apprentissages.

Les troubles évoqués pour le langage oral permettent malgré tout l'apprentissage de la lecture dans de nombreux cas. D'un point de vue « technique », l'élève apprend à lire. Les difficultés se situent au niveau de la compréhension pour les raisons similaires à celles évoquées pour la compréhension orale. L'élève lit un texte, mais l'accès au sens de ce qu'il lit peut être très déficitaire.

Les troubles décrits lors de la présentation des dyslexies ont des incidences directes sur l'apprentissage de la lecture et conséquemment sur la compréhension.

- Déficit de la voie d'assemblage :
  - identification des phonèmes et mémorisation altérées par les confusions (b/d, c/g, f/v...), la conscience phonologique imparfaite ;
  - assemblage difficile par une identification imprécise de la syllabe, déficit de la segmentation syllabique dans le mot.
- Déficit de la voie d'adressage :
  - lecture découpée, hachée par une prépondérance de la voie d'assemblage (lente et imprécise) ;
  - imprécisions par une lecture incomplète : la fin du mot est devinée ou lue de façon erronée par une mauvaise prise d'indices (paralexies).

Dans les cas de dyslexies sévères, les difficultés sont massives et durables tout au long de l'apprentissage.

30. *Ibid.*

Fonctionnalité de la lecture :

- les difficultés renforcent une lecture découpée, heurtée et donc lente ;
- l'accès au sens est pénalisé par la lenteur et le déchiffrage laborieux ;
- le « coût » cognitif du déchiffrage limite la disponibilité pour toute autre action : compréhension de la phrase, lien explicite et implicite…
- fatigabilité importante, lecture parcellaire ;
- répercussion sur les apprentissages de l'écrit.

Les compétences mises en échec renforcent le désavantage au fur et à mesure de la scolarité par rapport au lecteur expert. La lenteur et les imprécisions marquent une différence de plus en plus importante avec les élèves de la classe. Une lecture dite « fonctionnelle » permettant un accès au sens se traduit par une vitesse de lecture très éloignée d'un élève de la même classe d'âge.

Dans les cas de dyslexies sévères, les compétences de lecture « fonctionnelle » n'évoluent pas beaucoup. L'élève sait lire, mais sa lecture reste lente avec quelques imprécisions qu'il peut corriger lui-même, renforçant la lenteur de celle-ci.

Les difficultés de lecture se retrouvent dans tous les apprentissages avec un accès au sens et une compréhension déficitaire. Le désavantage est présent dans toutes les disciplines, toutes les situations scolaires. Il s'accentue au collège lorsque les élèves sont confrontés à un niveau de langue plus soutenu.

Compenser tout au long de la scolarité

Contenus d'enseignement et programmes

Réflexion sur la gestion du décalage

Aides au cours de l'apprentissage : remédiations ou contournement

Définition des aides nécessaires : prévention, différenciation pédagogique, progression, évaluation.

Il est important de rappeler une évidence : on ne peut pas agir de la même façon pour un enfant de maternelle ou de CP alors même que le diagnostic n'est pas encore posé, pour un enfant de CE qui progresse, mais pas au même rythme que ses pairs, et pour un enfant de CM ou de collège pour qui la normalisation devient impossible ou trop coûteuse, pour lequel on réfléchit à la rentabilité des outils, au choix stratégique des matières et à l'orientation, c'est-à-dire à la nécessaire adaptation de la scolarité.

Se pose donc la question du moment où les aides sont utiles, quand et comment les introduire.

1. Aides techniques, indépendantes de l'enseignant

L'outil informatique prend toute sa place en tant qu'aide auprès des élèves porteurs de désavantages.

Les technologies récentes sont venues compléter celles que nous connaissons pour apporter des possibilités de plus en plus efficaces de compensation des difficultés et de renforcement de l'autonomie.

☞ Voir la liste des logiciels de la bibliographie (p. 251).

Du traitement de texte à la dictée vocale

a. Le traitement de texte est un outil de production d'écrit classique.

Notre attention doit porter sur le paramétrage du logiciel pour en favoriser l'accès et l'utilisation.

- Le choix et la taille de police, l'espace entre les lettres et les mots, l'interlignage des paragraphes.

L'objectif est d'aérer la page d'écriture en favorisant la lecture de ce qui est écrit et la manipulation de l'écrit. Par exemple, police OpenDyslexic, police Arial ou Comics sans MS, taille 16, interligne 1,5.

Paramétrage du style standard de chaque document avec ces données. L'élève retrouve ces réglages à chaque ouverture de fichier.

- Les paramètres de l'environnement :
  - paramétrage du dossier d'enregistrement ;
  - paramétrage du format d'enregistrement : choix d'un format lisible par l'ensemble des ordinateurs utilisés à l'école, à la maison ou chez le rééducateur ;
  - paramétrages des options de complétion automatique : format de la date, majuscules…

L'utilisation de ce type de logiciel s'accompagne d'un apprentissage du clavier et des notions précisées dans le B2i (Brevet informatique et internet).

Le prédicteur de mots vient en complément du traitement de texte. Celui-ci fonctionne sur le principe d'une proposition de mots au fur et à mesure de la frappe du texte. Les mots proposés sont issus d'un stock lexical présent dans le logiciel. La prédiction se fait le plus souvent en fonction de la fréquence des mots dans la langue.

b. La synthèse vocale est une technologie relativement récente auprès du grand public permettant d'écouter la lecture de textes ou de tous types d'écrits accessibles à l'utilisateur.

Cette technologie synthétise des voix masculines ou féminines, dans différentes langues. Les réglages sont en général importants : tonalité, vitesse d'élocution, vitesse de lecture…

Son utilisation est tout à fait intéressante pour la lecture de textes ou dans le cadre de productions d'écrits.

- Lecture de documents numérisés :
  - textes, leçons, cours du cadre scolaire ;
  - livres numériques ;
  - textes et écrits consultables sur l'ordinateur : internet, CD ou DVD documentaires… ;
  - menus, sous-menus, commandes, bulles des logiciels.
- Lecture des productions écrites :

– aide à la relecture en situation d'expression écrite ;

– aide à la lecture des consignes.

c. *La dictée vocale* est également une technologie récente ayant fait de réels progrès ces dernières années. Un logiciel de dictée vocale permet de transcrire (d'écrire) ce que l'utilisateur dit en parlant dans un microphone. Cette technologie complexe améliore ses performances en analysant la voix de l'utilisateur par un ou plusieurs entraînements. Ainsi, la reconnaissance s'affine au fur et à mesure de l'utilisation du logiciel, en enrichissant les données du profil de l'utilisateur. L'outil est « magique » pour un élève dysorthographique. Le revers de cette technologie complexe est sa sensibilité aux dysfonctionnements liés à l'utilisation ou aux manipulations du logiciel et aux aléas des systèmes informatiques…

• Transcription de la parole

– dans un logiciel de traitement de texte pour la production d'écrits scolaires

◊ expression écrite

◊ questions de lecture

◊ exposé, présentation…

– dans les logiciels nécessitant de l'écrit

◊ courrier électronique, messagerie instantanée…

◊ navigateur internet : champ de recherche, formulaire…

– dans le cadre de l'utilisation de l'ordinateur

◊ fenêtre d'enregistrement d'un fichier

◊ création de dossier…

• Commande vocale de l'ordinateur

– ouverture, fermeture des logiciels (commandes générales de l'ordinateur)

– sélection dans les menus des commandes des logiciels.

• Synthèse vocale intégrée (voir paragraphe précédent).

Certains logiciels rassemblent plusieurs de ces fonctions. Ainsi Médialexie édite une application comprenant différents modules dont la synthèse vocale, la dictée vocale, un traitement de texte paramétrable, un correcteur spécifique…

2. Aides humaines

L'**autonomie** n'est pas synonyme d'indépendance. L'autonomie pourrait se définir comme la capacité à se servir de l'aide à bon escient.

La place de l'Auxiliaire de vie scolaire ou Assistant d'éducation est à définir de façon précise pour tous les élèves, celui qui est accompagné et ses pairs, et aussi pour les enseignants, sinon il y a un risque important d'aboutir au contraire du but recherché : c'est-à-dire d'aboutir à la passivité, à l'attentisme et à la stigmatisation.

Assister, c'est aider et non faire à la place. L'enfant doit se sentir élève à part entière et l'enseignant doit être autant concerné par l'élève accompagné que par les autres élèves : l'AVS ne doit pas faire écran aux relations de l'élève avec l'enseignant, il est aux côtés de l'élève pour l'accompagner dans son chemin vers l'éducation et les apprentissages.

Les relations de l'élève avec ses pairs doivent également être préservées, et l'entraide développée. Il est très important d'expliquer aux élèves de la classe et de l'école pourquoi tel élève a besoin d'être accompagné.

Pour les élèves souffrant d'un Trouble spécifique des apprentissages, il est rarement préconisé un temps important d'accompagnement.

Lorsque l'élève est accompagné par un AVS, sa différence ne peut être gommée : l'élève est alors reconnu dans sa différence, ce qui est important par rapport à l'enseignant ou ses camarades (il ne s'agit pas de viser la normalisation), mais c'est aussi ce qui peut poser problème lorsque les troubles sont invisibles et à l'adolescence.

Le temps d'accompagnement ainsi que les tâches demandées à l'AVS sont définis en partenariat dans le cadre des Équipes de suivi de scolarisation (ESS) par lesquelles est élaboré le Projet personnalisé de scolarisation (PPS).

Il est de plus nécessaire au quotidien qu'une **collaboration** réelle s'établisse entre AVS et enseignant afin que soient examinées en amont les situations d'apprentissage et qu'il y ait **anticipation des adaptations** à mettre en place pour rendre accessibles les apprentissages. Il est important que l'AVS n'agisse pas seulement dans le temps de la classe, parfois seulement en écho à ce que dit l'enseignant ou parallèlement à l'action de l'enseignant.

L'AVS est un **accompagnant**, il a un rôle de **médiateur** et de **tuteur.**

Pour les élèves confrontés à un TSA, on peut se référer avec intérêt aux procédures du tutorat telles que les définit Bruner[31].

31. Jérôme S. Bruner, *Le développement de l'enfant – Savoir faire, savoir dire*, PUF, 1963.

1. « Enrôlement » : engager l'intérêt et l'adhésion de l'enfant envers la tâche à accomplir. Les encouragements et la valorisation sont vraiment primordiaux.
2. « Réduction des degrés de liberté » : simplification de la tâche, apport d'éléments destinés à combler des lacunes et les déficiences. Cela peut consister aussi en une aide pour s'organiser, une aide pour traiter les informations, en une adaptation des supports écrits, en une reformulation et même en des réexplications en dehors des évaluations…
3. « Maintien de l'orientation » : persévérance dans l'activité, maintien de la motivation.
4. « Signalisation des caractéristiques déterminantes » : souligner les caractéristiques de la tâche qui sont pertinentes avant son exécution.
5. « Contrôle de la frustration » : éviter l'échec.
6. « Démonstration » : le tuteur imite, sous une forme stylisée, un essai de solution tenté par l'enfant, et lui, en retour, imite son tuteur, sous une forme plus appropriée.

En aidant, l'AVS doit permettre de redonner du sens aux apprentissages pour l'enfant. Il a un rôle fondamental pour le motiver.

AVS et enseignant doivent pouvoir réfléchir ensemble aux savoirs en jeu et à la spécificité des situations d'apprentissage. Ce n'est pas le type de handicap que porterait l'élève qui doit être au centre des préoccupations, mais la **situation de handicap** et les **objectifs d'apprentissage** qui doivent être définis précisément et explicitement.

3. Adaptations pédagogiques

Il s'agit de rendre l'élève, tel qu'il est, le plus performant possible, dans un environnement aménagé et en fonction d'aides techniques qu'il aura appris à utiliser de façon adéquate. Il est primordial de toujours recentrer l'activité sur les objectifs d'apprentissage.

Deux axes

- Apporter une aide spécifique :
  - améliorer les performances, l'adhésion de l'élève aux situations d'apprentissage ;
  - permettre l'accès au langage et à l'écrit ;
  - éviter la fatigue.
- Contourner les difficultés :
  - poursuivre les acquisitions scolaires ;
  - maintenir le goût d'apprendre ;
  - assurer l'intégration.

Le contournement des troubles, en utilisant les compétences disponibles (c'est-à-dire les fonctions cognitives préservées, dont la logique et les capacités d'abstraction), voire en surentraînant les fonctions indemnes, est central dans le projet scolaire et thérapeutique de l'enfant.

Modalités d'évaluation et d'examens

Il est nécessaire de distinguer les types d'évaluation (diagnostic et bilan, formative et sommative) et leurs objectifs.

Doivent être recherchées des modalités d'évaluation faisant intervenir un minimum l'écrit (lecture et écriture), et même le verbal, lorsqu'il y a trouble du langage. L'utilisation de documents visuels et de questionnaires à choix multiples doit être privilégiée. L'usage d'aide-mémoire doit être compris et accepté par tous.

Bien sûr, comme pour d'autres enfants en difficulté, l'évaluation doit toujours valoriser les progrès et les efforts.

L'aménagement des examens questionne de façon cruciale les notions de référence à la norme et d'équité.

Des **aménagements pour les examens** existent afin de garantir l'égalité des chances[32].

Les évaluations nationales CE1 et CM2 peuvent aussi être aménagées.

Elles le sont sur les sites de l'INSHEA :

- pour les élèves déficients visuels ;
- pour les élèves handicapés moteurs ;
- pour les élèves dyspraxiques.

Remarque : que les aménagements de ces évaluations se réfèrent encore à des types de handicap figent trop à notre avis les propositions qui pourraient être faites notamment pour les élèves ayant un TSA.

Le service responsable de l'organisation des examens met à disposition des candidats un formulaire unique de demande d'aménagements.

Liste des **aménagements d'épreuves** qui peuvent être demandés le plus fréquemment pour les élèves affectés par un TSA avéré.

- Nécessité d'être isolé.
- Nécessité de pauses, sans récupération de temps.

---

32. Circulaire n° 2011-220 du 27/12/2011.

- Majoration d'un tiers du temps : pour les épreuves de type écrit, pour la préparation des épreuves orales…
- Assistance à l'écriture et à la lecture
  – Secrétaire Assistant.
  – Micro-ordinateur.
    ◊ Utilisation des logiciels habituels.
    ◊ Utilisation du correcteur d'orthographe (sauf pour les épreuves visant à évaluer les compétences en orthographe).
- Sujets agrandis.
- Consignes orales
  – données à voix haute en articulant, le surveillant se plaçant face au candidat ;
  – données par écrit.
- Possibilité de réponse écrite lors des épreuves orales.
- Pour le DNB (Diplôme national du brevet) et le CFG (Certificat de formation générale), présentation d'un texte avec correction de fautes pour l'épreuve d'orthographe (« dictée fautive »). Le texte peut être agrandi en format A3.
- Pour le baccalauréat général et technologique, dispense d'épreuve de LV2 pour les séries L, ES, S, STG.
- Dispense de croquis au baccalauréat général (histoire-géographie et enseignement scientifique).

À partir du même sujet, le candidat remplace l'exercice de réalisation d'un croquis de géographie par une composition d'une page.

- Dispense de croquis au baccalauréat technologique (histoire-géographie).
- Possibilité encore de conservation de notes et/ou d'étalement de session.

Ce formulaire est à adresser à un médecin désigné par la Commission des droits et de l'autonomie des personnes handicapées (CDAPH) par l'intermédiaire du médecin scolaire.

Pour émettre son avis, le médecin de la CDAPH tient compte :

- de la situation particulière du candidat ;
- des informations médicales actualisées transmises à l'appui de sa demande ;
- des éléments cliniques décrits dans le *guide barème* pour l'évaluation des déficiences et incapacités des personnes handicapées (annexe 2-4 au décret n° 2004-1136 du 21 octobre 2004) qui inclut notamment les déficiences du langage et de la parole ;

- **des conditions de déroulement de sa scolarité** et notamment des adaptations et des aménagements dont il a pu bénéficier (cf. le Projet personnalisé de scolarisation ou le Projet d'accueil individualisé de l'élève).

Orientations et modes de scolarisation

Différents modes de scolarisation existent.

- Système individuel avec PAI (quand il n'y a pas reconnaissance de handicap) ou PPS et aménagements (AVS, matériel, emploi du temps, SESSAD, projet individuel).
- Dispositifs collectifs : CLIS (Classes d'inclusion scolaire), ULIS (Unités localisées pour l'inclusion scolaire), SEGPA (Sections d'enseignement général et professionnel adapté), EREA (Établissements régionaux d'enseignement adapté).

Ces dispositifs permettent de réduire l'écart entre l'offre institutionnelle et les besoins de l'enfant.

Ils procurent plus de souplesse au niveau de l'organisation du temps scolaire : des dispenses pour certaines matières (langues, musique…), la possibilité d'être accueilli dans des classes de niveau différent suivant les matières…

- Établissements spécialisés (par exemple à Paris : Franchemont, Dysphasia), classes à l'hôpital comme dans l'Unité de rééducation de l'hôpital du Kremlin-Bicêtre.

Un exemple : l'Unité de rééducation neurologique infantile du CHU Bicêtre

L'Unité de rééducation est un centre de référence pour les enfants porteurs de troubles spécifiques du langage oral ou écrit et des troubles des apprentissages.

Au sein de cette Unité, cinq classes accueillent 36 enfants âgés de 6 à 12 ans. Ces enfants domiciliés dans la région parisienne sont admis en hospitalisation de jour.

Le projet de chaque élève est élaboré sur une durée qui peut varier de un à deux ans, très exceptionnellement trois ans. Il bénéficie des rééducations nécessaires et d'une pédagogie adaptée pour pouvoir ensuite poursuivre une scolarité dans les meilleures conditions. Il peut s'agir d'une scolarité ordinaire en école élémentaire ou au collège avec des aménagements adaptés (pédagogie différenciée, orthophonie en libéral…). Une orientation peut aussi être proposée vers des structures adaptées : CLIS, ULIS, SEGPA ou EREA.

Ces classes font partie du centre scolaire du CHU Bicêtre, qui comporte par ailleurs des postes dans les services pédiatriques de cet hôpital au Kremlin-Bicêtre et des postes à l'Institut Gustave Roussy à Villejuif.

Un directeur spécialisé encadre ce centre scolaire dépendant de la circonscription de l'ASH2 de l'Académie de Paris.

Sur les 13 enseignants du centre, l'équipe travaillant dans l'Unité de rééducation est composée de 5 enseignants spécialisés, titulaires du CAPSAIS ou CAPASH option C. Des professeurs de la Ville de Paris (arts visuels, éducation musicale et éducation physique et sportive) ainsi qu'une éducatrice de la Ville de Paris complètent cette équipe.

Les enseignants travaillent en collaboration avec l'équipe pluridisciplinaire de l'Unité : médecins, psychologues, orthophonistes, ergothérapeutes, psychomotricienne et le personnel soignant.

La reconnaissance des difficultés des enfants est un élément déterminant pour eux. L'orientation est un moment important pour favoriser la poursuite de la scolarité dans les meilleures conditions.

CLIS dans le primaire

Une CLIS est un dispositif collectif de scolarisation au sein d'une école. Elle accueille au maximum 12 enfants. Ces enfants sont reconnus handicapés et sont orientés en CLIS sur décision de la CDAPH (Commission des droits et de l'autonomie des personnes handicapées).

À Paris, ce sont les CLIS 4 qui accueillent les enfants porteurs de TSA et c'est un enseignant spécialisé option C qui gère ce dispositif. Avec les élèves ayant des TSA peuvent être scolarisés, si l'école est accessible, des élèves en situation de handicap moteur dont font partie les troubles dyspraxiques, avec ou sans troubles associés, ainsi que des élèves en situation de pluri-handicap.[33]

Les enfants ont le plus souvent entre 6 et 12 ans. Parfois ils arrivent en taxi, car l'école peut être éloignée de leur domicile.

Les niveaux de compétences sont hétérogènes.

33. Depuis la *circulaire du 17 juillet 2009*, les enfants confrontés à des troubles du langage et de la parole doivent être accueillis en CLIS 1 : « classes destinées aux élèves dont la situation de handicap procède de troubles des fonctions cognitives ou mentales, dont font partie les troubles envahissants du développement ainsi que les troubles spécifiques du langage et de la parole. » Cependant, la circulaire mentionne que sera tenu compte du projet pédagogique de chaque type de CLIS, ainsi que de son implantation géographique afin d'assurer un parcours scolaire et de soins cohérent.

Tous les enfants rejoignent une classe d'accueil pour une durée variable pouvant aller jusqu'à plus de 50 % du temps scolaire et parfois même jusqu'à pratiquement un temps plein. Ils peuvent alors être accompagnés par un AVS collectif, c'est-à-dire qui est présent pour l'ensemble des enfants de la CLIS. Exceptionnellement, certains enfants peuvent aussi avoir auprès d'eux un AVS individuel. L'emploi du temps scolaire est défini dans le projet de chaque enfant, il doit aussi permettre les prises en charge rééducatives qu'elles se fassent à l'école, lorsqu'un SESSAD suit les enfants, ou à l'extérieur de l'école, en libéral.

La CLIS est incluse dans le projet d'école : souvent elle existe en tant que structure-ressource et l'enseignant peut participer à des décloisonnements avec d'autres collègues. Elle est toujours dotée en matériel : ordinateurs, scanner, imprimante…

La présence d'une CLIS dans une école permet de développer l'acceptation et la prise en compte des différences, de faire évoluer les pratiques d'accueil et d'enseignement pour tous les élèves à besoins éducatifs particuliers.

ULIS dans le secondaire

Il est à noter que la dénomination des types ULIS change dans le temps : il existait en 2001 des UPI TSL (Unité pédagogique d'intégration Troubles spécifiques du langage) et en fonction des académies : on peut rencontrer par exemple des ULIS TSLP (Troubles spécifiques du langage écrit et de la parole) ou des ULIS TFC (Troubles des fonctions cognitives)[34].

L'ULIS est incluse dans le projet d'établissement du collège, ce qui est très important pour que toute l'équipe éducative se sente concernée.

Elle accueille en principe 10 élèves répartis sur tous les niveaux de la 6e à la 3e ; les orientations de la CDAPH peuvent diriger vers ce dispositif des élèves porteurs de troubles autres que neurocognitifs.

Le niveau scolaire n'est pas déterminant pour une admission en ULIS et l'intégration peut très bien fonctionner même si le niveau est faible dans certaines disciplines, mais à condition que l'élève soit bien entouré par ailleurs.

Les troubles de conduite et de comportement sont plus problématiques. Des élèves peuvent être rejetés par les autres élèves du collège quand ces

34. La *circulaire du 18 juin 2010* qui concerne les ULIS mentionne clairement que les dénominations des différents types d'ULIS « ne constituent pas […] une nomenclature administrative. Elles permettent à l'autorité académique de réaliser une cartographie des ULIS en mentionnant les grands axes de leur organisation et offrent à l'ensemble des partenaires une meilleure lisibilité ».

troubles sont importants, alors qu'ils ne sont pas rejetés en raison de leurs difficultés scolaires.

Les élèves accueillis ont tous derrière eux un passé scolaire chaotique et douloureux, certains d'entre eux ont même dû sortir du système scolaire ordinaire.

Quelques-uns ont des difficultés à accepter leur différence. Ils peuvent alors mal supporter la prise en charge spécialisée de leur scolarité et ne pas se saisir des compensations qui mettent leurs difficultés en évidence.

Les aménagements de la scolarité sont définis dans le PPS établi par l'ensemble des partenaires travaillant auprès l'enfant : ils sont adaptés à chaque élève et évoluent au cours de la scolarité.

Les prises en charge varient : orthophonie, ergothérapie, psychothérapie, accompagnement éducatif. Certaines ont lieu au sein de l'établissement. Des élèves, suivis en orthophonie depuis la GS de maternelle, peuvent de ce fait arriver à saturation lorsqu'ils entrent au collège : des « fenêtres thérapeutiques » sont alors nécessaires.

Les élèves sont une grande partie du temps dans leur classe de référence. Lorsqu'ils quittent cette classe, ils travaillent en soutien avec l'enseignant spécialisé (qui peut être soit issu du 1er degré, soit du 2nd degré), coordinateur de l'ULIS, et ceci entre 5 et 12 h par semaine.

Cet enseignant, secondé par un AVS collectif, accomplit un travail d'adaptation (des supports, des contenus, des évaluations), de soutien, de remédiation et propose des moyens de contournement des difficultés.

Des professeurs du collège peuvent prendre en charge les élèves de l'ULIS en dehors de leur classe de référence lorsqu'il y a décalage de niveau : mathématiques et anglais notamment.

L'apprentissage des langues vivantes pose de grands problèmes aux élèves qui présentent un Trouble spécifique du langage, surtout celui de l'anglais ; mais, comme celui-ci est requis pour l'essentiel des formations professionnelles vers lesquelles ils pourraient être orientés, il faut aménager l'enseignement de cette discipline. Un enseignant d'anglais du collège peut s'occuper du groupe d'élèves de l'ULIS, en dehors de sa classe.

Il est prudent de travailler l'orientation dès la classe de 4e avec le COP (Conseiller d'orientation psychologue) du collège.

Coordonner une ULIS consiste à organiser une collaboration régulière avec :

- les parents et l'élève ;
- les professeurs ;
- le médecin scolaire et l'infirmière ;

- les rééducateurs et leurs services ;
- le Conseiller d'orientation psychologue (COP) et le Centre d'information et d'orientation (CIO) ;
- la direction de l'établissement.

La création d'*ULIS en lycée* commence.

Deuxième partie

Des élèves en situation de classe face au Socle commun de connaissances et de compétences

Introduction

Une construction dynamique des savoirs

Notre référence est le Socle commun de connaissances et de compétences.

Mais en quoi la notion de **compétences** est particulièrement intéressante pour la population d'enfants qui nous concerne ici ?

Lorsqu'on parle de compétences, on ne dissocie pas l'acquisition des savoirs du traitement de ces savoirs et des situations dans lesquelles ces savoirs sont mobilisés. *« C'est une distanciation à l'égard des modèles béhavioristes, qui impliquent des acquisitions ponctuelles, délimitées et successives... »*[35]

Ce n'est plus la logique par objectifs foncièrement additive, séquentielle et linéaire qui est préconisée, mais la construction dynamique des savoirs et une pédagogie centrée sur l'activité. Il s'agit d'un *« recentrage sur les processus d'apprentissage de l'élève plutôt que sur les contenus d'enseignement. »*[36]

Et c'est justement ce qu'il faut absolument prendre en compte avec les enfants présentant des Troubles spécifiques des apprentissages, afin de trouver les moyens de compenser et de contourner leurs difficultés. Ce sont des élèves qui vont apprendre sans passer nécessairement par l'acquisition de « prérequis », qui vont avoir un rythme ainsi que des façons d'apprendre différents.

Ces élèves, comme d'autres élèves à besoins éducatifs particuliers, doivent aussi prendre conscience qu'ils ont la possibilité d'agir sur eux-mêmes et de développer des compétences métacognitives et réflexives.

Si les savoirs se construisent dans des activités, si les compétences sont **contextualisées,** l'évaluation doit aussi être conçue à travers des situations appropriées : de ce fait, il est nécessaire de l'aménager, comme peuvent être aménagés les examens.

L'aménagement des évaluations et des examens doit aussi être en cohérence avec les adaptations de la scolarité.

C'est pourquoi il a été constitué, dans l'Académie de Paris, avec des médecins de la DASES et de l'Éducation nationale, des psychologues et des professeurs-ressources, une grille d'adaptations pédagogiques proposées pour les élèves affectés par un Trouble spécifique des apprentissages dans le cadre d'un Projet d'accueil individualisé (en absence de reconnaissance de handicap) ou d'un Projet personnalisé de scolarisation (s'il y a reconnaissance de handicap).

---

35. Marie-Françoise Legendre, « La notion de compétence au cœur des réformes curriculaires : effet de mode ou moteur de changements en profondeur ? », in François Audigier et Nicole Tutiaux-Guillon, *Compétences et contenus,* De Boeck Université, 2008.

36. Alain Houchot, Florence Robine, « Les livrets de compétences : Nouveaux outils pour l'évaluation des acquis », *Ministère de l'Éducation nationale,* n° 2007- 048, 2007.

☞ *Voir Annexe 5*

Afin de définir précisément les aides pédagogiques nécessaires à chaque élève, il est important de disposer d'éléments diagnostiques, mais aussi de partir d'une **évaluation des besoins de l'élève en situation de classe** pour aussi d'appréhender sa relation au savoir, à ses pairs, à l'enseignant, à ses difficultés et la façon dont il s'empare de l'aide : c'est en particulier ce regard que peut apporter un professeur-ressource ou enseignant itinérant inter-degré ou du second degré, dans les situations d'inclusion individuelle. Cet enseignant spécialisé fait le lien avec les Équipes pluridisciplinaires d'évaluation (EPE) de la MDPH, participe à l'information et à la formation des enseignants, tout en organisant des prises en charge pédagogiques pour les situations les plus compliquées.

Lorsque les enseignants des classes se trouvent seuls face à un élève ayant des difficultés d'accès à l'écrit, ils peuvent aussi se référer au *Protocole d'identification de l'aménagement pédagogique correspondant à un élève en difficulté à l'écrit* (*PIAPEDE*) qui a été élaboré en 2009 par Dominique Crunelle alors directrice de l'Institut d'orthophonie de Lille (protocole en ligne). Ce protocole est destiné aux élèves du CE2 jusqu'au baccalauréat.

L'école, la clé de l'inclusion sociale aussi pour les élèves avec un TSA

Par ailleurs, nous sommes intimement convaincus que les connaissances elles-mêmes peuvent servir de point d'appui pour permettre aux enfants présentant des TSA de dépasser leurs limitations.

Les savoirs, ainsi qu'une pédagogie éclairée et innovante se faisant inclusive, peuvent permettre à ces enfants d'apprendre et de devenir plus tard des citoyens à part entière.

Repères pour cette seconde partie

Compétences citées en italique

Présentations des élèves

Situations d'apprentissage

Réponses, aides, adaptations

Évaluations

Recommandations

Chapitre 7

Maîtrise de la langue française

S'approprier le langage, s'exprimer à l'oral quand il existe un trouble du langage oral

Il ne faut pas oublier surtout que les enfants ont des dynamiques de développement différentes. Ce ne sont pas d'abord leurs difficultés ou leurs troubles qui les définissent.

Stratégies facilitatrices et de communication active

- Si l'enfant s'adresse plus aux adultes qu'aux autres enfants, le rediriger vers eux.
- Se placer en face de lui, à bonne hauteur.
- S'adresser directement à lui et adapter son langage (pour les plus jeunes, parler « nourrice » : modulation, phrases courtes, répétitions…).
- Viser toujours une communication minimale efficace.
- Se donner du temps, réduire la vitesse de parole, veiller à bien séparer les mots et à être expressif.
- Ne pas faire répéter, mais répéter soi-même, reformuler.
- Choisir des thèmes qui suscitent l'intérêt.
- Proposer des situations ludiques.
- Ne pas transformer tout échange en activité d'entraînement (privilégier quelques moments dans la journée : moments de plaisir, situations cadrées, prévisibles, qui se répètent).
- Réduire les tendances dirigistes (poser des questions, faire des relances…).
- Entrer dans le dialogue sans donner de consignes et d'ordres (cela empêche l'enfant d'avoir un espace de parole).
- Utiliser des facilitateurs d'évocation : où ? quand ? comment ? pourquoi ?…
- Proposer des choix de mots.
- Ne pas répondre tout de suite à une demande qui ne serait pas exprimée verbalement, ne pas devancer.
- Être attentif aux initiatives de communication, même si elles sont non verbales.
- Faire attention aux réactions négatives de l'entourage face à l'enfant s'exprimant difficilement.

Plus précisément par rapport à la compréhension (vocabulaire, syntaxe, pragmatique)

- Décomposer les phrases à consignes multiples.
- Dans les consignes, utiliser des propositions indépendantes correspondant chacune à une tâche précise.
- Utiliser des phrases courtes du type sujet, verbe, complément.
- Choisir de préférence l'impératif.
- Employer des verbes d'action familiers.
- Poser des questions simples avec une seule information.
- Éviter les doubles informations ou les interronégatives.
- Utiliser des termes ou expressions concrets, imagés.
- Éviter les expressions au sens figuré.
- Ne pas hésiter à rechercher des synonymes si le vocabulaire semble trop soutenu.
- Contextualiser le langage (approche pragmatique) : ne pas séparer le contenu (vocabulaire et sémantique) de l'utilisation du langage (usages sociaux).
- Vérifier la compréhension, faire reformuler, s'appuyer sur le concret.

Pour Didier Roch, orthophoniste à l'IME Franchemont (Champigny, 94), le traitement direct est efficace pour les troubles expressifs, mais l'approche indirecte est nécessaire pour les troubles de compréhension : situations naturelles avec un vrai besoin communicatif. La situation doit rendre nécessaire la communication spontanée : activités fonctionnelles qui ne portent pas seulement sur le contenu, la structure ou la forme du langage.

Pédagogie adaptée

Il est indispensable de :

- chercher d'autres supports que le langage oral : gestes, mimes, jeux de rôle, mises en scène, images, pictogrammes, écriture… en vue de notamment de casser la chaîne sonore en unités significatives (mots pleins) ;
- utiliser des supports matériels aidant à identifier les sons, les mots, les phrases dans une suite orale et à les mémoriser ;
- travailler sur la conscience phonologique avec l'appui de gestes, comme ceux de la méthode Borel-Maisonny[37] ;

37. Clotilde Silvestre de Sacy, *Bien lire et aimer lire*, ESF, 2000.

- travailler sur la segmentation des phrases entendues en mots avec la méthode des jetons de Brigitte de Becque et Stéphane Blot[38] ;
- penser à illustrer systématiquement les concepts abstraits, les « mots sans images » et le vocabulaire spatiotemporel ;
- matérialiser l'organisation temporelle et spatiale des activités du jour ;
- constituer des répertoires de mots illustrés (travail sur le stock lexical) ;
- laisser le temps de dire ;
- fournir un plan permettant d'organiser le discours.

Systèmes augmentatifs et alternatifs de communication

- Classeur de communication.
- Bandes de communication, bandes temporelles, bandes pour décomposer une tâche.
- Pictogrammes : code Makaton[39] par exemple.
- Codes gestuels : signes tirés de la langue des signes française (LSF) associés aux pictogrammes du Makaton.
- Méthode verbo-tonale[40].
- Synthèses vocales.

38. Brigitte de Becque, Stéphane Blot, *La méthode des jetons*, Ortho édition, 1994.

39. Programme d'aide à la communication et au langage utilisant la parole, des signes et des pictogrammes.

40. S'adressant à l'origine aux enfants sourds, cette méthode est destinée à corriger une prononciation incorrecte en s'appuyant sur l'intonation, le rythme, la combinatoire et la prononciation nuancée dans une approche plurisensorielle.

Comprendre, nommer, raconter, poser des questions, exprimer son point de vue

S'approprier le langage

Comprendre un message et agir ou répondre de façon pertinente.

Nommer avec exactitude un objet, une personne ou une action ressortissant à la vie quotidienne.

Formuler, en se faisant comprendre, une description ou une question.

Raconter, en se faisant comprendre, un épisode vécu inconnu de son interlocuteur ou une histoire inventée.

Prendre l'initiative de poser des questions ou d'exprimer son point de vue.

Lou est arrivée en grande section dans ma classe, je savais qu'elle présentait des Troubles spécifiques du langage oral. Ces difficultés en langage oral s'accompagnaient d'un certain retard dans les apprentissages.

Une auxiliaire de vie scolaire avait été nommée pour l'année de grande section, deux demi-journées par semaine.

Nous évoquerons la dyspraxie verbale de Lou, ses troubles du langage oral, ses comportements et son adaptation au sein du groupe-classe, puis l'adaptation de la présentation de certaines consignes et leur réalisation.

Les productions de Lou sont très réduites (quelques mots, phrases), déformées (la parole est inintelligible) et instables (Lou peut répéter à plusieurs reprises un même mot, une même demande ou produire une séquence impulsive, phonologiquement très éloignée du mot cible).

Les difficultés d'organisation de là motricité fine se retrouvent au niveau bucco-facial, mais aussi au niveau manuel et locomoteur.

Cependant, l'enfant a de bonnes capacités de communications non verbales (contacts, demandes d'attention, gestes, imitations) et la compréhension est possible pour des séquences assez courtes de la vie quotidienne.

Le traitement des consignes qui exigent des organisations successives nécessite des répétitions de la part de l'adulte. Les conséquences sont immédiates sur l'adaptation pragmatique de l'enfant :

- la parole inintelligible empêche le dialogue ;
- le comportement en situation de groupe est affecté (perte d'attention et agitation liées à la surcharge cognitive), la fatigue engendrée par les situations de doubles tâches et les difficultés de perception des mouvements des autres enfants.

L'état émotionnel de l'enfant est affecté : sentiment de frustration face aux difficultés expressives (cris, abandons, destructions des productions).

La rééducation orthophonique propose des signes, des pictogrammes et, petit à petit, des éléments de langage écrit, comme supports aux productions de l'enfant.

En GS, situation d'apprentissage

Comportement et adaptation de l'enfant au sein du groupe-classe

Certains enfants connaissent Lou depuis la petite section. Les camarades de classe s'aperçoivent que Lou est différente (son comportement, le fait qu'elle parle très peu et que lorsqu'elle essaie de parler, on a énormément de mal à comprendre ou même à deviner ce qu'elle veut dire).

Avec ses particularités, ses différences, ses difficultés propres, Lou fait partie de la classe.

Au bout de trois mois, l'enfant a commencé à vouloir participer aux échanges lors du regroupement et faire partager ses expériences, les moments dont elle a envie de parler : ses sorties du week-end, ses chats, ses jouets, sa sœur…

Elle arrive à peu près à dire « présente », « je mange à la cantine », « je reste au goûter ».

Elle demande la parole en levant le doigt (certaines règles de la classe ont été bien assimilées), elle attend son tour, et quand c'est son tour, elle esquisse une phrase. Cela n'est pas toujours dans le sujet du moment. En effet, le temps d'attendre son tour pour prendre la parole, puis écouter l'autre parler ou essayer de se souvenir de ce que l'on voulait dire… C'est assez complexe.

Souvent, dans ce cas, elle ne parle pas fort : on note un chuchotement, puis un débit accéléré et une dégradation phonologique rapide. Pourtant l'enfant est en recherche de communication, elle prend spontanément la parole, s'aide de signes corporels que je peux traduire à ses camarades.

Malgré tout, Lou a peu d'échanges avec ses pairs : manipulée entre guillemets par certains profitant d'une certaine faiblesse, surexcitée par d'autres, mal comprise, faisant peur aussi car pour s'exprimer Lou a eu recours, surtout en début d'année, aux pincements, tapes, griffures, sur des enfants qui ne comprenaient pas ce qu'elle voulait dire ou qui ne répondaient pas à ses attentes.

Heureusement, Lou n'est pas sujet à des moqueries de la part d'autres élèves, elle est acceptée avec sa différence et ses difficultés expressives.

En petit groupe

Lou a bien intégré le travail en grand groupe et celui en petit groupe. Lors du travail « individuel », elle accepte souvent la tâche demandée mais, une fois installée devant sa feuille d'exercices, elle ne peut pas commencer à travailler seule.

Il arrive qu'elle reste assise, qu'elle attende de l'aide, une aide pour le sens de l'exercice (la consigne devant être répétée de manière individualisée, afin de maintenir l'attention au sein du travail en petit groupe) ou bien elle comprend ce qu'il faut faire mais ressent une certaine difficulté et alors refuse de travailler.

Dans ce cas, il faut réduire, changer, aménager quantitativement ou temporellement : des pauses permettent de diminuer les difficultés liées à l'attention.

Réponses, aides, adaptations

L'arrivée d'une AVS pour Lou, en cours d'année, a été bénéfique.

Lou s'est sentie plus rassurée au début, avec un sentiment de protection, de situation privilégiée par rapport aux autres. Cette adulte, souvent avec Lou, protège les autres camarades des réactions incontrôlées de Lou, ainsi ces derniers prennent plaisir aussi à s'amuser avec Lou.

Tout en gardant ses distances (adulte et non pas camarade de classe), l'AVS partage des moments de lecture de courtes histoires, de petits jeux avec un nombre restreint de camarades de classe, même si quelquefois Lou préfère « garder » pour elle toute seule l'AVS.

En récréation, l'AVS organise pour Lou des jeux (cache-cache, chat-souris…) avec quelques camarades, ainsi Lou est plus structurée dans la cour et se sent moins abandonnée.

Pour le travail scolaire, Lou a besoin d'aide :

- pour comprendre, reformuler et respecter les consignes ;
- pour les activités comme le collage, le découpage, le tri, le dénombrement, le graphisme.

Des activités satellites en rapport avec les capacités et les centres d'intérêt de l'enfant (peinture libre…) sont proposées en fin d'exercices ou bien dans les moments où l'enfant ne parvient pas à se concentrer, mais il faut aussi veiller à ce que les limites de ces activités parallèles soient respectées.

L'adulte reformule l'énoncé de l'enfant, elle ne fait pas répéter l'enfant mais fournit un modèle correct correspondant à la situation.

Évaluation

Il est vrai que Lou change de comportement en présence de l'AVS.

Elle est plus canalisée face au travail car, seule, elle erre dans la classe sans pouvoir s'atteler à une tâche.

Mais l'enfant se colle à son AVS et ne joue avec personne, elle reste à côté et exige parfois que l'adulte fasse à sa place. En effet, au début, Lou ne joue plus avec les autres lorsque l'AVS est avec elle, elle préfère rester avec elle, seule, sans inviter d'autres camarades, elle se l'approprie.

On est obligé de dire à Lou d'aller jouer, d'aller vers les autres quand l'AVS fait une pause personnelle, car elle ne peut pas être toujours avec l'enfant.

Prolongements

- Utiliser des méthodes comme
  - *Phono* et *Catégo* de Roland Goigoux, Sylvie Cèbe, Jean-Louis Paour, chez Hatier.
  - *Syllabozoo*, André Ouzoulias, chez Retz.
- Voir les entraînements phonologiques des éditions de la Cigale (possibilité de visionner des vidéos).
- *Prévelire*, André Ouzoulias, chez Retz.
- Les ouvrages de Brigitte Stanké, chez Chenelière Éducation.
- Logiciels *Abou*.

La conscience phonologique et la possibilité d'analyser explicitement la parole est un excellent prédicteur de l'acquisition de la lecture.

Il s'agit de travailler :

- les détections de rimes, d'attaques ;
- l'identification d'unités sonores saillantes : voyelles et syllabes ;
- la segmentation syllabique (comptage, suppression de syllabes…) ;
- la sensibilisation aux phonèmes, sensibilisation qui doit toujours se faire en lien avec l'écrit et qui doit toujours avoir du sens pour les élèves (écriture de mots et de petits textes).

Les outils proposés ci-dessus doivent permettre avant tout d'organiser la différenciation de façon pragmatique avec des actions dans le grand groupe ou dans de petits groupes homogènes. Le but est d'agir avant que les élèves se trouvent en échec et non de remédier aux difficultés installées.

Participer à un échange verbal en classe

S'approprier le langage

S'exprimer clairement à l'oral (avec un trouble syntaxique) *avec un vocabulaire approprié et précis* (avec un trouble de l'évocation).

Participer en classe à un échange verbal en respectant les règles.

> **Flora** a 8 ans. Elle a présenté un retard de parole et de langage important avec des phrases intelligibles un peu avant 4 ans. Une rééducation orthophonique a été mise en place en moyenne section de maternelle, deux fois par semaine. La rééducation s'est arrêtée en CP. L'année de CP est difficile, Flora n'est pas lectrice, elle redouble cette classe. La rééducation reprend en CE1, deux fois par semaine et se poursuit au CE2. Un suivi psychologique d'un an est réalisé au CMP sans nécessité d'être continué. Au CE2, Flora bénéficie d'adaptations, ses résultats sont meilleurs en mathématiques. Une orientation en CLIS est envisagée.
>
> Le bilan orthophonique retrouve un trouble du langage oral : persistance de difficultés phonologiques, d'évocation lexicale, de compréhension. En expression morphosyntaxique, Flora n'a pas acquis la voie passive et, en compréhension, les phrases relatives sont peu accessibles.
>
> Sur le plan du langage écrit, les inversions sont nombreuses, la précision de lecture est très faible sur les deux voies, la compréhension est moyenne. En transcription, la dysorthographie est massive.
>
> Le diagnostic confirme un trouble sévère du langage écrit associé à un trouble persistant du langage oral expressif et réceptif.

En CE1, situation d'apprentissage

Même si Flora s'exprime en classe, ses prises de parole sont restreintes. Son discours n'est pas toujours intelligible. Les idées s'inscrivent dans des phrases embrouillées, à la syntaxe fluctuante, au vocabulaire incertain. Le manque du mot caractéristique de difficultés d'évocation l'amène à employer des termes généraux, impersonnels ou alors le mot est manquant et la phrase se retrouve sans sujet ou sans substantif. À l'inverse, les pronoms personnels sujets sont trop présents et viennent systématiquement doubler l'emploi d'un sujet ou groupe sujet. En situation de production orale spontanée, ces difficultés rendent les propos confus et difficiles à saisir ou à comprendre pour le maître ou les élèves de la classe.

La mémorisation est pénalisée. En situation d'exercice oral, il est difficile pour Flora d'appréhender une phrase et de pouvoir travailler dessus pour réaliser l'accord du verbe par exemple. La mémoire de travail est limitée, Flora ne peut pas s'appuyer sur la langue, l'articulation de la phrase, le sens… pour restituer la suite de mots proposée. La mémorisation plus générale est également affectée pour la fixation des mots du lexique, d'expressions, la compréhension…

Réponses, aides et adaptations

L'accent est mis sur la place du sujet ou du groupe sujet dans la phrase. La syntaxe de la phrase produite à l'oral mobilise la plus grande attention.

Dans un exercice de lecture d'images, la désignation des personnages, des objets, des lieux… est reprise systématiquement et leurs emplois précisés dans des phrases échangées par le groupe-classe.

Il peut s'agir à certains moments d'apporter une aide particulière en donnant la liste du lexique à employer de façon à compenser le manque du mot et la difficulté d'évocation. Le travail d'expression orale peut alors avoir lieu, en particulier sur la syntaxe, l'argumentation…

Le lexique est enrichi en lien avec les lectures et les thèmes abordés dans les activités.

Les mots travaillés sont classés : par thèmes, par ordre alphabétique… Ils sont présentés à l'aide de certaines adaptations comme la coloration des syllabes et un code précisant la nature grammaticale.

L'enrichissement lexical se fait à partir des supports de la classe, ainsi que par l'utilisation d'imagiers, de fichiers spécifiques (*Le lexique de ma classe*, Retz).

La syntaxe de la phrase est travaillée en prenant appui sur des supports visuels comme ceux de la méthode des jetons. Les productions orales donnent lieu à un travail parallèle sur les mots constitutifs de la phrase, chaque mot étant représenté par un jeton. La phase produite est gardée en mémoire, restituée lors du codage. La suite de jetons représentant la phrase peut alors servir de support pour des manipulations syntaxiques sur la phrase.

☞ Voir le cahier couleurs en fin d'ouvrage

Évaluation

Lors des échanges au sein de la classe, les propos de Flora prennent leur place dans des situations libres ou dirigées. La pertinence et le respect de la syntaxe sont évalués au fur et à mesure des activités de classe.

Mise en mémoire d'un texte poétique

S'approprier le langage

Dire de mémoire quelques textes en prose ou poèmes courts.

Marie présente une dyslexie dysorthographie sévère à dominante phonologique, diagnostiquée au centre de référence du Kremlin-Bicêtre. Elle a de bonnes capacités intellectuelles.

En mathématiques, elle a des difficultés spécifiques en lecture de nombres, pour la mémorisation des tables de multiplication et pour l'accès aux problèmes.

Marie a redoublé son CP et a été orientée en 6e vers une ULIS TA.

En CM1, elle bénéficiait de trois séances d'orthophonie par semaine dont une en logicomathématique. Deux séances avaient lieu sur le temps scolaire.

Elle a aussi été suivie en psychothérapie.

Elle a été dotée à ce niveau de classe d'un ordinateur portable et du logiciel Dragon naturally speaking.

L'apprentissage du clavier s'est fait avec le logiciel Tap'touch.

Elle a bénéficié d'une séance d'ergothérapie par semaine pour la mise en place de ces aides techniques.

La MDPH a attribué également un mi-temps d'accompagnement par une Auxiliaire de vie scolaire individuelle. Son rôle consistait à aménager les supports écrits, à lire les énoncés et les textes, en vérifiant la compréhension, et à transcrire par écrit les réponses données à l'oral par Marie.

Elle a été suivie par un professeur-ressource une fois par semaine en CM1 pour la mise en place des aides pédagogiques et une fois par trimestre en CM2 pour guider le travail de l'AVSi et pour réfléchir le choix de son orientation.

L'enseignant s'est engagé à fournir des supports de leçons correctement orthographiés, à ne pas enlever de points pour l'orthographe en dehors des dictées, à noter de façon positive ces dernières et à réduire le travail à la maison.

Concernant le langage oral

- Aucun trouble phonologique n'est constaté en spontané.
- Dans le domaine lexical
  - Le versant expressif est moyen : formules d'échec et paraphasies sémantiques. L'ébauche orale ne constitue pas une aide efficace au recouvrement du mot cible.
  - Le versant réceptif est bon (stock lexical passif en désignation).

• Dans le domaine syntaxique

– Marie présente quelques difficultés sur le versant expressif, notamment pour l'encodage morphosyntaxique (prépositions, pluriel des verbes irréguliers, voix passive, pronoms compléments, forme induite du passé et du futur).

– Sur le versant réceptif, la compréhension est correcte, cependant des difficultés sont constatées pour la compréhension des relatives enchâssées en « que », des coréférences ambiguës de pronoms et de relatives complexes.

• Un déficit de conscience phonologique existe : erreurs sur le phonème initial, élisions, substitutions de voyelles ou de consonnes, inversions de phonèmes, rajouts de consonnes, élisions de voyelles…

La mémoire à court terme est dans la moyenne : répétition de chiffres (empan de 4), répétition de phrases.

En CM1, situation d'apprentissage

Apprentissage par cœur et restitution de la fable de La Fontaine *La cigale et la fourmi*.

Réponses, aides et adaptations

Il a été choisi pour Marie de s'appuyer sur un support visuel et sur la méthode des jetons.

Ce ne sont pas les vrais jetons qui sont utilisés, ils sont seulement dessinés. Ils sont d'abord là pour illustrer chaque mot et, comme dans un exercice de closure, au fur et à mesure de la mise en mémoire, les mots sont effacés, seuls restent les jetons.

Ils serviront ensuite de support à la récitation : « obligeant » Marie à ne pas oublier de mots, surtout de petits mots. Parfois, ces petits mots resteront écrits lorsqu'ils ne peuvent pas être retrouvés. Sur le même principe, peuvent être utilisées des cartes à jouer : une carte correspondant à un mot.

Il ne s'agit pas d'employer tous les jetons de la méthode, dont les couleurs et les formes représentent les catégories grammaticales et certaines données syntaxiques, mais d'en sélectionner quelques-uns en rapport avec les besoins de Marie dans cet exercice de mémorisation.

Exemple d'une phrase illustrée par toutes les catégories de jetons de la méthode.

Cf. CD-Rom présentant la méthode

☞ Voir le cahier couleurs

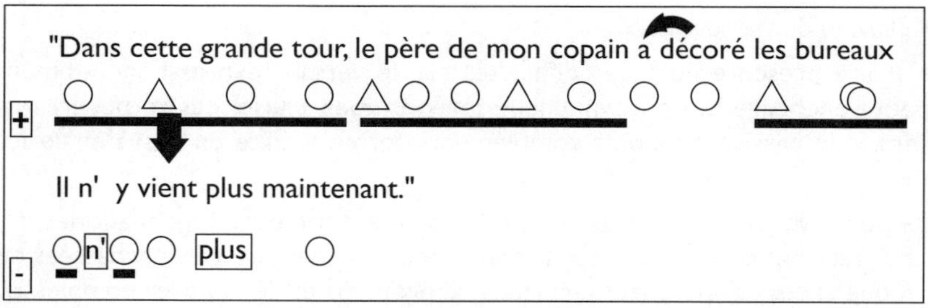

Pour des enfants plus en difficulté et plus jeunes, d'autres supports visuels peuvent être utilisés, comme des images ou des pictogrammes.

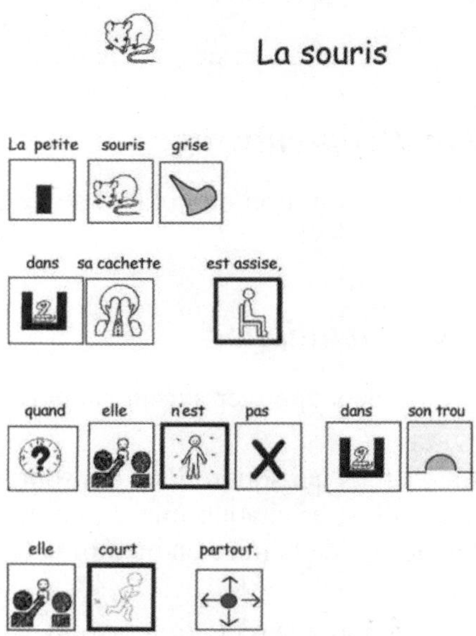

On peut également s'appuyer sur des supports audio :
voir le site www.iletaitunehistoire.com

Plusieurs approches sont proposées : texte seul, lecture du texte, suite d'images illustrant le texte, lecture de l'histoire avec surlignage du texte au fur et à mesure (comme pour un karaoké), s'ajoutent des apports documentaires et des jeux.

Existent aussi des logiciels simples permettant un retour vocal (en dehors du logiciel Dragon naturally speaking), c'est-à-dire une oralisation de l'écrit par une lecture électronique du texte sélectionné.

• *Speak back*

D'un seul clic, on peut lancer la lecture d'un texte.

Plusieurs paramétrages sont possibles : réalisation en continu, avec une pause entre les mots ou en épelant les mots.

On peut définir vitesse, volume, tonalité de la voix.

• *PC voice*

Mêmes fonctions que *Speak back*

• *Balabolka ou Dspeech*

Ils permettent la lecture de tout texte avec un surlignage au fur et à mesure. La transcription en fichier audio (mp3 ou wav) est possible avec Dspeech.

Ce sont des logiciels gratuits, mais la voix est payante.

Plus largement, ces logiciels permettent :

- en classe
  - – la lecture des consignes, de livres
  - – la relecture de ce que l'enfant tape comme texte ;
- à la maison (à partir du collège)
  - – une indépendance de lecture
  - – la lecture de courriels, de sites internet.

Évaluation

L'évaluation pour Marie s'est faite d'abord en conservant le support des jetons puis sans.

Pour d'autres enfants, on peut exiger, soit une restitution mot à mot, soit accepter des mots de même sens (homonymie), soit encore n'évaluer que l'enchaînement des idées.

On peut aussi limiter la tâche et réduire la quantité de texte à mémoriser.

Découvrir l'écrit, lire

Introduction

Il ne faut pas oublier qu'un Trouble spécifique du langage oral entraîne toujours des difficultés en lecture. Mais aussi que l'entrée dans l'écrit aide les enfants à progresser dans le domaine du langage oral.

Comment apprendre à lire aux élèves présentant des Troubles spécifiques des apprentissages ?

Avant tout comme aux autres élèves en proposant un enseignement structuré et explicite, en privilégiant une pédagogie active, en se penchant sur comment procèdent les enfants et en proposant des activités en petits groupes.

Les mois de décembre et janvier de CP constituent une période cruciale.

Lorsque des difficultés apparaissent, tous les élèves doivent pouvoir bénéficier d'*entraînements* dans différents domaines afin que le plus grand nombre réussisse.

- *La conscience phonologique* : au niveau des mots, des syllabes, des phonèmes (fusion, décomposition) avec des lettres, des gestes (cf. Méthode Borel-Maisonny), en utilisant le toucher, avec manipulation, avec ou sans supports visuels…

La conscience phonologique est particulièrement atteinte chez les élèves qui nous concernent ici. C'est pourquoi le travail sur la syllabe et la syllabe écrite est privilégié pour eux. Cela se comprend d'autant mieux que, pour tous les enfants, les phonèmes (en particulier ceux associés aux consonnes) ne seront perçus réellement qu'après un apprentissage de l'écrit qui permettra de les « révéler » et de mieux les distinguer.

- *L'assemblage graphème/phonème* avec un travail préalable indispensable sur la syllabe pour nos élèves.
- *La fluence* (MCLM : Mots correctement lus par minute) : lecture répétée, travail sur l'intonation, répétition en chorale. Relire les mêmes textes pendant au maximum une minute (en raison de la fatigue engendrée). L'élève a la possibilité de s'autocontrôler et d'évaluer ses progrès ce qui est très motivant.
- *Le vocabulaire* : technique de Beck (un mot soutenu par jour).

Il est important que cet apprentissage soit explicite : vocabulaire du quotidien, vocabulaire peu fréquent dans la conversation mais fréquent dans les textes, mots ayant plusieurs sens en fonction du contexte, vocabulaire génératif pour la compréhension, vocabulaire spécifique.

• *La compréhension* : explicite et implicite. Il s'agit de se représenter une situation par une analyse syntaxique et sémantique précise.

• *L'orthographe*

Se référer à la base informatique de données lexicales Manulex (Lexique des manuels) de Lété, Sprenger-Charolles et Colé (2004) qui fournit les fréquences d'occurrence de 23 900 lemmes et 48 900 formes orthographiques extraits d'un corpus de 54 manuels scolaires de lecture. Elle est librement accessible sur le Web.

On peut extraire de ces tables de fréquence des listes de mots adaptés aux enfants de cycle 2 et 3.

Voir aussi l'Échelle d'orthographe lexicale (EOLE) de Béatrice et Philippe Pothier (2003) : les auteurs ont fait orthographier 11 694 mots à des élèves de CP au CM2 (50 mots par élève). Le nombre de mots correctement orthographiés par 75 % des élèves sert de mesure du répertoire.

Voir encore l'Échelle Dubois-Buyse de Tiers, Mayer et Reichenbach (1995) qui classe 3 724 termes en fonction de leur difficulté orthographique en 43 échelons.

• *La production écrite*

Peuvent être utilisés les entraînements de Michel Zorman (éditions de La cigale) et le programme PARLER : Parler apprendre réfléchir lire ensemble pour réussir.

On peut se référer aussi aux MACLÉ d'André Ouzoulias. : Modules d'approfondissement des compétences en lecture-écriture.

La grande règle d'un entraînement est qu'il soit :

- spécifique : ciblé sur une compétence, par exemple la compréhension morphosyntaxique (interpréter des connecteurs…), même s'il est sûr que plusieurs compétences entrent en jeu dans une tâche ;
- explicite : avec des béquilles et en donnant du sens au travail d'acquisition des automatismes ;
- intensif, quotidien ;
- par petits groupes homogènes (ou en individuel : ce qui n'est quand même pas vraiment réalisable) ;
- en valorisant et renforçant positivement ;
- précoce avant que le cercle vicieux ne s'installe (pas en remédiation).

Il s'agit d'intervenir sur les processus d'apprentissage et pas seulement sur le résultat.

Au-delà des polémiques sur les méthodes de lecture

☞ Voir la Conférence de consensus sur l'enseignement de la lecture à l'école primaire de 2003 (Rapport PIREF : Programme incitatif de recherche en éducation et formation).

Comme pour tous les enfants, pour ceux ayant des TSA, il faut travailler sur le sens des textes, des phrases et des mots, avec en plus des adaptations qui permettent d'insister sur les correspondances graphophonologiques. Il n'y a aucun antagonisme entre déchiffrer et comprendre, mais il faut veiller à l'automatisation des traitements de bas niveau d'identification des mots sans lesquels aucune compréhension n'est possible.

Il faut aussi veiller au rééquilibrage des deux voies de lecture : assemblage et adressage, travailler sur la combinaison des voies indirectes et directes.

Il est important de parler de stratégies de lecture, plutôt que de niveaux. C'est pourquoi l'installation de mécanismes compensatoires par des activités réflexives et métalinguistiques est recherchée.

Entrer dans l'écrit, c'est se construire des représentations de la langue, de son sens et de son fonctionnement

Avant tout, l'enfant doit comprendre que l'écrit sert à communiquer avec autrui, à se souvenir de mots ou d'idées, mais aussi qu'une chaîne sonore, un flot de paroles peuvent être segmentés en parties distinctes et que des signes abstraits comme des lettres peuvent renvoyer à du sens.

Avec les élèves présentant un trouble spécifique du langage oral, cette étape est absolument indispensable. Ils ne peuvent en effet s'appuyer sur le bon fonctionnement de la langue orale pour appréhender le code écrit.

Il s'agit donc de s'appuyer davantage sur l'image pour leur permettre de donner du sens aux messages écrits.

Exemple de progression basée sur la méthode « Conceptualiser l'écrit : 6 contes de tous les jours et les bonnes idées d'Alex » chez Hatier (méthode hélas épuisée, mais dont on peut s'inspirer).

Première étape : images séquentielles.

Deuxième étape : utilisation d'idéo-pictogrammes.

Troisième étape : texte écrit.

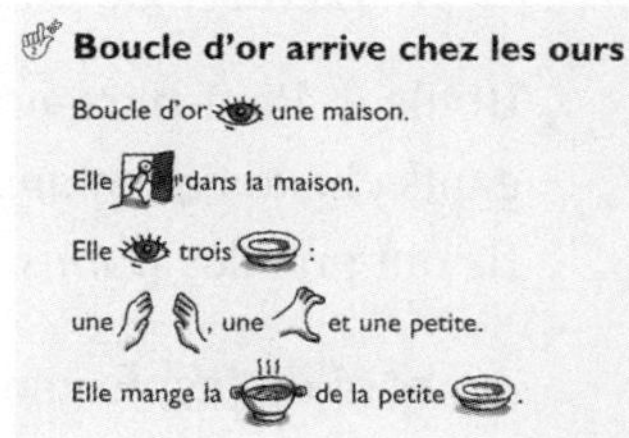

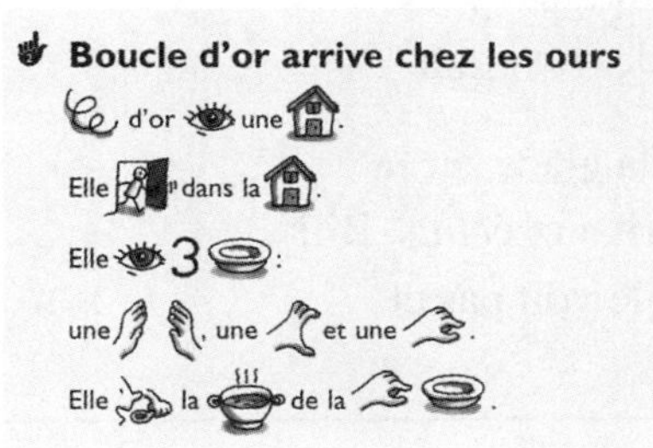

Boucle d'or arrive chez les ours

Boucle d'or voit une maison.
Elle entre dans la maison.
Elle voit trois assiettes :
une grande, une moyenne et une petite.
Elle mange la soupe de la petite assiette.

Travail au niveau des mots

- Mise en évidence des syllabes, des sons complexes (travail sur la voie d'assemblage) : colorisation.
- Aide visuelle : gestes Borel-Maisonny.
- Travail sur les syllabes sémantiques (ex. **pan** de **pan**talon).
- Mais aussi exercices de lecture rapide (adressage).
- Analyse morphologique (préfixe, suffixe, base…) et repérage des analogies orthographiques.
- Repérage des morphèmes grammaticaux.

Texte de lecture aménagée par un enseignant en s'inspirant de la méthode d'imprégnation syllabique[41] (CP, mois de janvier).

Méthode de lecture Boule et Bill, Charles Astruc et Jocelyne Girard, Magnard.

41. Dominique Garnier-Lasek, *La lecture par imprégnation syllabique,* Ortho édition, 2008.

La **far***ce* de Pouf

Boule et Pouf **par***tent* sur le lac. Ils ont mis des gants chauds et un **a***no*rak **a**vec **u***ne* **ca***pu*che. Ils ont pris des **pa***tins* et les **por***tent* sur le dos.

Au bord du lac, Boule **chau***sse* les patins et part sur la **gla***ce*. Pouf le suit. Bill est **as***sis* sur le bord du lac. Tout *à* coup, Pouf **ar***ri*ve et **é***cla*bousse Bill avec la **la***me* de son patin.

Bill **n’est** pas **con***tent*, il a de la glace sur la **tê**te. Pouf se **mo***que* de lui et rit aux **é***clats*. Bill a l’air en **co***lère* mais Pouf ne le voit pas et **re***part* sur la glace.

Ici trois couleurs sont utilisées (le vert remplacé par du gras, le bleu remplacé par de l’italique et le rouge remplacé par un grisé pour des besoins de lisibilité ici), mais souvent ne sont utilisées que deux couleurs (bleu et rouge) et les lettres muettes sont mises en gris. Voir la présentation de Jean en CE1.

Le découpage avec trois couleurs (ou plus) est particulièrement intéressant pour les mots longs.

Il a été choisi à cette période de l’année de ne pas griser les lettres muettes afin de développer aussi l’adressage. Il est sûr qu’au début de l’année, les mots « partent », « portent » et « content » n’auraient pas été colorisés de la même façon.

Les mots sont soulignés pour indiquer qu’ils sont connus et peuvent être lus par adressage.

Pour « chausse », le découpage se fait en tenant compte du nombre de lettres devant être considérées d’un seul coup : les syllabes ne sont pas respectées, la première syllabe comportant beaucoup de lettres.

Pour « tête » et « colère », c’est le nombre de syllabes orales qui est privilégié.

La liaison de « tout à coup » est mise en évidence pour plus de fluidité et un meilleur accès au sens.

Tant que les enfants n’arrivent pas à automatiser la lecture des syllabes, elles devront être mises en couleurs afin d’éviter les erreurs et de fluidifier la lecture.

De même, si la lecture des digraphes et des trigraphes n'est pas acquise, ils peuvent être entourés et une association de couleur peut être proposée pour un rappel en mémoire.

Évocation des digraphies ou trigraphies par un code de couleur : chromophones

☞ Voir le cahier couleurs

Les chromophones	
oi	noir
ou	rouge
on	marron
an	
am	
en	
em	orange
eu	bleu
au	
eau	jaune
et	
ai	
ei	
er	
ez	
es	violet
er	vert
in	
im	
un	
um	
ain	
ein	du vin rosé

Le logiciel gratuit Coupe Mots permet d'aménager facilement les textes. C'est un outil vraiment très précieux. On peut le télécharger sur http://stephaxad.over-blog.com

Gestes de la méthode Borel-Maisonny

s

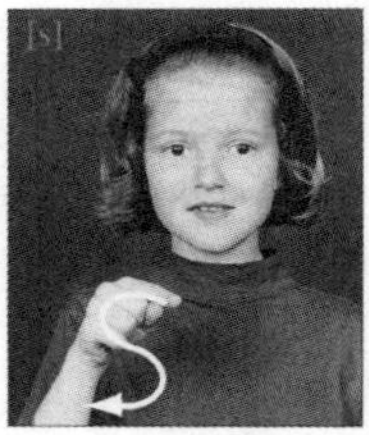

Là aussi, suis la flèche, et dis longtemps [s].

C'est le [s] de « salade ».

ch

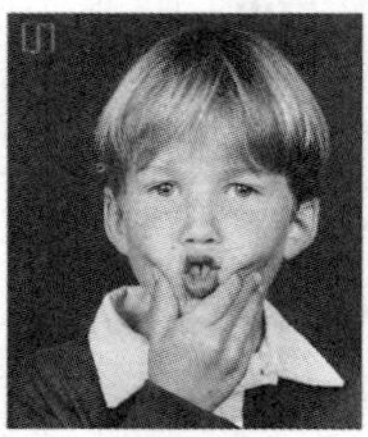

Prends tes joues et dis [ʃ].

C'est le [ʃ] de « cheval ».

Comment automatiser la reconnaissance directe des mots et perfectionner la voie d'adressage ?

Souvent ces enfants ne reconnaissent pas un mot déjà rencontré dans le texte, ils doivent repasser par le déchiffrage. C'est en rendant explicite le fonctionnement de notre langue que cette difficulté pourra être contournée. On pourra agir en insistant notamment sur les analogies orthographiques : les familles de mots et signification des lettres muettes, le repérage des morphèmes grammaticaux (désinences verbales, marques du pluriel). Pour faciliter ce repérage, pourront être utilisés différents codages reposant sur le visuel.

Travail au niveau de la phrase

- Lecture des mots-clés pour lesquels on cherche à automatiser une reconnaissance directe.

Cette reconnaissance est tout d'abord conçue comme un accès direct au sens des mots et elle doit être soutenue par un travail en vocabulaire et en grammaire.

- Travail sur les faits de langue donnant à la phrase sa grammaticalité (accords, construction des compléments).

La méthode des jetons, dont nous avons déjà parlé pour le langage oral, est aussi utile en lecture permettant de coder, de mettre en évidence visuellement natures et fonctions, de visualiser nettement les accords grammaticaux.

- L'analyse grammaticale doit permettre de segmenter la phrase en unités plus larges que le mot et permettre de mieux repérer les petits mots (déterminants, prépositions...). Le repérage des groupes de fonctions grammaticales est important bien sûr pour l'accès à une meilleure compréhension.

- Il est nécessaire aussi de travailler sur les pronoms et termes de substitution qui doivent être rendus explicites.
- Le travail sur la ponctuation, les groupes de souffle permet une recherche d'expressivité. Il facilite le rétablissement de la segmentation prosodique.
- Mémorisation de phrases plus ou moins complexes, travail sur le lexique grammatical.

La mémorisation de structures syntaxiques complexes peut être travaillée à travers des textes poétiques ou des autodictées. Elle vise aussi à améliorer la compréhension et l'expression orales.

Travail au niveau des textes

- Aménagements
  – Éviter tout texte manuscrit.
  – Choisir une police non ambiguë (Verdana par exemple).
  – Grossir, aérer.
  – Surligner en couleur.
- Étude des indices typographiques et de la ponctuation.

Les indices typographiques et la ponctuation sont des appuis pour apprendre à se déplacer dans le texte et à mieux explorer l'espace graphique. Cependant, les enfants dyslexiques doivent particulièrement être entraînés à ce repérage : en effet, ils ont, d'une part, du mal à identifier une lettre en fonction de sa typographie et, en copiant un texte, ils oublient systématiquement les majuscules (des tableaux mettant en correspondance les différentes typographies des lettres s'avèrent alors des aide-mémoire indispensables) ; puis, d'autre part, ils ne ponctuent pas non plus leurs lectures ou leurs écrits.

- Étude des marqueurs d'énonciation, indices temporels, anaphores et connecteurs logiques qui permettent de scander les différents moments, d'entrer dans la cohérence et la cohésion du texte.
- Étude des caractéristiques des différents types de textes (narratifs, injonctifs, descriptifs…) avec la mise en mémoire de leurs structures propres est également un travail très important pour dépasser le mot à mot et accéder au sens global d'un texte.

C'est aussi grâce à la **compréhension** que la lecture gagne en vitesse, à condition bien sûr que l'enfant ait suffisamment automatisé les procédures de décodage pour correctement identifier les mots. L'enfant doit avoir une représentation mentale de l'ensemble du texte.

La compréhension met en jeu, de plus bien sûr, les capacités attentionnelles et la mémoire de travail.

La compréhension d'un texte[42] *repose sur* :

- la compréhension du langage, la maîtrise de connaissances linguistiques (lexique, syntaxe de l'écrit…) : traitement psycholinguistique ;
- la capacité à repérer les idées principales d'un texte, à localiser les informations pertinentes, à exploiter ces informations pour répondre aux questions, à résoudre les problèmes posés ;
- la capacité à lier les informations éparses, à comprendre les enchaînements entre les différents éléments du texte pour produire des inférences de liaison : traitement conceptuel (causes et conséquences, anaphores…) ;
- la capacité à faire des liens entre les informations du texte et ses connaissances pour produire des inférences interprétatives et construire du sens en fonction des attentes et des buts poursuivis ;
- la capacité à comprendre l'organisation globale du texte.

Tout cela se fait sous la contrainte de la mémoire de travail et de l'attention.

Avant la lecture d'un texte, il est utile de s'interroger sur la nature de ce texte et ses fonctions, afin que l'élève ait des attentes, se pose des questions et adapte les modalités de sa lecture. La compréhension fine d'un texte requiert toujours la prise en compte des intentions de l'auteur.

Il est important de rendre explicites les stratégies de lecture et de favoriser une bonne régulation de l'activité de lecture avec des actions de contrôle de la compréhension. L'élève doit pouvoir construire des représentations intermédiaires, mémoriser les informations, réaliser des inférences, élaborer des relations logiques au-delà de ce que le texte dit explicitement et hiérarchiser les informations.

L'évaluation du niveau de compréhension d'un texte ne doit pas uniquement reposer sur les questions de compréhension (questionnement qui doit être littéral, mais aussi inférentiel : obligeant à déduire, à trouver des informations non explicites), mais aussi sur les capacités de l'enfant à reformuler et à résumer.

Il est intéressant de fournir les questionnaires avant la lecture du texte, afin que les questions ne servent pas seulement d'évaluation, mais permettent également à l'élève de mieux comprendre les textes en les interrogeant. On

42. Sylvie Cèbe, Roland Goigoux, Serge Thomazet, *Enseigner la compréhension : principes didactiques, exemple de tâches et d'activités,* site Éduscol.

peut aussi fournir un schéma ou un plan du texte, ce qui facilite une anticipation du sens. De même, donner un plan ou l'élaborer avec l'élève est un guide indispensable pour l'expression et l'écriture de textes personnels.

Il est de plus très important pour les élèves qui se heurtent à un Trouble spécifique des apprentissages que ce travail sur la compréhension se matérialise visuellement : mise en évidence de tous les indices possibles au niveau de la phrase et du texte.

Des logiciels ouverts comme Lectra, permettant d'entrer les textes que l'on souhaite travailler, sont très utiles. Un choix varié d'exercices est généré alors sur ces textes : closure avec catégories grammaticales précises à retrouver (ex. déterminants, pronoms, prépositions…), reconstitution (des choix multiples de mots peuvent être aussi proposés en aide), lecture rapide…

L'enregistrement des lectures sur dictaphone permet à certains enfants de se corriger lorsque, dans un second temps, ils s'écoutent lire et qu'une partie de la tâche complexe que représente la lecture à haute voix est ainsi levée.

Bien sûr, les pratiques de lecture alternée ou de lecture à plusieurs voix sont aussi très formatrices.

Recommandations pour les enseignants

- Ne pas faire lire à haute voix devant la classe si l'enfant ne le souhaite pas.

La lecture à haute voix est perturbée par l'émotionnel. Les mécanismes de compensation seront plus apparents et donc plus gênants, bloquant la fluidité de la lecture.

- Faire ralentir le débit de la lecture, car la vitesse augmente considérablement les erreurs.
- La lecture silencieuse fait appel à d'autres compétences, il peut être intéressant de la privilégier.
- Cibler les passages-clés et ne pas demander de lecture exhaustive.
- Fractionner les lectures.
- Donner plus de temps.
- Fournir des résumés.
- Constituer des lexiques spécifiques.
- Rechercher des livres audio (librairie Livraphone, litteratureaudio.com, ABU)
- Et choisir des œuvres adaptées au cinéma.

Les sons, les syllabes, les mots entendus et les mots écrits

Découvrir l'écrit, lire

Différencier les sons.

Distinguer les syllabes d'un mot prononcé, reconnaître une même syllabe dans plusieurs énoncés.

Faire correspondre les mots d'un énoncé court à l'oral et à l'écrit.

Lou est plus à l'aise pour les activités de lecture que pour s'exprimer oralement.

Grâce à ses séances d'orthophonie entre autres, elle a pu faire d'énormes progrès.

En GS, situation d'apprentissage

- en grand groupe :
  - lecture de la date ;
  - dire combien il y a de présents, d'élèves mangeant à la cantine, restant au goûter, le nombre d'absents, leur prénom.
- en petit groupe :
  - retrouver les lettres qui composent un mot ou un groupe de mots ;
  - chercher les mots qui finissent par le même son ou le contraire ;
  - faire correspondre les différentes graphies d'un mot ou d'un groupe de mots ;
  - restituer une phrase avec des étiquettes mots.

Réponses, aides et adaptations

Lou essaye de travailler seule, ou elle attend qu'on vienne l'aider.

Elle peut avoir réussi puis elle détruit son travail, se lève et peut froisser les feuilles de ses camarades ou écrire sur ces dernières.

On doit être là pour la contenir et aider pour la réalisation fine : découpage, collage ; en amont on lui aura demandé de nous placer les mots correspondants.

Évaluation

Du fait de l'intérêt de l'enfant pour le langage écrit, de sa compréhension des consignes et de sa bonne adaptation en situation d'apprentissage, mais, face à des difficultés graphiques, des difficultés d'organisation (spatiale et séquentielle), une parole encore peu intelligible, et des difficultés d'attention dans les moments de grand groupe, une CLIS 4 a semblé, à l'Équipe de suivi de scolarisation (ESS), plus adaptée qu'un CP ou un maintien en GS.

Lire seul, à haute voix, un texte comprenant des mots connus et inconnus

Découvrir l'écrit, lire

Lire, à haute voix, un texte comprenant des mots connus et inconnus.
Lire seul et écouter lire des textes du patrimoine et des œuvres intégrales de la littérature de jeunesse adaptés à son âge.

Mehdi a présenté un retard de parole et de langage dans sa petite enfance. Les difficultés se font jour au CP qu'il redouble pour une absence d'apprentissage de la lecture. La rééducation orthophonique débute alors et quelques progrès apparaissent, mais la dysorthographie est importante. En CE1, Mehdi bénéficie de l'aide du RASED. En CE2, un PAI est mis en place.

Les bilans au Kremlin-Bicêtre montrent des difficultés au niveau du langage oral : des déformations phonologiques sont présentes, le vocabulaire actif est un peu faible, la conscience syllabique laborieuse. Les difficultés en langage écrit sont massives. En CE2, la lecture correspond à celle de CP février. La voie d'assemblage n'est pas du tout fonctionnelle. En transcription, les scores sont autour de CP avril-mai donc très déficitaires.

Mehdi présente un trouble complexe des apprentissages avec un trouble sévère du langage écrit et un trouble persistant du langage oral.

Mehdi intègre l'Unité de rééducation. C'est un élève agréable et enfantin. Il est un peu plaintif face au travail scolaire sans montrer de ressentiment, mais petit à petit apparaît plus du découragement et un manque de confiance en lui. Les progrès en lecture sont encourageants mais la transcription est coûteuse, Mehdi n'aime pas vraiment cette tâche. En mathématiques, il travaille sur un fichier de CM1. La résolution de problèmes est difficile.

De manière générale, la compréhension est le point délicat dans les différents apprentissages.

Travail au niveau CP, situation d'apprentissage

Mehdi a déjà derrière lui plusieurs années d'apprentissage de la lecture avec plusieurs approches pédagogiques. « Lire » reste pour lui une tâche compliquée, limitée voire impossible si l'on considère une œuvre littéraire du début de cycle 3. « Lire » se révèle être toujours une situation d'apprentissage assimilable à celle d'un enfant de CP. À savoir, mettre en place une voie d'assemblage et une voie d'adressage fonctionnelles, connaître les différents phonèmes, automatiser ces processus de lecture…

Mehdi a pourtant un passé de lecteur à travers les expériences qu'il a rencontrées dans les classes précédentes.

Lui est proposée la lecture d'un album de jeunesse. Il s'agit de la lecture intégrale d'un texte, destinée à lui faire trouver ou retrouver la motivation, le goût de lire, lui permettre de rentrer dans une histoire, de découvrir les personnages, leurs aventures… et la fin !

L'album est également un support permettant de reprendre les apprentissages fondamentaux de la lecture. Le choix se fait selon des critères de complexité et de niveau littéraire, et selon des critères de présentation et de mise en page. Une progression est conçue sur l'année avec la lecture de plusieurs livres.

En même temps que cette étude d'albums, est mené un apprentissage plus systématique de la lecture.

Pour des lectures abordables tout au long du CP, il existe des « méthodes » basées sur des albums comme *Que d'histoires* ! de Françoise Guillaumond (édition Magnard), *John Chatterton détective*, ou *Lilas* d'Yvan Pommaux (*Apprendre à lire et à écrire à partir de l'album*, édition l'École des loisirs).

De même, chez plusieurs éditeurs, sont proposés des livres pour une lecture suivie. Ces textes sont plus souvent d'un niveau CE, donc pour des lecteurs un peu plus avancés.

Réponses, aides et adaptations

Les textes de l'album sont numérisés pour pouvoir être aménagés à l'aide d'un traitement de texte :

- la police et sa taille, l'interlignage sont définis (Comics sans MS, taille 16, interligne 1,5) ;
- la césure des mots dans le texte est supprimée ;
- les mots sont colorés selon le principe d'opposition syllabique ;
- les lettres muettes sont grisées ;
- les phonèmes, les mots irréguliers sont mis en évidence par des couleurs ou une marque particulière (souligné, surligné…).

Les aménagements du texte sont faits en fonction du travail spécifique mené sur la voie d'assemblage (syllabes, phonèmes simples aux phonèmes complexes) et sur la voie d'adressage (mots déjà déchiffrés, lexique constitué au fur et à mesure de la lecture…).

☞ Voir l'annexe 2 sur les deux voies de lecture.

Le texte aménagé guide et facilite la lecture en classe. Il en est de même pour la lecture faite à la maison.

En classe, la quantité de lecture est réduite pour la lecture silencieuse ou à voix haute. Les temps de lecture à voix haute sont privilégiés pour accompagner et contrôler ce qui est lu. Les hésitations, imprécisions et paralexies étant nombreuses, il est important de maintenir une lecture la plus fidèle possible lorsque Mehdi lit.

Cette modulation de la quantité de lecture permet une prise en compte de la fatigabilité et de la lenteur. De cette façon, Mehdi participe aux lectures collectives à voix haute, s'inscrit dans le travail commun et bénéficie de la lecture de ses pairs.

Progressivement et parallèlement au texte aménagé, Mehdi est confronté au texte d'origine et retrouve l'iconographie du livre. Le texte est lu et relu plusieurs fois pour favoriser une lecture plus fluide tout en gardant une exigence de précision. La compréhension est étayée par un travail sur le lexique, des fiches de lecture sur les éléments principaux de l'histoire, des aide-mémoire…

Prolongements

Entre la lecture par un tiers et l'utilisation de moyens de compensation, d'autres situations de lecture sont envisageables :

- l'écoute d'une histoire (avec ou sans le support visuel) par l'adulte ou à partir d'un support enregistré (cassette, disque, fichier mp3…) ;
- l'utilisation de livres numériques de plus en plus présents dans le commerce, sur internet gratuitement ou vendus en ligne, dans les bibliothèques et médiathèques municipales et dont les BCD et les CDI doivent se doter. Peut être conseillé à ce niveau le site spécialisé dédié à la lecture : http://iletaitunehistoire.com/ ;
- l'écoute avec le support visuel et l'apprentissage au suivi du texte par l'intermédiaire d'un logiciel de synthèse vocale : *Dspeech, Balabolka, WordQ*… Au fur et à mesure de la lecture du texte par la synthèse vocale, le mot lu est en surbrillance ;
- la lecture collective ou individuelle enregistrée. L'enregistrement est exploité en relecture ou pour rappeler les chapitres précédents.

Évaluation

La vérification de la compréhension se fait à l'oral. Pour Mehdi, certaines précautions sont nécessaires compte tenu du trouble du langage oral et la formulation des questions est importante.

À l'écrit, les aménagements sont nécessaires pour prendre en compte la dysorthographie.

L'écrit améliore l'oral chez un élève dysphasique

Découvrir l'écrit, lire

Découvrir l'écrit et le lire.

Jean est scolarisé en CLIS et intégré au CE1. Il a été maintenu une année supplémentaire en grande section de maternelle. Son trouble spécifique du langage oral a été diagnostiqué en fin de CP.

Troubles

Troubles de praxies bucco faciales déficitaires.

Dysphasie réceptive et expressive massive.

Compréhension contextuelle portant sur un lexique limité pour son âge.

Expression toujours limitée, il renonce à s'exprimer de façon verbale, surtout lorsqu'il est en difficulté, mais cherche spontanément à s'exprimer.

Réelles qualités non langagières particulièrement visuelles.

Jean donne l'impression de posséder des capacités contextuelles non exploitées, en « friche ».

Activités constructives normales pour son âge.

Troubles de la concaténation (difficulté au niveau des enchaînements des tâches séquentielles).

Langage oral et compréhension

Depuis le CP, son comportement langagier a complètement changé. Il est sorti d'une inhibition forte en matière de communication, ce qui avait été jugé « bon signe », au cours d'une synthèse, en ce qui concerne son adaptation. Il semblait se sortir de l'impasse qu'est la dysphasie réceptive. Mais la communication langagière s'avère encore « primitive ».

Le langage spontané est cependant très fluent. En spontané : inintelligible, en dirigé : régulation tonique.

S'il est calme et recadré, il s'exprime mieux malgré un bégaiement récurrent.

Les consignes verbales complexes, non accompagnées de désignations ou de gestes (Borel-Maisonny), ne sont toujours pas intégrées, mais Jean fournit de réels efforts de compréhension, bien que limités si le discours émetteur est long.

Sur images, le stock lexical semble faible, même par catégorie.

On note chez Jean un manque massif du mot qui le pénalise.

Par contre, la désignation lui convient mieux.

Gros problèmes articulatoires. Les mots sont moins incompréhensibles en situation dirigée, et améliorés avec l'apport de l'écrit. Les images auditives restent peu claires et peu précises.

Troubles praxiques oro-faciaux : difficultés dans l'enchaînement des gestes.

Troubles de l'encodage syntaxique et de l'expression syntaxique (dyssyntaxie du langage et agrammatisme lourd).

Compréhension très limitée : il faut constamment un support concret (photos, images, pictogrammes...).

Quel accès au sens pour Jean ?

Essayer des choses simples et conceptuelles.

Ex : Le cheval mange de l'herbe.

Le loup mange de la viande.

Copain ne veut pas dire ami. Rigidité d'esprit et de lexique : un mot ne peut pas avoir deux sens et deux mots ne peuvent pas avoir le même sens. Polysémie très chutée.

Tout est sur le même plan et dans des « cases » = ce n'est pas cela le langage !

Manque de flexibilité de la pensée.

« Il pleure parce qu'il tombe. » : Jean ne comprend pas.

« Il tombe, il pleure. » : il comprend.

Jean n'a pas conscience que dans le langage, des mots peuvent relier des notions (mots connecteurs...). C'est également vrai en mathématiques.

2 paquets de 10 billes : il dessine 2 paquets et 10 billes au lieu de 2 paquets avec 10 billes dans chaque paquet.

Question : Comment aller au concept sans le langage et revenir au langage quand le concept est acquis ?

Comportement

Jean s'interroge sur ses propres difficultés qui sont durables et c'est nouveau (il en souffre : maux de ventre, de tête, dessins un peu violents).

Alors qu'il se mettait en retrait et semblait se réfugier dans des activités personnelles, désormais, Jean s'affirme comme un enfant communicatif, ouvert, heureux de vivre, bavard, actif... malgré tous les efforts qu'il fournit en matière de communication et de langage oral. Il donne l'impression d'avoir une forte conscience de son trouble et désire en sortir. Là aussi, c'est « bon signe » pour reprendre les termes des membres de l'équipe éducative.

Enfant encore immature.

Soucieux de réussir.

Il vit encore dans l'imitation des autres.

Bagarreur et vif en récréation et à la cantine ainsi que dans les transports scolaires.

En CE1, situation d'apprentissage

Objectif principal : inventer, créer, imaginer tout ce qui est possible pour favoriser la communication, élément essentiel à une intégration sociale réussie.

La lecture a, pour cet élève, une fonction rééduquante du langage oral.

Elle est à la fois un objectif pédagogique et un outil pour améliorer les compétences orales.

De même pour son orthophoniste, il est important de lier, à l'intérieur de la même rééducation, l'apprentissage de l'oral et l'apprentissage de l'écrit.

L'écrit permet à l'élève une production phonologique facilitée car la programmation sonore est déjà établie. Il améliore sa communication.

La lecture à haute voix aide à automatiser la production :

- la lecture améliore le contrôle du débit oral, par les pauses induites par la ponctuation ;
- la lecture aide à se constituer un lexique auditif, indispensable pour reconnaître le sens d'un mot à partir de sa forme sonore (subvocalisation, représentation mentale de la forme « sonorisée » de mot).[43]

L'écrit aide à construire les composants syntaxiques et morphosyntaxiques déficitaires de l'oral.

Réponses, aides et adaptations

a. Imprégnation syllabique et opposition syllabique en couleurs

Jean sait associer à la rentrée de CE1 de nombreuses syllabes simples (avec l, p, t, s, m, v, f, r, n, d, j, b, g, c, ch) et digraphes (ou, on, oi, in, au, eau, ai, ei, en, em). Il est capable de lire des mots composés de ces syllabes. Chaque son a été travaillé l'an dernier en collaboration avec l'orthophoniste, avec la consigne de ne pas passer au suivant tant que le son en cours d'apprentissage n'était pas complètement acquis.

Ces syllabes ont été acquises en séances d'imprégnation syllabique dont le but est de soulager la mémoire de travail en évitant le passage par le phonème (source originelle des difficultés de Jean).

Elles sont restituées en lecture en opposition syllabique en couleurs dont le but est d'éviter à l'enfant le découpage syllabique des mots (segmentation épuisante sur le plan cognitif).

---

43. Michèle Mazeau, *Dysphasies, troubles mnésiques, syndrome frontal chez l'enfant*, Masson, 1999.

Sophie vit à la campagne. Très musicienne, elle adore chanter
et charme sa famille et tous ses amis par ses petits concerts.

Sophie, la vache musicienne, Geoffroy de Pennart, © Kaléidoscope, 1999.

So*phi*e **chan***te* **de***van*t sa **fa***mille*.
Elle **jou**e du **pi***a***no** et **chan***te*.

☞ Voir le cahier couleurs

Remarque

Sa mémoire auditive est très restreinte mais Jean possède une très bonne mémoire visuelle d'où sa bonne capacité à mémoriser les syllabes et de les décoder dans un mot. La segmentation syllabique est bonne à condition de s'assurer de l'acquisition en cours. Cependant, Jean est toujours en difficulté lorsqu'il s'agit de recomposer un mot à partir de syllabes dispersées : ex : va bo la = ??? Les réponses sont souvent erronées. Cette démarche de contrôle est vite abandonnée dans le cas de Jean, dans la mesure où elle touche sa déficience et n'est plus une démarche de contournement.

b. Accès au sens

Ce travail est couplé par l'apport de *pictogrammes.* Ces aides visuelles sont complètement nécessaires pour éviter les troubles de l'évocation que supporte Jean. Le code de pictogrammes est une transition avec la lecture alphabétique et l'écriture. Il permet d'en comprendre les principes.

Par contre l'accès au sens reste difficile : à terme, Jean, même s'il relit très bien oralement un mot ou une phrase syntaxiquement brève, en comprend irrégulièrement le sens si le pictogramme associé est supprimé ou la syntaxe trop complexe.

Pour pallier cette difficulté, le texte original du livre support, enrichi par une illustration très abondante et pragmatique, a été reformulé.

« Sophie vit à la campagne. Très musicienne, elle adore chanter et charme sa famille et tous ses amis par ses petits concerts. » est devenu pour apprentissage de la lecture :

« Sophie chante devant sa famille. La vache Sophie chante aussi devant ses amis. Elle joue du piano et chante. »

Les pictogrammes (icônes figuratives), symboles (évocations d'un objet ou d'une idée) ou signes (conventionnels) sont issus de sources variées : le Makaton (qui associe gestes, parole et pictogrammes), le CAP (Communiquer pour apprendre par pictogrammes) ou personnels.

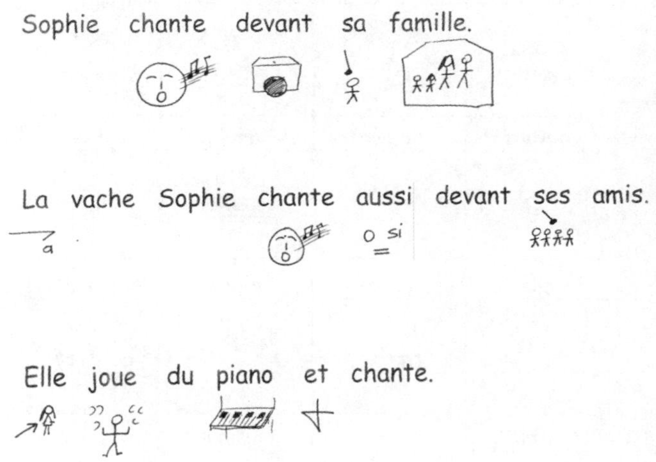

Pictogrammes personnels

Le premier avantage est que l'élève est acteur de ses apprentissages et motivé par ses propres créations. Un dictionnaire commun à trois élèves au profil similaire a été élaboré en situation de lecture, où le travail de groupe favorise la communication et le langage oral et écrit.

Le deuxième avantage est que la reproduction graphique de ses propres créations est rapide et simple lors d'activités d'expression écrite.

Le troisième avantage est que les pictogrammes sont un vecteur vers la vie sociale : utilisation d'un code commun et conventionnel, premier pas vers d'autres conventions et les mots écrits.

Pictos Sophie la vache musicienne (1)

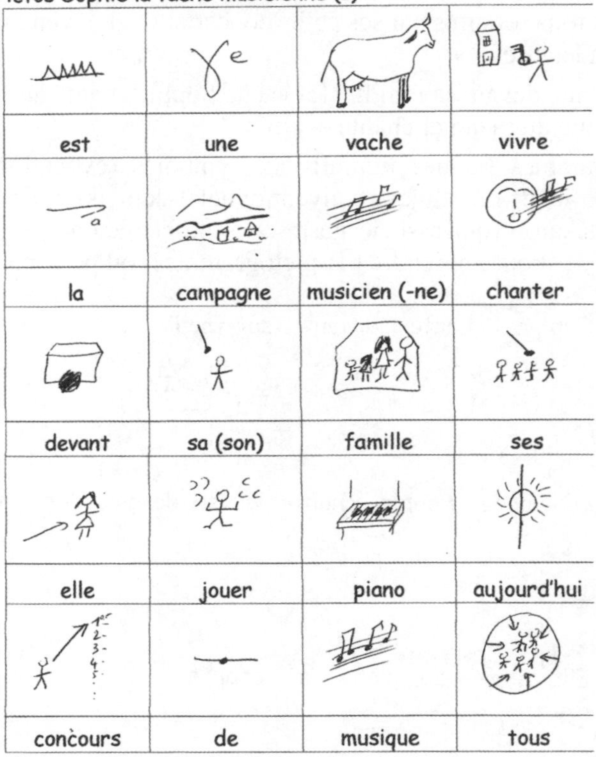

c. *Encodage syntaxique difficile*

Utilisation de la méthode des jetons et de la grammaire en couleurs sur un texte stable (le même que précédemment).

• *La méthode des jetons*

Le but de cette méthode est de pallier un agrammatisme avéré. On privilégie ici les notions de déterminants qui accompagnent toujours un nom et se trouvent toujours avant (apprentissage en cours d'acquisition) ainsi que la fonction sujet/verbe (nouvelle notion) avec un codage adapté. Le fléchage montre qu'un verbe n'est pas toujours situé près du sujet, mais également qu'un sujet peut avoir plusieurs verbes : début d'une complexification syntaxique.

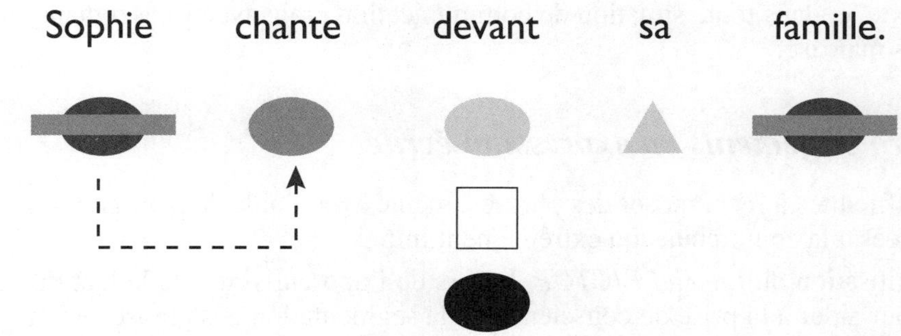

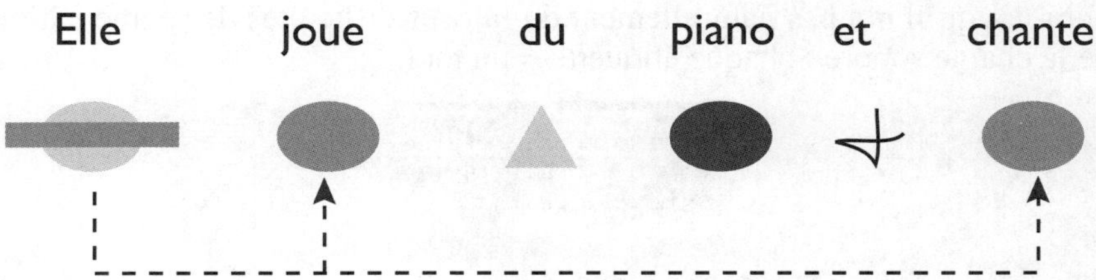

• *La grammaire en couleurs*

Utilisée en complétion de la méthode des jetons, elle permet de contrôler les acquis grammaticaux (fonctions essentiellement) et de visualiser les composantes syntaxiques de la phrase.

On utilise un code de traits de surlignement en couleurs stables : rouge pour les verbes, bleu pour les sujets (qui ?), vert pour les compléments circonstanciels (où, quand, comment, avec qui, avec quoi, pourquoi ?) et jaune pour les compléments d'objets (qui, quoi, de qui, de quoi, à qui, à quoi ?).

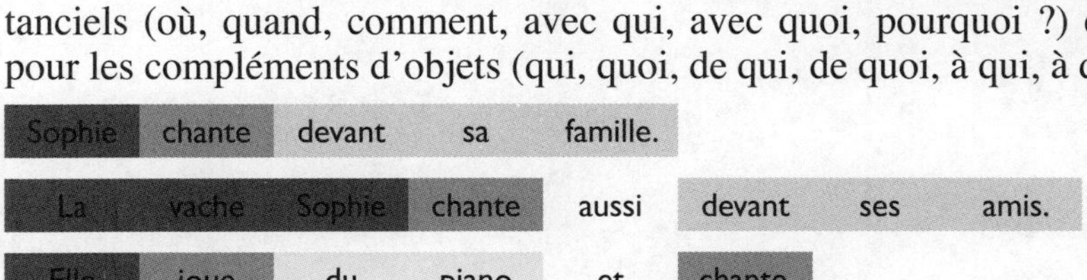

d. Les gestes Borel-Maisonny

On utilise des gestes symboliques (un geste par phonème) qui serviront d'intermédiaires entre les signes écrits et les sons. Ils sont un moyen mnémotechnique très efficace, qui, sans être un automatisme rigide, permet de les adapter dans de nombreuses situations (expression et réception).

Jean connaît de nombreux gestes qui l'aident bien à rectifier ses productions orales et favorisent la compréhension orale par les autres. Jean a pour consigne de les utiliser à chaque prise de parole, à chaque lecture orale d'un texte, et dans toute situation de communication orale avec l'enseignant qui les maîtrise.

Prolongements en expression écrite

Difficultés à recomposer des phrases, même avec l'aide de pictogrammes : accès à la compréhension extrêmement limité.

Utilisation du *logiciel PICTOP 2* : lors de l'apprentissage de la lecture ou pour aider à la prise de conscience de la segmentation des phrases en mots de par la synthèse vocale incluse dans le logiciel.

Il permet de plus à l'enfant dysphasique de s'approprier une « culture de la phrase » qu'il n'a pas naturellement du fait ses difficultés de segmentation de la chaîne sonore : chaque étiquette = un mot.

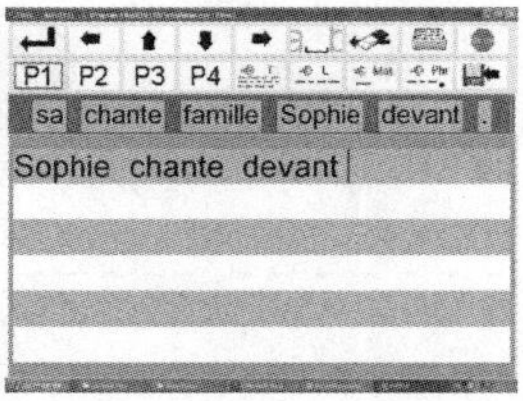

Au final, le langage n'est pas que de la communication, c'est aussi une **représentation du monde.** Jean doit s'imprégner de cette idée en priorité.

Damien est l'aîné d'une fratrie de trois, son petit frère en CP présente des difficultés.

Une rééducation orthophonique a été mise en place une année pour un retard de langage et de parole.

Le parcours de Damien en élémentaire commence avec deux CP, un CE1 et un CE2.

Une prise en charge psychologique est menée un an par rapport à son anxiété et certaines rigidités.

Étant donné ses difficultés, un bilan est réalisé dans l'Unité de rééducation neurologique infantile, centre de référence du langage de l'hôpital Bicêtre et le diagnostic d'une dyslexie-dysorthographie sévère est posé.

Il intègre ensuite l'Unité. La rééducation orthophonique est intensive, quatre séances hebdomadaires auxquelles s'ajoute une rééducation logicomathématique. Il est scolarisé dans une des classes à petit effectif de l'Unité, avec une pédagogie adaptée pour la prise en compte de ses difficultés. Le projet prévoit deux ans dans cette structure.

La première année, les progrès en lecture observés au premier trimestre stagnent par la suite. Damien a beaucoup de mal à se défaire de ses mauvaises stratégies en lecture. La voie d'assemblage est de plus en plus satisfaisante, mais Damien tend à privilégier la voie d'adressage non efficiente lorsqu'il lit des textes, amenant de nombreuses paralexies. La transcription, très dysorthographique, et les mathématiques progressent de leur côté.

La deuxième année, Damien a 11 ans. Sa lecture est pratiquement fonctionnelle, la voie d'assemblage reste très présente. La lecture est lente, irrégulière, peu fluide et coûteuse ce qui amène une fatigabilité importante. Même s'il est très dysorthographique, Damien a une syntaxe tout à fait pertinente, il peut argumenter ses réponses en écrivant directement dans un cahier ou dans un livret d'évaluation par exemple.

En CM2, situation d'apprentissage

Passation des évaluations nationales CM2

Dans cet exercice terminant la passation des épreuves de Français, un texte assez court et différents tableaux sont présentés sur une page, les informations sont nombreuses, les modes de lecture également variés. Un questionnaire va demander à l'élève d'aller rechercher les informations pertinentes pour y répondre. Ainsi, de nombreux allers-retours seront nécessaires.

Pour la passation de cet exercice, Damien a un ordinateur à sa disposition pourvu d'un logiciel de synthèse vocale et un casque audio. Le texte et les tableaux sont au format traitement de texte, Damien pourra écouter le logiciel, c'est-à-dire lire ce qu'il aura sélectionné comme il le voudra (supports numérisés disponibles sur le site de l'INSHEA). L'ensemble des documents sont sous forme papier, Damien complète directement le questionnaire papier proposé dans le livret d'évaluation.

Après les consignes de passation explicitées, Damien se met au travail et lit les différents documents à l'aide de l'ordinateur. Il répond ainsi aux premières questions. À trois reprises, lors de son travail, il reprend l'ordinateur pour affiner sa recherche et préparer ses réponses. La passation se déroule sans problème d'ordre technique. Damien réussit à finir son travail dans le temps recommandé en tenant compte du tiers-temps (18 + 6 minutes).

L'exercice est bien réussi, 4 items sur 6. Damien n'a pas évoqué de problèmes de compréhension des consignes, il s'est senti à l'aise dans ce mode de passation.

Choix des aides apportées

- Damien est pénalisé par sa lecture difficile, l'exercice renforçant ses difficultés par les différents modes de lecture amenant de nombreuses reprises, repérages visuo-spatiaux…
- L'aide consiste en une synthèse vocale permettant une lecture autonome : contrôle autonome permettant des lectures répétées et ciblées (c'est l'élève qui choisit lui-même ce qu'il veut « lire » à l'aide de la souris).
- L'évaluation de la situation par rapport au profil de l'élève permet d'affiner l'aide proposée : difficulté de lecture majeure mais syntaxe correcte (écrit dysorthographique malgré tout).

L'aide reste simple tant par l'objectif recherché que d'un point de vue matériel. En effet, l'aide serait plus compliquée à mettre en œuvre s'il s'agissait d'utiliser une synthèse vocale et une dictée vocale simultanément.

En collège

Expérience en collège en classe de 4e avec quatre élèves de la classe profitant du dispositif ULIS

Au début de l'année, le professeur de français, Mme B. vient voir la coordinatrice de l'ULIS, très inquiète de la façon dont elle allait pouvoir travailler avec les élèves de l'ULIS, souffrant de troubles des apprentissages. Sa réputation de professeur agrégé en lettres classiques « élitiste » l'a précédée : elle a travaillé surtout avec des classes de bon niveau.

Elle m'explique que cette année la classe est extrêmement hétérogène, agitée, avec une discipline très difficile à maintenir.

Elle travaillera beaucoup à partir d'œuvres complètes ; le rythme de lecture sera donc difficile à soutenir pour certains élèves, particulièrement ceux d'ULIS. Comment concilier la lenteur des uns avec l'appétit de connaissances des autres ? Car elle souhaite aussi apporter aux « bons élèves » le moyen d'aller au maximum de leurs possibilités.

Elle a commencé par demander à chaque élève d'envoyer une courte rédaction à son adresse électronique afin de connaître toutes les adresses de la classe. Puis, elle a renvoyé à chacun sa correction en ajoutant si c'était nécessaire un lien numérique vers une particularité de la langue qu'elle lui conseillait de travailler. Son ton était extrêmement courtois, courtoisie qu'elle a demandée en retour.

Pendant les heures de cours, à l'oral, c'est la réflexion, le débat d'idées, la portée littéraire de l'œuvre qui dominent. Les élèves peuvent copier les points essentiels écrits au tableau. Mais ils reçoivent par courriel chez eux les devoirs et le contenu du cours rédigé par leur professeur, avec les termes à retenir en rouge et en gras ainsi que les devoirs et leçons.

Elle a envoyé par exemple une correction d'exercices de vocabulaire considérablement enrichis, donnant de la matière même aux élèves les plus chevronnés.

C'était peut-être trop long à lire pour des élèves dys mais la difficulté a été contournée avec *les mots essentiels en couleurs* donc très repérables, un *texte numérique* qui a pu être *adapté,* en l'agrandissant et en augmentant les interlignes en quelques clics, et même lu avec une *synthèse vocale* si l'élève en dispose.

Comme la coordinatrice cherchait les *sites de littérature audio* gratuits pour les élèves dys, Mme B. a fait de même et a ajouté des liens vers ces sites. Elle a adopté la même police de caractères que l'ULIS (police Verdana).

Indispensables aux élèves dys, **ces aides peuvent s'avérer aussi fort utiles pour les élèves « ordinaires », particulièrement s'ils sont en difficulté.** Cela demande du travail supplémentaire au professeur mais :

- la correction d'une rédaction sur ordinateur ne prend probablement pas plus de temps qu'à la main car la copie est lisible ;
- les exercices proposés sur l'ordinateur motivent les élèves ;
- on peut commencer en limitant ce travail à certaines œuvres ou à certains exercices fondamentaux, enrichissant chaque année sa banque de données.

Les meilleurs lecteurs de l'ULIS ont à leur disposition une liste d'œuvres du même genre que celles étudiées en classe.

En recevant les devoirs à leur domicile, les parents des élèves souffrant de Troubles des apprentissages se sont montrés beaucoup plus concernés par le travail personnel de leurs enfants. Ils ont donc eu l'occasion d'être confrontés à leurs difficultés et ne se sont pas appuyés uniquement sur les professionnels de l'ULIS. Leur aide a été très importante, voire trop importante, cependant il a aussi été constaté à la présentation très aboutie de certaines copies que les élèves prenaient à cœur ce travail et qu'ils avaient exploité les connaissances fraîchement acquises au cours de technologie.

Toutes les *évaluations* ont lieu dans la classe d'ULIS et sont allongées d'un *tiers-temps.*

Chaque évaluation est envoyée avant le jour J par courriel à l'ULIS pour que la coordinatrice l'adapte. La plupart du temps, elle l'écourte et elle ne retient des notions que *l'essentiel.* En vocabulaire par exemple, elle restreint le nombre de mots à associer à une définition ou à employer dans une phrase. Mais est conservé le principe du professeur qui est d'expliquer un mot par un autre de même classe grammaticale. Les élèves faibles dans ce domaine s'accoutument de cette façon à reconnaître la nature des mots.

Les rédactions des élèves dys sont toutes travaillées sur *ordinateur*, car l'outil laisse de grandes marges de manœuvre pour modifier un texte.

Pour les questions de compréhension de textes littéraires, chaque élève de l'ULIS adopte son propre moyen d'écrire (à la main, frappe à l'ordinateur, reconnaissance vocale ou secrétaire) mais tous les textes et les consignes sont lus et relus à voix haute.

Mme B. explique sa notation à la coordinatrice et prend son avis avant de rendre les copies. Certains ont décroché des notes satisfaisantes, ce qui les a encouragés à poursuivre leurs efforts et a restauré l'estime de soi.

L'introduction de l'*informatique* dans le collège facilite beaucoup l'accompagnement du travail des élèves porteurs de TSA. Les professeurs numérisent leurs cours et les évaluations. Le professeur de physique présente son cours sur PowerPoint, puis il le met à la disposition des élèves de l'ULIS. Retrouver le déroulement exact du cours, progressif, très lisible, enrichi des schémas, de photos, facilite la mémorisation et les jeunes apprennent volontiers leur leçon à partir de cette présentation.

En 6e et jusqu'à la 4e, un professeur d'histoire-géographie simplifie la copie au tableau ou la prise de notes sous dictée : il donne la photocopie du cours et les élèves ne recopient que les mots du vocabulaire spécialisé de la discipline.

Le manuel et le tableau numériques offrent de multiples possibilités en particulier la capture des pages du tableau sur la clé USB des élèves dont la graphie et l'orthographe restent lentes ou imprécises. L'écriture du professeur peut se transformer en script en police Word, moyennant quelques corrections et c'est aussi possible en cours d'anglais.

Écrire

Introduction

La dysgraphie

Élève de CE1, exercice ayant nécessité près d'une heure

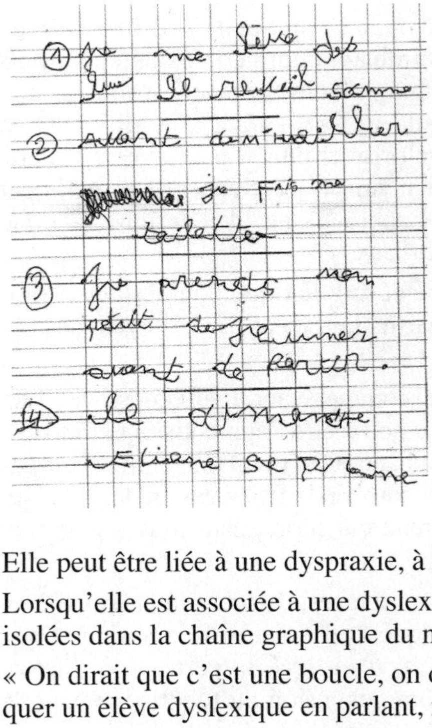

Élève de CM1, copie

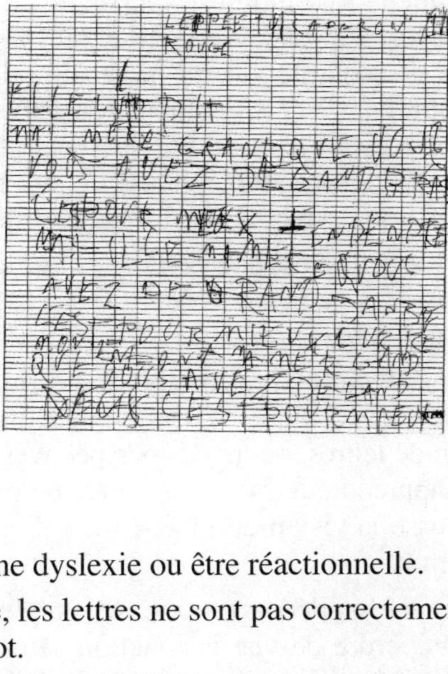

Elle peut être liée à une dyspraxie, à une dyslexie ou être réactionnelle.

Lorsqu'elle est associée à une dyslexie, les lettres ne sont pas correctement isolées dans la chaîne graphique du mot.

« On dirait que c'est une boucle, on dirait que c'est une lettre » a pu expliquer un élève dyslexique en parlant, non d'un mot, mais d'une phrase.

Les lettres ne sont pas reconnues comme entités et les enchaînements sont approximatifs.

Pendant longtemps le nom des lettres pose problème.

Élève de 6e, copie logographique

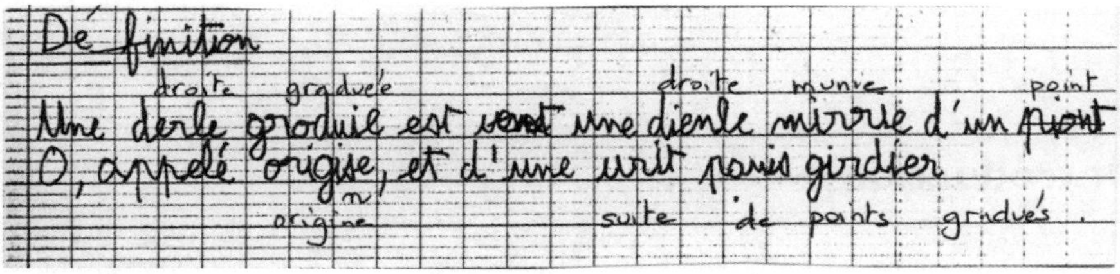

L'écriture est une tâche de « bas niveau », c'est-à-dire qu'elle fait partie intégrante du soubassement sur lequel se construira l'édifice de l'ensemble de la scolarité.

L'impact psychologique de sa réussite ou, à l'opposé, de la difficulté avec laquelle l'écriture est apprise, est déterminant pour certains enfants : plus elle est réalisée avec facilité, plus l'enfant a de chance de construire la suite de sa scolarité sur un projet de réussite ; plus l'enfant a de difficultés à apprendre à écrire, plus il se sent dévalorisé et plus il peut rejeter l'école, construisant la suite de sa scolarité sur un projet d'échec. Le sentiment d'échec ressenti en maternelle lors de l'apprentissage de l'écriture est donc une porte ouverte vers le risque d'illettrisme.

« L'écriture est une **activité graphique et linguistique** dont les deux composantes ne peuvent être dissociées, particulièrement dans le cycle des apprentissages premiers. »[44]

Concevoir la préparation à l'écriture comme étant l'apprentissage d'un moyen spécifique de communication, au lieu d'être l'apprentissage d'un dessin de lettres, ouvre des perspectives sémantiques. En classe, il ne s'agit pas d'apprendre à tracer des lettres ou morceaux de lettres à assembler – ce qui fausse la vision du mot –, mais d'apprendre à écrire, dans tous les sens du terme.

Lorsqu'on découpe les lettres en plusieurs tracés, il faut faire attention à ne pas perdre de vue la fonction sémantique de l'écriture, car cette pratique peut gêner la perception de la lettre et, *a fortiori*, la perception du mot comme un tout. Elle peut freiner la compréhension du fonctionnement de l'écrit et ralentir l'accès à la lecture.

L'écriture doit être rapide tout en conservant sa clarté, sa lisibilité et sa bonne gestion de l'espace. Elle doit donc être fluide. Il lui faut respecter la *double exigence du code* : forme des lettres et code spatial.

Pour préparer un élève à écrire, il faut lui faire acquérir un geste pertinent avant de lui faire dessiner des lettres. C'est vrai des activités de gestion

44. Site de Danièle Dumont, spécialiste du geste d'écriture.

dynamique de l'espace graphique qui servent à produire les formes de base, c'est vrai aussi des activités de gestion statique de l'espace graphique assurant l'organisation dans l'espace.

Il existe dans l'écriture deux unités minimales : la *boucle* qui va de la gauche vers la droite en passant par le bas et le *pont* qui va de la gauche vers la droite en passant par le haut et qui, dans notre écriture cursive latine, n'existe pas sans la boucle (m, n qui semblent n'utiliser que des ponts se terminent en bas vers la droite).

La boucle (qui forme les lettres simples e et l), la coupe (qui forme les lettres simples u, i, t) et le rond (qui forme des lettres simples c et o plus a et d en ajoutant la coupe) procèdent du même geste.

L'apprentissage de l'acte d'écriture doit se faire par le biais de la *mémoire procédurale*. Il s'agit de mettre en place un processus qui détermine le point d'attaque et le sens de rotation des boucles.

Cependant, lorsque l'enfant est atteint au niveau des praxies et que le geste ne peut s'automatiser, c'est à la mémoire sémantique qu'il faudra faire appel. Il s'agira de **verbaliser** le geste : je monte, je descends… Cela est très coûteux d'un point de vue attentionnel, mais indispensable avant de penser au contournement des difficultés et à l'ordinateur comme outil de suppléance.

La dysorthographie

Élève de CE2, dictée 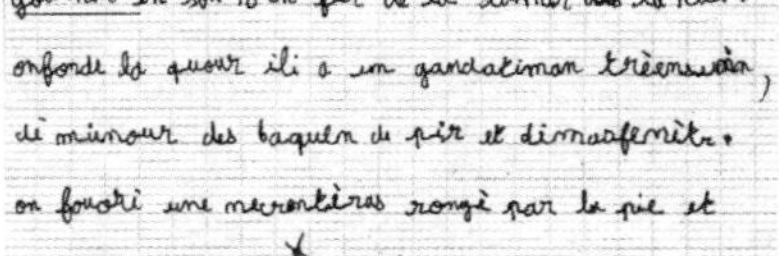 à prè le portalil, clafour, à et rè et qulr, qui des le journée gouvnin en sou vren fèr de la lumir das la nui. onfonde la quour ili a un gandatiman trèensuàn, di minour des baquen de pir et dimaafenitr. on fouori une mecrontèras rongè par la pie et une meroi mècri qui carochomier.	Après le portail, c'est la cour, aérée et claire, qui dans la journée en s'ouvrant fait de la lumière à toute la rue. Au fond de la cour, il y a un grand bâtiment très ancien, des murs noirs, des balcons de pierre et d'immenses fenêtres. On voit aussi une grande terrasse rongée par la pluie et une vigne maigre qui s'accroche au mur.
Élève de 3e, dictée Vous me recartez les yeus égarquier gent je racontai ma saga démicert, tous se que jaler maiteur dans mai article est nouvé en renteur de chaifoi, et il dit sai « mais du pleur, Vlate ? » es je dit sai « da, da, ail plachou », ce la avez délement lair de vous étonez.	Vous me regardiez les yeux écarquillés quand je vous racontais ma saga d'émigré, tout ce que j'allais mettre dans mes articles et nouvelles en rentrant de chez vous, et il disait « mais tu pleures, Vlad ? » et je disais « da, da, ya plachou », cela avait tellement l'air de vous étonner.

Les erreurs lexicales commises par un enfant dysorthographique correspondent au type de dyslexie dont il est atteint.

Concernant la morphosyntaxe, la pédagogie doit être déductive et explicite : règles et procédures permettant leur application. La grammaire aide l'élève à s'abstraire pour parvenir à analyser et conceptualiser la langue. C'est un outil qui permet avant tout de construire du sens.

Il est indispensable pour enseigner l'orthographe, comme pour enseigner le geste graphique, de prendre en compte la **dimension sémantique** de l'écriture.

Certaines activités permettent de replacer la réflexion orthographique au cœur du travail rédactionnel, notamment avec les ateliers d'écriture (voir Michel Perraudeau, Gianni Rodari, Oulipo…) qui permettent de créer des textes brefs : devinette, annonce, légende, haïku, titre, bulle, acrostiche, anagramme, calligramme, jeu de rimes, portrait chinois, cadavre exquis…[45] C'est une **vigilance orthographique,** à la mesure des capacités de nos élèves, qui peut alors être développée.

La production de textes

Elle est indissociable également bien sûr du travail sur la lecture et la compréhension de textes.

L'enfant devra être capable, comme en lecture, d'anticiper la structure d'ensemble du texte qu'il veut produire à l'écrit. Il devra pouvoir planifier, faire des enchaînements, structurer chronologiquement et logiquement un récit.

La gestion de l'orthographe ne doit pas mobiliser son attention et l'obliger à restreindre son expression.

Les aspects pragmatiques du langage sont à l'œuvre et les textes doivent être adaptés aux sujets proposés.

Cet apprentissage qui engage très fortement les élèves sur le plan affectif est central pour la maîtrise de la langue.

Recommandations pour les enseignants, moyens compensatoires

- S'assurer des performances de l'enfant dans le secteur verbal et favoriser cette voie : l'interroger à l'oral.
- Diminuer la quantité d'écrit, privilégier la qualité aux dépens de la quantité, préférer les exercices à trous.
- Ne pas exiger la reproduction de lettres en majuscules cursives.
- Pour le tracé des lettres, proposer un guidage verbal.

45. Catherine Brissaud, Danièle Cogis, *Comment enseigner l'orthographe aujourd'hui ?*, Hatier, 2012.

- Demander d’écrire les mots après les avoir épelés (en dictée ou en copie).
- Être tolérant sur la présentation et aider à l’organisation en donnant des repères ritualisés.
- Aider à se repérer dans l’espace de la feuille.
- Choisir des réglures adaptées ou aménager visuellement (ligne de base en couleurs…).
- S’il y a des difficultés visuelles, penser à donner les consignes écrites au tableau sur une feuille personnelle et présenter des supports de travail aérés, en enlevant tout ce qui n’est pas nécessaire visuellement et peut perturber (l’idéal serait d’isoler les exercices, de ne présenter qu’un seul exercice par page).
- Utiliser un traitement de textes.

Rédaction

- Détailler les consignes et le sujet.
- Insister sur les différents types de textes.
- Faire rédiger un plan ou le fournir.
- Travailler sur les champs sémantiques et donner des lexiques.
- Ne pas évaluer globalement, mais différencier les critères d’évaluation.
- Évaluer le fond plus que la forme.
- Laisser du temps.

Remarques sur l’utilisation du correcteur orthographique

Bien sûr lors d’activités visant à évaluer de façon sommative la maîtrise orthographique, le correcteur orthographique pour les élèves utilisant un ordinateur est désactivé.

De même, lorsqu’il s’agit de rédiger, il peut être choisi de désactiver le correcteur, car les surlignages signalant une erreur au cours de la frappe peuvent être perturbants et diviser l’attention de l’élève qui perdra le fil de ses idées. L’élève aura aussi des difficultés à choisir la solution appropriée entre les diverses propositions une fois l’erreur détectée.

De plus, si le mot saisi est trop éloigné de la norme, des propositions aberrantes sont faites.

Par ailleurs, toutes les erreurs ne sont pas signalées, notamment en cas d’homophonie.

Il apparaît donc qu’utiliser un correcteur efficacement nécessite de bonnes connaissances orthographiques et linguistiques, et doit amener à pratiquer une grammaire réflexive (le correcteur peut alors être utilisé en classe dans un but didactique).

Néanmoins, tous les correcteurs ne disposent pas des mêmes performances en français : les correcteurs, non intégrés dans les traitements de textes, en particulier les correcteurs canadiens comme *Cordial* ou *Antidote* sont plus fiables.

Les logiciels de transcription de la parole, qui deviennent de plus en plus efficaces, nécessitent aussi un apprentissage assez long et ne peuvent être utilisés que par des élèves ayant une certaine maturité.

Corentin présente des difficultés concernant la motricité, une intelligence subnormale avec une dissociation entre les capacités de raisonnement verbal en zone supérieure et de raisonnement non verbal dans la moyenne. Les performances en mémoire de travail et vitesse de traitement sont très faibles. Les résultats sont hétérogènes et attestent de difficultés au niveau du traitement visuo-constructif, du traitement visuo-spatial et du graphisme. Un diagnostic de Trouble de l'acquisition des coordinations (dyspraxie développementale) sera posé en cours d'année.

Ce trouble se caractérise chez cet enfant par un trouble spatial, des difficultés de perception visuelle (problèmes oculomoteurs), des difficultés de motricité manuelle (manque de contrôle et de précision, lenteur) et des difficultés de motricité globale : contrôle des coordinations motrices globales (marche, course, saut, montées et descentes d'escalier), contrôle des coordinations œil-main (jeux de balle, de raquettes), équilibres… L'apprentissage du vélo n'a pas été possible.

Des difficultés existent aussi dans la vie quotidienne : l'habillage (lenteur, vêtements mis à l'envers, boutons, lacets), la tenue des couverts, les jeux de construction… C'est une maladresse générale qui est constatée avec des problèmes de latéralité.

Corentin dépense beaucoup d'énergie pour parvenir à compenser ses difficultés, il est fatigable, ne parvient pas à se concentrer et oublie les consignes. Il peut parfois se décourager, se sentir impuissant, être dans l'évitement ou se replier sur lui-même. Il s'échappe rapidement dans le verbal et l'imaginaire dès qu'il se trouve en difficulté.

L'écriture est très lente, hésitante et tremblante, il doit beaucoup s'appliquer pour être lisible, rature, a des difficultés pour copier, se repérer sur le modèle, présenter son travail, s'organiser et planifier.

La prise du crayon se fait à cinq doigts de la main droite, en crochet, la main est crispée, ce qui engendre de la souffrance.

La qualité de l'écriture se dégrade rapidement. Elle est grosse, irrégulière et manque de fluidité. Il ne suit pas les lignes, s'écarte de la marge, les mots sont serrés. On observe de nombreux levers de crayon entraînant des interruptions de lien entre les lettres. Certaines lettres se télescopent et sont retouchées. La hauteur relative des lettres est incorrecte.

Il oublie des accents, des lettres ou des mots, inverse les lettres, segmente mal en mots.

Plus tard, il faudra certainement prévoir un ordinateur pour qu'il puisse écrire et qu'il ne mobilise pas son attention sur le geste d'écriture mais plutôt sur l'expression de ses idées.

En CP, situation d'apprentissage

Corentin a la chance de se trouver dans une classe bien équipée en matériel informatique. Le maître notamment dispose d'un vidéoprojecteur et d'une palette graphique.

L'apprentissage de l'écriture se fait en multipliant les entrées : gestuelle, kinesthésique, verbale, visuelle afin de favoriser la mémorisation des praxies nécessaires à la reproduction de graphèmes.

Le maître trace les lettres sur la palette et les enfants peuvent suivre ce tracé sur un grand écran. Il programme différents modes d'affichage : affichage en temps réel du tracé qui peut se répéter indéfiniment, affichage avec effacement progressif, affichage flash… L'aspect ludique et interactif de l'outil est très motivant pour les élèves. Tout est modulable.

Une progression peut être construite et chaque enfant, du fait de la répétition, peut travailler à son rythme.

La verbalisation est très imagée comme dans la *méthode Jeannot*[46].

Cette méthode inventée par Josiane Jeannot, enseignante, s'adresse à tous les enfants en fin de maternelle et en CP.

Pour des enfants présentant des troubles visuo-spatiaux, des troubles des repères dans l'espace, il sera indispensable de se référer à une description verbale précise des gestes à accomplir pour réaliser les séquences graphiques de la méthode.

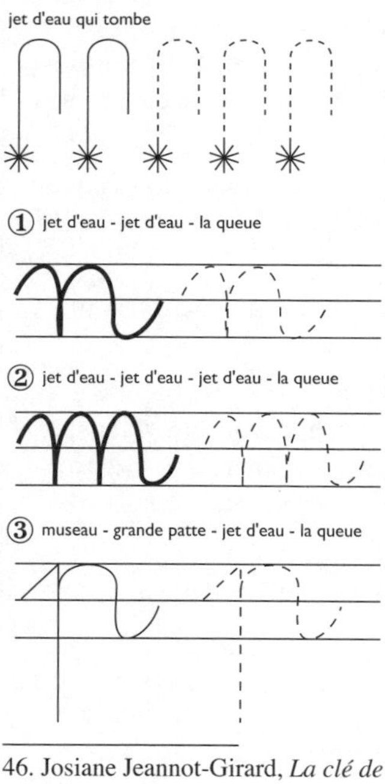

Principe de la méthode

- L'écriture cursive est décomposée en séquences graphiques de base : sept tracés fondamentaux. La combinaison de ces séquences permet le dessin de toutes les lettres.
- Ces séquences graphiques sont réorganisées en deux images qui ont du sens pour les enfants : un petit chien et un jet d'eau.

Chaque séquence représente un élément formulé du corps de l'animal ou du jet d'eau : œil (point), dos (trait horizontal), patte (trait vertical), museau (trait oblique), queue (courbe qui descend et remonte à l'oblique), jet d'eau qui tombe (courbe qui remonte et retombe) et jet d'eau qui tourne (courbe qui remonte et qui tourne).

46. Josiane Jeannot-Girard, *La clé de l'écriture*, Nathan, 1969.

Pour les enfants dont nous parlons, il est nécessaire de verbaliser toutes les étapes du tracé.

- À chaque élément est associé un sens de tracé.
- On repère le lever du crayon en employant par exemple le mot « et ».
- On peut associer, à la méthode graphique et à la verbalisation, la méthode corporelle : à chaque tracé est associé alors un déplacement corporel effectué au sol.

Les lignes mais aussi parfois les interlignes peuvent être colorisés et nommés de façon imagée : ligne du ciel, de l'herbe, de la terre, du feu ; pour les interlignes, on peut parler de couloir, de chemin des souris…

Les lignes de couleurs facilitent le répérage et aide à la verbalisation des tracés. Chaque unité graphique a un mot de vocabulaire, toujours le même, ce qui permet d'associer l'action et la verbalisation.
Par exemple, le "a" sera tracé en faisant un rond entre la ligne verte et la ligne marron, puis une "patte" et un "trou".

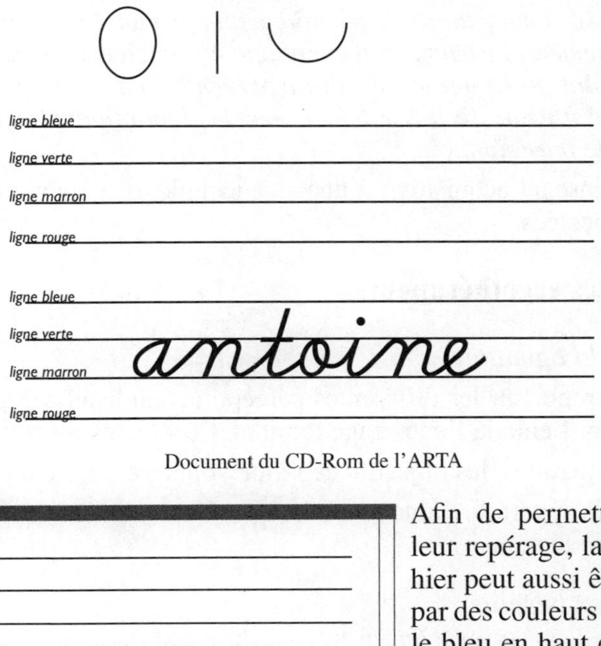

Document du CD-Rom de l'ARTA

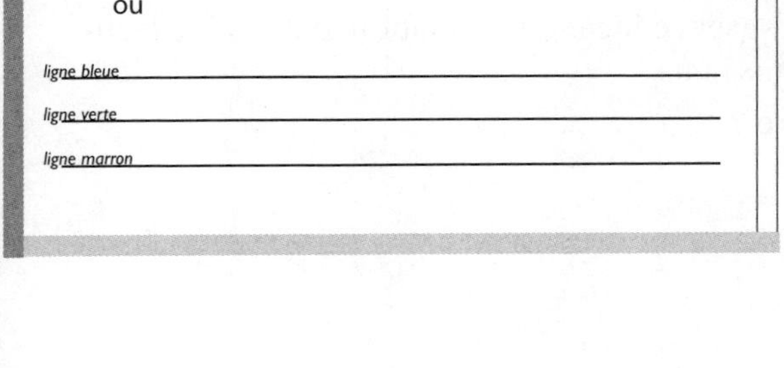

Afin de permettre un meilleur repérage, la page du cahier peut aussi être délimitée par des couleurs : on retrouve le bleu en haut et la terre en bas, mais aussi du vert à gauche (feu vert pour démarrer) et du rouge à droite (feu rouge pour s'arrêter).

Dans la deuxième proposition, la ligne de feu n'existe pas.

On peut conseiller également les sites :

- Cabergo : *http://www.cabergo74.fr/*
- Jérôme Desmoulins qui propose un générateur de feuilles ;
- Mon cahier DYS.

Il est très important au CP et au CE1 que tous les enfants, y compris ceux pour lesquels une dysgraphie est suspectée, puissent faire cet apprentissage de l'écriture manuelle, même si parfois elle ne devient pas fonctionnelle. Ils n'auront plus l'occasion par la suite de se confronter à ce type d'exercice.

Quand et comment introduire l'ordinateur en classe ? Quels doivent-être les logiciels à conseiller ?

Les outils informatiques sont des aides techniques.

« Est considéré comme une aide technique tout produit (y compris tout dispositif, équipement, instrument, technologie et logiciel) fabriqué spécialement ou existant sur le marché, destiné à prévenir, à compenser, à contrôler, à soulager ou à neutraliser les déficiences, les limitations d'activité et les restrictions de participation. »[47]

Lorsqu'on pense à l'acquisition d'une aide technique, certaines étapes doivent être respectées.

Protocole des ergothérapeutes

a. Analyser la demande.

Il faut s'interroger sur les différentes perceptions du handicap et de l'aide technique par : l'enfant, l'entourage familial, l'école, les rééducateurs…

Suivant les situations, les objectifs de l'aide vont être différents.

Le succès de l'apport de l'aide se mesure par l'autonomie acquise et par la qualité des productions.

b. Évaluer les besoins

Recommandations de l'EUSTAT (European users through assistive technology)

Critical factors involved in end-users education in relation to assistive technology, 1999, European Commission

- Qu'est-ce que je veux faire ?

47. CIF, OMS, 2001.

- Que puis-je faire sans l'aide technique ?
- Qu'est-ce que je ne peux pas faire sans l'aide technique ?
- Que puis-je faire avec l'aide technique ?
- Qu'est-ce que l'aide technique peut faire pour moi ?
- Que puis-je faire avec d'autres aides ?

Il est indispensable de prendre le temps d'expression du besoin, le temps d'information et de conseil.

Il faut prendre en compte :

- *les facteurs personnels :* intégrité et déficience, aptitudes (capacités et incapacités) ;
- *les facteurs environnementaux :* facilitateurs et obstacles ;
- *les habitudes de vie :* participation sociale et situation de handicap.

L'évaluation, dans le lieu de vie et à l'école, et le choix de l'aide technique se font par l'ergothérapeute qui travaille souvent en réseau avec d'autres professionnels de santé. Ensuite, les équipes techniques de la MDPH se prononcent en faveur ou non de l'acquisition des aides.

Le succès dans l'appropriation de l'aide technique repose sur une décision partagée entre tous les acteurs intervenant dans ce processus d'acquisition de l'aide technique (enfant, entourage, soignants…).

Il est important de rappeler qu'il n'y a pas d'aide technique idéale.

c. Validation et appropriation

Afin d'être signifiante et significative pour la personne et son entourage, l'aide technique doit s'inscrire dans une démarche de soins en respectant *trois conditions* :

- *une indication médicale ;*
- *un accompagnement du patient :* de la prescription à l'observance pour éviter la stigmatisation ou au contraire la légitimation du handicap ;
- *une réévaluation régulière des besoins.*

Au collège, la prise de notes manuelle ou sur l'ordinateur est un facteur-clé de l'inclusion : l'enfant en difficulté veut ressembler à ses pairs. Mais il ne faut pas que cela consiste à masquer ou à nier ses problèmes. Il peut aussi avoir recours à des photocopies ou à des cours numérisés transmis sur clé USB s'il ne parvient pas à se relire ou s'il n'a pas le temps de tout écrire, même si cela ne doit pas être systématique. Cependant respecter sa volonté de faire comme les autres et de « jouer le jeu » est important. Prendre des notes lui permet également de se concentrer sur une tâche, à condition bien sûr qu'il sache ne pas se mobiliser uniquement sur celle-ci. Apprendre à l'enfant à gérer sa prise de notes fait donc partie intégrante du travail mené pour l'inclusion, et doit lui permettre de mieux connaître ses difficultés et de mieux accepter sa différence.

Produire un texte

Écrire

Écrire de manière autonome un texte court de 5 à 10 lignes : rechercher et organiser des idées, choisir du vocabulaire et enchaîner des phrases, prêter attention à l'orthographe.

Aurélien présente un Trouble spécifique du langage écrit sévère diagnostiqué à l'hôpital Trousseau à Paris.

Il est suivi trois fois par semaine en orthophonie et une fois en psychothérapie.

Il a été maintenu en CP.

Il a été suivi une fois par semaine en CE2 par un professeur-ressource. Il apprécie l'aide et le diagnostic l'a soulagé. Mais il peut rester sans rien faire lorsqu'il n'est pas aidé.

Une AVS a pu l'accompagner à mi-temps en fin de CE1.

Il a ensuite été scolarisé au Kremlin-Bicêtre.

La *lecture* n'est pas évaluable. Aurélien utilise de façon exclusive la voie d'assemblage. Il travaille donc sur le global et le visuel en orthophonie.

Des aménagements de textes sont indispensables : grossir, mettre les syllabes en couleur, et la lecture par un tiers est aussi nécessaire.

L'*écriture* est très lente.

Aurélien copie lettre à lettre et il a du mal à se repérer notamment pour les passages à la ligne.

- Le surlignage de la ligne de base est proposé, puis des cahiers avec une seule ligne, à la place des réglures Séyès, lui sont fournis.

Les erreurs de copie sont nombreuses.

La copie est par moment logographique (ex. accrochages v + e, o + u ou i, confusions t et l, o et a, u et i, b et d, m et n). Il mélange les graphies (script/cursif, majuscules/minuscules), confond c et s.

- Un alphabet est mis à sa disposition.

Les chiffres sont inversés. Des confusions visuelles sont constatées, ainsi que des oublis de lettres ou des répétitions.

Aurélien ne peut écouter et écrire en même temps. Il se raccroche à des détails de présentation insignifiants, ce qui le ralentit encore.

- Des photocopies sont proposées et un relais par un tiers (prise de notes et dictée à l'adulte pour les exercices).

• Il lui est demandé systématiquement d'épeler avant de copier.

Seules les *dictées* de mots sont possibles.

Aurélien n'a pas d'orthographe d'usage et il a tendance à complexifier.

Il commet des inversions dans les syllabes CCV et CVC, des confusions b/d, les digrammes et trigrammes ne sont pas maîtrisés.

• Le tableau des chromophones (mentionné dans la partie sur la lecture) lui est fourni.

Il est gêné par les mots de plus de deux syllabes.

• Il faut matérialiser l'emplacement de chaque syllabe (cuvettes) et même de chacune des lettres nécessaires (points).

Concernant le *langage oral,* sont constatés des problèmes de catégorisation, des difficultés pour les pronoms et un trouble de l'évocation.

La conjugaison est difficile même à l'oral.

Il mémorise bien les poésies, mais pas les tables de multiplication.

Il a besoin d'effectuer une tâche du début jusqu'à la fin et il a du mal à gérer les interruptions. Il a besoin de temps supplémentaire pour démarrer une activité et la mener à son terme. Il a tendance à se répéter, il est difficile pour lui d'isoler une action.

Il est vite distrait.

Il a des problèmes de repérage dans le temps.

C'est un enfant fatigable, mais curieux et intéressé.

En CE1, situation d'apprentissage

Avant de parvenir à l'expression écrite, des exercices de reformulation et de restitution de textes lus et mémorisés sont donnés ; ces exercices se pratiquent par essais-erreurs avec discussions et échanges.

Puis, ce sont des exercices de transformation des textes poétiques ou de fiction qui vont être proposés.

L'usage du brouillon, de la dictée à l'adulte, puis l'apprentissage du traitement de texte permettront de mieux organiser le texte, puis de l'éditer.

Objectif : oser écrire et pour cela proposer un protocole d'actions simples avec réinvestissement des connaissances.

Réponses, aides et adaptations

Apprentissage de l'orthographe lexicale

Un stock lexical orthographique est constitué et s'appuie sur un **repérage visuel systématique** avec pratique de l'**épellation** (certaines graphies proches sont souvent encore confondues). On peut utiliser différentes **couleurs** pour mettre en évidence les syllabes ou les difficultés.

> ☞ Voir annexe 6, mots invariables colorisés et rangés par ordre alphabétique.

On peut se référer à un **dessin** en lien avec le sens du mot[48].

Ce stock lexical vise également à compenser les troubles d'évocation, le manque du mot, les difficultés à retrouver un mot en mémoire, et il doit permettre de **mieux catégoriser.** Les mots sont répertoriés avec plusieurs entrées possibles : alphabétique et thématique, avec une recherche de classement personnel et une réflexion sur l'accès aux informations (élaboration d'un carnet de mots ou dictionnaire personnel).

Il s'agit de constituer une sorte de **lexique mental** permettant à l'information stockée d'être restituée, surtout en réponse à une demande précise (comme pour les évaluations) grâce à un système d'indiçage[49], rappelant notamment les catégories de sens constituées ensemble.

Ce système s'appuie sur un travail en vocabulaire : classements, synonymes et antonymes, famille de mots…

Des dictionnaires comme le Robert méthodique (1983) et maintenant le Robert brio (2004) sont très utiles permettant une analyse comparative des mots par la mise en évidence des éléments les composant.

La mémorisation de l'orthographe des mots est donc soutenue par l'explicitation et par la multiplication des analyses de la forme écrite.

---

48. Sylviane Valdois, Marie-Pierre de Partz, Xavier Seron, Michel Hulin, *L'orthographe illustrée*, Ortho édition, 2004.

49. Jean-Pierre Walch, neuropsychologue aux Lavandes, *Quelques remarques à propos de l'utilisation d'éléments tirés d'un bilan neuropsychologique dans la pratique pédagogique,* base documentaire de l'association Coridys.

L'apprentissage et la mise en œuvre des **morphologies dérivationnelle** (chat/chatte, grand/grande) **et flexionnelle** (participe passé *versus* infinitif, accords en genre et en nombre des noms et des adjectifs) sont très importants.

On pourra de plus envisager plus tard l'utilisation d'un **traitement de texte** et de divers **logiciels :**

- correcteur orthographique ;
- prédicteur de mots (*Skippy, Word Q*) ;
- retour vocal (*Speak back*) pouvant rendre audibles les erreurs de conversion phono-graphémique et grapho-phonémique.

L'orthographe grammaticale est également travaillée, par exemple, avec l'apprentissage d'autodictées codées **en couleur :** méthode des jetons ou grammaire en couleur. On peut associer des schémas codés (pour les accords) et passer aussi par des manipulations.

Il est nécessaire bien sûr de construire avec l'élève un **lexique grammatical** simple et structuré auquel il pourra se référer. Il faut s'assurer qu'il n'y a pas de confusion entre « adverbe » et « adjectif », « préposition » et « proposition »...

La distinction entre les notions de « nature » et de « fonction » est essentielle, et c'est d'abord sur celle de nature qu'il faut insister longuement.

Le travail sur les homophones grammaticaux (a/à, on/ont, et/est, son/sont, ces/ses/c'est...) est aussi nécessaire. L'élaboration de phrases exemples personnelles permet une meilleure appropriation.

Une **grille de relecture** (segmentation en mots, respect des phonies/graphies, accords...) et d'autres outils sont élaborés et mis à disposition.

Évaluation

Évaluations nationales CE1 aménagées

> ☺ Épelle les mots que je vais te dire.
>
> *Un enfant dyslexique épelle puis, ensuite, peut écrire le mot épelé.*
>
> *Un enfant dyspraxique épelle facilement un mot, mais aura du mal à l'écrire ; il manquera une lettre ou bien elle sera mal formée, oubliée, manquante. Il y aura donc une dysorthographie d'usage ou sémantique causée par la dyspraxie.*
>
> *Celle-ci complique l'acte d'écrire qui provoque une surcharge de gestes mentaux et moteurs.*

Afin de guider *l'expression,* il est nécessaire de s'appuyer sur un canevas élaboré avec Aurélien afin de lui permettre ensuite de développer ses idées, de construire les étapes d'un récit en les enchaînant logiquement et d'être plus informatif.

On peut prendre appui notamment sur le **schéma narratif** en trois ou cinq parties et sur un questionnement systématique : Quand ? Qui ? Comment ? Où ? Pourquoi ?

L'initiation à la technique du **résumé,** exercice difficile, peut aussi être un support efficace.

Mettre à sa disposition un lexique adapté est également indispensable.

Bien sûr, il ne faut pas oublier que le travail en groupe ou l'écriture collective sont des activités très porteuses pour tout objectif d'expression.

Il ne suffit donc pas de demander à Aurélien de dicter son texte à un adulte secrétaire. Il faut **guider son expression orale et la structurer.** Ensuite, il faut faire prendre des repères à Aurélien dans l'écrit transcrit, afin qu'il puisse développer logiquement ses idées et aussi parfois revenir sur des mots ou des structures de phrases qui ne lui conviennent plus à la relecture (relecture faite avec l'aide de l'adulte).

Orthographier correctement un texte sous dictée

Écrire

Orthographier correctement un texte simple de dix lignes – lors de sa rédaction ou de sa dictée – en se référant aux règles connues d'orthographe et de grammaire, ainsi qu'à la connaissance du vocabulaire.

Félix a 12 ans. Son frère et son père sont dyslexiques.

Il est né prématuré à 7 mois. Le langage s'est développé normalement et la maternelle s'est bien déroulée.

En élémentaire, la lecture ne se met pas en place en CP. Les difficultés continuent lors du second CP. Une rééducation orthophonique commence en cours d'année, une fois puis deux fois par semaine. Une orientation en CLIS est décidée pour l'année suivante.

Des bilans sont effectués à l'hôpital du Kremlin-Bicêtre :

- le langage oral est correct ;
- le graphisme est faible ;
- la lecture est déficitaire : Félix peut déchiffrer des syllabes simples et quelques syllabes complexes, le stock lexical est réduit ;
- la transcription est très difficile ;
- le niveau de mathématiques est faible par rapport à celui de CP.

Le diagnostic est posé : dyslexie-dysorthographie sévère associée à une dyscalculie.

Après deux années en CLIS, Félix intègre l'Unité de rééducation du CHU Bicêtre.

Félix est un garçon très émotif, perdant tous ses moyens face à la demande scolaire. Les progrès sont fragiles, le travail est « coûteux » d'une façon générale et il révèle une grande lenteur d'exécution. Petit à petit, Félix prend de l'assurance, les progrès en lecture et en transcription s'installent. La dyslexie-dysorthographie reste cependant importante.

En CM2, situation d'apprentissage

La dictée est un exercice courant à l'école plaçant l'élève dans la situation suivante : écrire ou être en mesure d'écrire, en mobilisant tous les acquis, toutes les aides, tous les entraînements dont l'élève a pu se saisir, et cela dans un rythme imposé. L'exercice peut être une validation des savoirs attendus, une évaluation des compétences, mais il est surtout un entraînement à l'écrit.

Pour un élève dyslexique-dysorthographique, l'exercice tient plus du cauchemar ou de l'épreuve douloureuse. Pour l'enseignant, l'exercice peut se révéler tout aussi éprouvant lorsque les progrès se raréfient et que noter devient ubuesque. Le sujet est vaste…

Les difficultés liées au trouble du langage écrit ont été décrites précédemment. Plusieurs points sont à prendre en considération.

- Écrire est une tâche complexe et elle l'est encore plus pour un élève dysorthographique. D'une certaine manière, cette complexité semble plus visible lorsque l'on comprend que cet élève ne réussit pas à écrire en tenant compte des correspondances graphèmes-phonèmes, de l'orthographe lexicale et de ses particularités à mémoriser, des règles d'accords de la grammaire et de la conjugaison. Cette tâche multiple se fait en traitant sur le versant oral une suite de mots dictés.
- L'automatisation et la mémorisation sont difficiles compte tenu des caractéristiques des différents troubles mis en jeu.
- La lenteur est un paramètre important à tous les niveaux dans le travail de l'élève.
- La lecture n'est pas le plus souvent un facteur facilitant, une compétence sur laquelle l'élève peut s'appuyer.

Comme dans d'autres situations d'apprentissage, les objectifs visés dans la dictée devront être ciblés. Un choix est fait parmi les différentes compétences mises en œuvre pour tenir compte de toutes les difficultés évoquées précédemment.

Réponses, aides et adaptations

La dictée à trous est une possibilité de travail. Les mots ou les propositions à compléter répondent à cette précision des objectifs. La mise en page ou la présentation de la dictée induisent également le travail demandé. Cette dictée peut comporter des éléments typographiques ou des ajouts au texte initial dans le cadre de l'adaptation.

Si la dictée se propose de travailler les accords dans le groupe nominal, les mots à écrire sont des déterminants, des noms et quelques adjectifs. En préparation de la dictée, une liste de mots a été travaillée avec les élèves pour mémoriser l'orthographe des noms essentiellement. Les accords sont révisés dans le cadre de la classe lors des séances d'étude de la langue. Il faut noter que les mots à écrire dans la dictée ne sont pas tous vérifiés dans la phase de préparation. Certains ont déjà été vus, ils font l'objet d'une validation de leur restitution dans cet exercice.

Exemple : adaptation d'une dictée (police Ducahier2, *Dictée CE,* CLR Hachette*)*

Un jour de pluie

Un _____ violent balaie _____ _____. Il se glisse sous _____ _____ de la maison.

Il secoue _____ _____ et fait trembler _____ _____.

De gros _____ _____ galopent dans _____

_____. Soudain, _____ _____ gifle _____ _____.

Félix a une belle écriture manuscrite mais il est très lent dans toutes ses actions. Ce type de dictée est particulièrement adapté pour lui compte tenu de ses difficultés à l'écrit, en particulier la mobilisation des différentes compétences vues précédemment. Les consignes sont rappelées avant de commencer la dictée, elles reprennent les objectifs visés et permettent de verbaliser à nouveau le travail à effectuer et les stratégies à mettre en place.

Félix écrit lentement mais il ne se reprend pas trop. Le formatage de l'exercice impose un espace limité, même si le texte est aéré (c'est un inconvénient pour un de ses camarades qui rature beaucoup plus).

Félix agit toujours en deux temps bien distincts : le premier centré sur l'orthographe du mot, le second sur les accords et les relations entre les mots.

Il est encore très difficile pour lui d'envisager ces actions simultanément.

Prolongements

- Cette dictée peut être donnée sous forme numérique, un champ à compléter remplaçant les pointillés. Cette possibilité est à envisager pour un élève ayant une dysgraphie ou une dysorthographie importante (écrit illisible).
- Des dictées à choix multiples peuvent également être proposées afin de contourner une dysgraphie importante.

Elles permettent d'alléger les difficultés d'orthographe lexicale. L'élève est amené à faire un choix parmi plusieurs propositions, en appliquant les règles étudiées, en mettant en pratique les notions apprises…

Évaluation

Dans le prolongement des objectifs de l'exercice, l'évaluation reprend les items travaillés lors de la préparation et de la passation :

Mots	/10	Déterminants	/7	Accords	/6

Des liens sont possibles entre le travail réalisé et la correction.

En conclusion, ce sont toujours des dictées différentes des dictées traditionnelles qui doivent être proposées aux élèves désavantagés par des TSA :

- textes plus courts ;
- dictées à trous ;
- dictées à choix multiples ;
- dictées préparées, dictées négociées ;
- autodictées (en utilisant si nécessaire la méthode des jetons).

Évaluations nationales CM2 aménagées

Il est proposé d'utiliser une dictée à trous pour réduire la quantité de mots à écrire, ou/et d'adapter la longueur de la dictée à la capacité d'écriture de l'enfant, en la répartissant sur plusieurs jours.

Le nombre de mots de la dictée à trous (27 mots) nécessite de la faire en deux fois sur deux jours différents.

Première partie

____________ le ____________ du tour de France,
au ____________ de l'été, la ____________
se ____________ au bord des ____________
Les ____________ de la police pass______ ____________ ;
ils empêch_____ le ____________ de traverser.
____________, derrière, les ____________ publicitair____ arriv_____ en diffusant des ____________.

Seconde partie

____________, sur des moto____ ____________,
les ____________ de la ____________ annonc_____ l'____________
du ____________. ____________, les coureur____ surgiss______
____________ les cr_____
et les ____________ des ____________ rav_____. ____________ ils
____________ part_____, on ____________ circuler ____________.

Exemple de dictée non aménagée niveau 6[e]

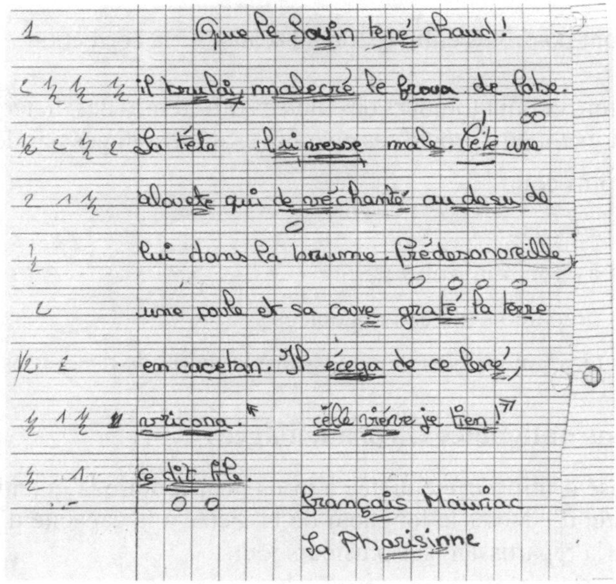
1 Que le foin tené chaud!
2 ½ ½ ½ il brulai, malecré le froua de l'obe.
½ 2 ½ 2 La tète il lui aresse male. Cète une
2 1 ½ alouete qui de réchanté au desu de
½ lui dans la baume. Prèdesonoreille,
2 une poule et sa couve graté la terre
½ 2 en cacetan. Il écega de ce levé,
½ 1 ½ 2 fricona. cèlle fièvre je tien!
½ 1 ce dit il.
Françcais Mauriac
La Pharisinne

Même dictée aménagée : trous et nécessité de donner les infinitifs (apparue dans un second temps)

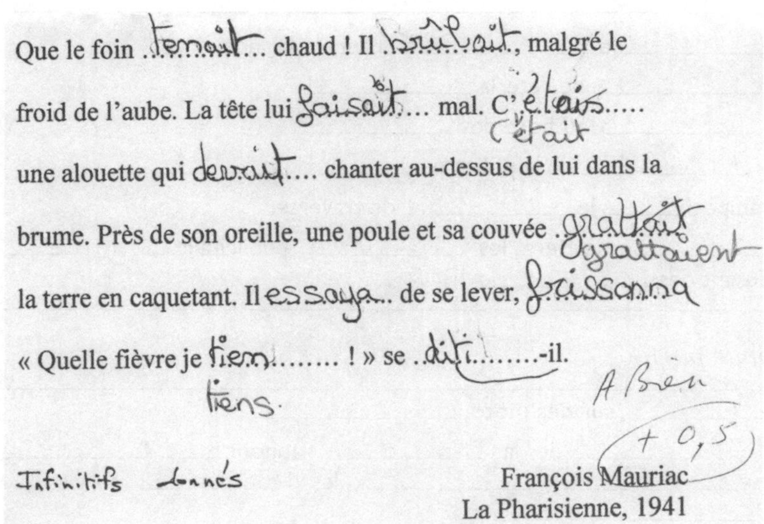
Que le foin ..tenait... chaud ! Il ..brûlait., malgré le froid de l'aube. La tête lui faisait.... mal. C'.étais..... (C'était) une alouette qui devrait.... chanter au-dessus de lui dans la brume. Près de son oreille, une poule et sa couvée ..grattait (grattaient) la terre en caquetant. Il essaya.. de se lever, frissonna « Quelle fièvre je tien........ ! » se ..dit........-il. (tiens.)

A Bien (+ 0,5)

Infinitifs donnés

François Mauriac
La Pharisienne, 1941

Dictée pour malentendants

Type de dictée qui pouvait être proposée, pour le Brevet des collèges, aux élèves défavorisés par un TSL, à défaut d'une dictée plus appropriée.

DICTÉE POUR CANDIDATS MALENTENDANTS (7 POINTS)

Guy de Maupassant
La Petite Roque
1885

Recopiez le texte ci-dessous en choisissant dans les mots en gras celui qui convient.

Il allait vite le long de l'étroite rivière qui moussait, grognait, bouillonnait et filait dans son lit d'herbes, sous une voûte de **soles / sols / saules**. Les grosses pierres, arrêtant le **cour / cours / court**, avaient autour d'elles un bourrelet d'eau, une sorte de cravate **terminer / terminée** en nœud d'écume. Par places, c'étaient des cascades d'un pied, souvent invisibles, qui **fesaient / faisait / faisaient**, sous les feuilles, sous les lianes, sous un **toi / toit** de verdure, un gros bruit colère et doux ; puis plus loin, les berges s'élargissant, on rencontrait un petit lac paisible où **nageaient / nager / nageait** des truites **parmi / parmis / parmie** toute cette chevelure verte qui ondoie au **fond / font / fonts** des ruisseaux calmes.

Maintenant c'est une dictée avec choix de mots, appelée « dictée fautive » qui est proposée.

(Il est intéressant de noter qu'il n'est plus fait référence à une catégorie d'élèves.)

Dictée fautive (6 points)

Vous recopierez intégralement le texte suivant en choisissant la bonne orthographe parmi les propositions qui sont faites.

ATTENTION : Les erreurs que vous commettrez en recopiant le texte seront sanctionnées.

Je { doigt / dois / doit } vous dire aussi que j'ai contracté, en captivité,

une dette { en vers / envers / envert } les éléphants dont { j'ai scé / j'essaies / j'essaye }

seulement de { m'aquitter. / m'acquitter. / m'acquitté. } { Cet / C'est / Sept } un camarade qui avait eu

	quelle que	
cette idée, après	quelque	jours de cachot – un mètre dix sur
	quelques	

	allait	
un mètre cinquante – alors qu'il sentait que les murs	allaient	l'étouffer,
	allez	

	a pensé		troupeau	
il s'est mis	à pensé	aux	troupaux	d'éléphants
	à penser		troupeaux	

	allemands	
en liberté – et, chaque matin, les	Allemand	le trouvaient
	Allemands	

	entrain		imcrevable.
en pleine forme,	en train	de rigoler : il était devenu	uncrevable.
	en trin		increvable.

Romain Gary, *Les racines du ciel*, Gallimard, 1954.

☞ Voir annexe 7 : fiche procédure pour l'élève face à une dictée fautive.

Cette fiche est bien sûr accompagnée de divers outils toujours personnalisés dont un lexique grammatical, classant les différentes natures et fonctions, outils qui peuvent rester à la disposition de l'élève comme aide-mémoire pour certaines évaluations.

Seuls, les enseignements grammaticaux ne permettent pas d'orthographier correctement.

La fiche de procédure et la dictée fautive décomposent en quelque sorte le travail réflexif : critères de choix (à quelle catégorie grammaticale appartiennent les mots…) et procédures d'accord. Les difficultés sont aussi hiérarchisées.

Il peut être demandé ou non aux élèves de recopier la dictée une fois les mots choisis, ce qui constitue bien sûr une tâche nécessitant un apprentissage à part entière.

Les dictées fautives présentent toujours l'inconvénient de proposer trop de mots se référant au lexique (beaucoup de nos élèves ne peuvent décider de la bonne orthographe). Il serait plus intéressant d'axer le travail uniquement sur l'orthographe grammaticale.

Le but doit être d'alléger suffisamment la tâche pour permettre le questionnement orthographique (développer le doute) et éviter une surcharge cognitive : mémoire à court terme et mémoire de travail en particulier, lorsque l'élève doit suivre le rythme de la dictée pour transcrire les graphèmes tout en analysant les phrases.

- Concernant l'orthographe lexicale, il est important de se référer aux **tables de fréquence.**
- Concernant l'orthographe grammaticale, il s'agit de contourner le déficit d'automatisation (qui est structurel pour nos élèves) de la mise en œuvre des règles construites et des connaissances déclaratives en insistant sur l'**apprentissage procédural :** sorte de savoir-faire cognitif.
- Des **grilles de relecture** pallient aussi aux difficultés d'attention et de concentration. Ces grilles permettent l'élaboration de procédures d'autocorrection et d'identifier précisément les types d'erreur : usage, mots invariables, homophones, accords dans le groupe nominal et sujet/verbe…

→ *On conseillera aux enseignants :*

- de faire au moins deux lectures de la dictée et de dicter le texte lentement en exagérant la séparation des groupes de mots ;
- de ne pas forcément tout évaluer, de n'évaluer qu'une chose à la fois : les pluriels, les accords, les terminaisons des verbes… ;
- de compter le nombre de fautes et de valoriser toute diminution, plutôt que de mettre une note toujours désespérante ;
- de donner la correction et de ne pas demander de la copier.

Rédiger – Écrire la suite d'un texte littéraire lu

En collège, situation d'apprentissage

Départ : cours de français, classe entière

Le professeur lit un texte à voix haute. Ce n'est qu'ensuite qu'il distribue le texte écrit. Puis il pose des questions de compréhension sur le texte lu.

Les élèves ont pour habitude d'écrire directement le texte à la main en cherchant tout de suite à le rédiger correctement.

Réponses, aides et adaptations

Travail en ULIS

Dans la mesure du possible, le travail de rédaction d'un texte se fait du début à la fin sur ordinateur, à l'aide d'une reconnaissance vocale si c'est nécessaire. L'outil permet de contourner les difficultés orthographiques, mais il permet aussi de déplacer les paragraphes, d'ajouter ou d'enlever sans dommage.

Selon les cas, le texte à écrire doit inclure une description de paysages réels ou imaginaires, de personnages ; il peut être demandé d'imaginer des sensations et des sentiments, d'en décrire la progression.

- Pour remédier aux difficultés d'accès au lexique et aux consignes complexes, il faut réexpliquer la consigne d'écriture en explicitant tous les termes un par un.

Les mots-clés sont surlignés de couleurs différentes.

- Si on dispose de temps, la relecture du texte s'accompagne de la constitution d'un lexique en rapport avec le thème abordé.
- Le premier jet d'idées se fait à raison d'une idée par ligne sur l'ordinateur.

Il s'appuie sur les mots-clés surlignés dans le sujet et s'enrichit des idées originales de l'élève.

La remédiation intervient à ce stade pour éviter le hors sujet ou pour suggérer de nouvelles pistes.

- Le plan garde toutes les idées pertinentes. Il est très aéré. Comme ces élèves ont des difficultés à organiser leurs idées, il est nécessaire de les guider pas à pas pour cette étape.

Une fiche rappelant les caractéristiques des différents types de textes (descriptif, argumentatif…) comme le lexique précédemment recherché sont des outils mis à disposition.

- Les élèves travaillent seuls pour la mise en phrases, l'utilisation du correcteur orthographique et du retour vocal.
- Ils prennent ensuite la grille de relecture et cochent ce qui convient, améliorent ce qui ne va pas : c'est l'évaluation formative. Le professeur de français peut intervenir à ce stade et donner ses propres appréciations sur la grille.

Les étapes 1 et 2 peuvent être collectives. Les étapes 3 et 4 aussi en tenant compte des particularités de chaque élève et des résultats différents.

Dans ces conditions, en cas d'évaluation sommative, elle se fait en ULIS avec le tiers-temps, mais selon les mêmes critères que pour les autres élèves (à part l'orthographe), les adaptations compensant les désavantages.

Certains enfants ne pourront néanmoins pas saisir leur texte directement et devront apprendre à le dicter à un secrétaire.

Pour cela, il est important que le secrétaire puisse saisir le texte de l'élève sur ordinateur, ce qui permettra à l'élève de revenir plus facilement sur ce qu'il a dicté pour se corriger et améliorer son texte.

L'écriture du paragraphe argumenté en histoire-géographie suit quasiment la même démarche, l'enseignant apprécie lui-même les phases collectives et individuelles.

Toutefois, plusieurs séances de réflexion sont nécessaires à partir de janvier en 3e une fois que les élèves maîtrisent quelques chapitres, pour qu'ils parviennent seuls en temps limité à :

- analyser le sujet et en déduire un plan ;
- rédiger rapidement une introduction qui répond aux questions « où ? quand ? », qui annonce le sujet, puis le plan ;
- conclure en dépassant le sujet si c'est possible.

Pratique d'une langue vivante étrangère

L'anglais

Introduction

Avec l'apprentissage d'une langue étrangère comme l'anglais, les enfants avec un TSL se retrouvent face à des difficultés qu'ils avaient plus ou moins dépassées en français, ces difficultés étant encore majorées par les caractéristiques propres de la langue anglaise et par le fait qu'ils perdent leurs repères oraux.

Cependant, quand les élèves entrent en collège, ils sont très motivés par l'apprentissage d'une langue étrangère. Certains ont l'illusion qu'ils n'auront plus de troubles du langage avec cette nouvelle langue.

Malheureusement, leurs difficultés de discrimination auditive vont être à rude épreuve avec des sons et des prononciations inhabituels. L'anglais présente d'emblée des sons nouveaux et c'est une langue irrégulière.

Leurs difficultés de conversion grapho-phonétique et leurs confusions visuelles se heurtent à des lettres ne se prononçant pas comme en français et à de nouvelles lettres muettes. De plus, leur mémoire déficiente de l'image des mots ne permet pas de compenser…[50]

Pour les dysphasiques, l'apprentissage de l'anglais, basé essentiellement sur l'oral en 6e, les replace face aux difficultés qu'ils avaient eues pour appréhender la langue française, avant de pouvoir compenser par la lecture. La lecture les avait notamment aidés à mieux segmenter la chaîne sonore, isoler et identifier les mots entendus.

Une structure grammaticale différente en anglais complique bien sûr encore sérieusement la tâche.

Cependant l'anglais est indispensable dans la plupart des cursus.

50. Ingrid Paulsen, professeur d'anglais, *Actes du colloque de l'Union Nationale France Dyslexie-Dysphasie*, diffusion APEDA Nord/Pas-de-Calais, octobre 1988.

Il serait préférable de choisir une première langue autre et d'obtenir une dispense d'anglais comme LV2.

Voir *l'Arrêté du 15 février 2012,* dispense de la LV2 pour les candidats au baccalauréat qui présentent une déficience du langage et de la parole.

L'espagnol et l'italien seraient plus simples : transparence, syntaxe…

L'allemand semble être une langue d'un abord plus facile : transparente et régulière, avec de plus une grammaire difficile mais structurante ; cependant très vite la longueur des mots devient problématique.

Il est malgré tout intéressant de confronter les dyslexiques à une langue autre que leur langue maternelle, car la maturité aidant, ils peuvent aussi réfléchir à ce qu'est une langue en général et donc à leurs difficultés en français, à condition qu'on les aide bien sûr à faire les liens.

En anglais, il est important de travailler la prononciation, même avec exagération, pendant les premières semaines.

L'accentuation et l'intonation de la langue anglaise sont des points d'appui pour les dyslexiques et les dysphasiques : elles permettent de bien repérer les mots porteurs de sens et de segmenter le discours oral, facilitant ainsi la compréhension.

Avec le repérage de ces mots à l'écrit, c'est aussi, nous semble-t-il, une façon de mieux comprendre ce que signifie lire en utilisant la voie d'adressage.

Lorsque le travail sur les blocs lexicalisés peut être repris à l'écrit, c'est l'occasion de réfléchir à la façon dont on peut lire en français lorsqu'on dépasse le mot à mot.

Cependant, il faut bien avouer qu'avec le peu de références théoriques sur la question, nous sommes encore dans l'expérimentation et le questionnement.

En 6ᵉ, Victor

Victor a redoublé le CP puis le CE2. Il a ensuite suivi une scolarité à domicile jusqu'au CM2, puis a été scolarisé au collège en bénéficiant d'un dispositif ULIS.

Depuis le CE2, il est suivi deux à trois fois par semaine en orthophonie.

Il présente une *dysphasie expressive* avec trouble majeur de l'encodage phonologique et agrammatisme.

Il est aussi *dyslexique/dysorthographique diséïdétique* sévère, c'est-à-dire que la voie lexicale (ou globale) est altérée. Il a un problème de reconnaissance globale des mots. Il a donc du mal à retenir les graphies complexes.

Victor a recours à la voie extralexicale et utilise le système de conversion phonographémique avec de nombreuses erreurs, difficultés phonétiques visuelles et perceptives.

Il parvient aujourd'hui à écrire, mais il utilise principalement la voie de conversion phonème-graphème qui est elle-même altérée.

Il commet différents types d'*erreurs :*

- confusions auditives avec des problèmes de discrimination entre des phonèmes proches tels que k/et/g/, /p/et/b/, /t/et/d/, /f/et/v/ ;
- erreurs d'ordonnancement des phonèmes et des difficultés dans l'analyse des groupes complexes tels que pra/par ;
- difficultés avec les sons complexes ;
- erreurs sur les graphies à double valeur, par exemple le c prononcé [s] ou [k] ;
- erreurs de segmentation ;
- fautes d'usage ;
- fautes grammaticales ;
- fautes attentionnelles.

Le lexique visuel et orthographique est insuffisant.

La *méthode de rééducation orthophonique* est la sémiophonie qui vise à améliorer la perception des différents phonèmes.

Les erreurs de segmentation sont travaillées en analysant les éléments de la phrase. Chacun est identifié et rattaché à un sens.

Ex : un navion, les zabeilles.

La liaison, le déterminant sont expliqués pour que Victor comprenne ses erreurs.

Pour les fautes d'usage dues à une mauvaise représentation du mot au niveau global, Victor a travaillé la mémoire visuelle, les déclinaisons lexicales en utilisant des renforcements visuels (la couleur par exemple) mais il présente une incapacité de décision lexicale et une absence de critique.

Concernant les fautes grammaticales, le travail consiste à automatiser les règles de grammaire telles que l'accord du genre et du nombre. Sont utilisées la couleur et des formules apprises par cœur.

Ex : « Pour le nom tu dois penser à deux choses : féminin/masculin et singulier/pluriel ».

Victor doit savoir catégoriser : les noms en bleu, les verbes en rouge et les adjectifs en vert. Chacune de ces catégories doit être comprise, définie.

Les temps des verbes du premier groupe ont été travaillés après. Il a fallu introduire la notion de chronologie avant/après, ainsi que celle des personnes. Le présent a été travaillé en premier, puis le passé composé et l'imparfait, et enfin le futur.

Lorsqu'une phrase est dictée à Victor, il doit repérer les noms, les verbes et les adjectifs en justifiant son choix et les accords.

Les fautes d'usage sont corrigées en reprenant avec Victor les différentes formes écrites d'un même son pour trouver celle qui correspond au mot demandé.

Les *axes remédiatifs* sont donc :

- un travail systématique de discrimination perceptive des phonèmes avec appui visuel, gestuel, tactile, sémantique (oral + écrit), association à un mot indice ;
- l'acquisition des semi-voyelles avec la méthode des couleurs ;
- l'entraînement des habiletés métaphonologiques dans des tâches de segmentation, de concaténation syllabique, d'addition, de soustraction de phonèmes, de syllabisation inversée, de rimes ;
- un travail sur les graphies contextuelles ;
- la mise en place d'un lexique visuel avec des exercices d'appariement de mots ;
- la réalisation auditivo-graphique associée ;
- l'analyse et l'exploitation des similitudes orthographiques.

Réponses, aides et adaptations

En anglais, le **travail oral** est privilégié pour Victor. La mémorisation de la prononciation se fait grâce à l'enregistrement des mots prononcés par le professeur.

Cependant ces mots doivent être également repérés systématiquement à l'écrit.

La correspondance entre le mot écrit et le mot prononcé sera indispensable pour que Victor puisse se repérer dans la chaîne sonore, isoler et identifier les mots entendus.

C'est ensuite une lecture globale du mot qui est bien sûr demandée et Victor ne peut plus s'appuyer sur ses acquis en combinatoire de la langue française. Il doit absolument transférer les remédiations utilisées pour lui en français afin de compenser ses troubles de reconnaissance de la forme des mots.

Il utilise aussi un **logiciel de retour vocal** pour une aide à la lecture et à la mémorisation : *Word Q,* synthèse vocale avec surlignage et prédiction de mots.

Il est possible de sélectionner une voix anglaise en paramétrant au moment de l'installation.

L'évaluation est seulement possible à l'oral, il peut ne pas être évalué dans certains cas.

Le **dispositif ULIS** permet des organisations souples et variées. Suivant la motivation des enfants et des familles, la volonté des professeurs et les troubles des enfants, les cours d'anglais peuvent être suivis intégralement ou partiellement, en mettant l'accent soit sur l'oral, soit sur l'écrit, avec le soutien du coordinateur de l'ULIS, ou peuvent encore n'être pas du tout suivis (exceptionnellement et ponctuellement).

L'inclusion dans le groupe-classe complet pose un problème évident dans cette discipline (c'est d'ailleurs la participation aux heures d'atelier qui est privilégiée).

Il serait nécessaire bien sûr de pouvoir se donner des moyens supplémentaires : laboratoire de langues ou à défaut logiciels perfectionnés (*Tell me more* a été essayé avec succès car les sons sont traités graphiquement et de manière ludique), travail très individualisé avec le professeur d'anglais centré sur les difficultés spécifiques de chacun des enfants, réflexion théorique pour les enseignants…

Le projet concernant les langues doit être pensé sur toute la durée du collège en se projetant sur l'orientation future des enfants.

Quelle première langue choisir (et donc parfois quel établissement choisir) ? Quand commencer l'anglais ? Comment le collège peut-il organiser des heures de soutien ou remédiation, en tenant compte des contraintes budgétaires de la Dotation horaire globale (DHG) ?

En 5e, Bastien

Bastien est un élève âgé de 13 ans qui a suivi une scolarité ordinaire jusqu'au CE2 avec un maintien en GS et une prise en charge hebdomadaire en regroupement d'adaptation par un maître E en français, du CP au CE2, puis deux ans en classe d'adaptation avant un passage en 6e avec notification MDPH pour une ULIS TSLP (Unité localisée pour l'inclusion scolaire troubles spécifiques du langage écrit et de la parole).

Bastien est suivi en orthophonie depuis l'âge de 5 ans pour une dysphasie phonologico-syntaxique. Il est également suivi pour une dyslexie mixte depuis l'âge de 8 ans.

Aujourd'hui, à 13 ans, il a toujours une séance d'orthophonie par semaine.

Il a une scolarisation adaptée à ses besoins : 20 heures en classe de référence sur des temps de mathématiques, français, anglais, technologie, histoire/géographie, SVT, EPS, arts plastiques, éducation musicale et 8 heures en ULIS TSLP avec reprise des fondamentaux en français pour l'écrit et l'oral, une aide méthodologique pour la prise de notes et l'apprentissage des leçons, une reprise et un renforcement des notions d'anglais vues en classe de référence.

Manifestation des troubles en situation de classe

Bastien a des difficultés *d'expression orale* (organisation du discours, pauvreté du lexique et confusions de mots). Il est dans l'immédiateté, il a besoin de cadre pour organiser sa pensée et procéder par étapes.

Peu d'autonomie face à l'écrit

En lecture, l'énergie dépensée à déchiffrer vient entraver de manière significative les possibilités de compréhension d'un texte ou d'une consigne : Bastien adopte en lecture une stratégie favorisant la voie d'assemblage au détriment de la voie d'adressage qui est pourtant à développer, en accord avec son orthophoniste. Des confusions ou substitutions de sons ou des oublis de syllabes surtout en fin de mots viennent parasiter également les possibilités de compréhension.

À l'écrit, dans les exercices de *copie* notamment, ces mêmes difficultés se retrouvent : les mots n'étant pas envisagés dans leur ensemble, la stratégie de copie s'appuie sur un découpage d'unités de sons dénués de sens, qui entraînent de nombreuses erreurs, voire des oublis importants de groupes de mots, rendant toute leçon incompréhensible et illisible.

Ses productions de textes ne sont que difficilement compréhensibles phonétiquement, lui-même ne peut pas se relire.

Concernant la *restitution des connaissances* lors d'évaluations, elle s'avère impossible à l'écrit dans toutes les disciplines qui nécessitent des réponses longues rédigées.

a. Bastien rencontre des *difficultés* en cours d'anglais à *trois niveaux :*

- phonologie (diphtongues/sons) ;
- irrégularité de correspondance entre graphie et phonie ;
- mémorisation.

Ces difficultés définissent pour l'enseignant les besoins prioritaires à prendre en compte.

b. Les *points d'appui* de l'élève, en lien avec le *Socle commun* sont les suivants

- *Savoir être.*

Élève désireux d'apprendre et de progresser.

- *Réagir à des propositions, à des situations.*

Bonne capacité à s'adapter aux différentes modalités de travail (en petits groupes ou bien en groupe-classe).

- *Comprendre un message oral/savoir s'exprimer et communiquer pour établir un contact social.*

Bonne capacité à :

- répéter des mots et des phrases courtes ;
- réinvestir des savoirs lors d'activités ritualisées ;
- repérer les erreurs et à corriger un camarade ;
- utiliser des supports visuels pour s'exprimer à l'oral.

- Comprendre un message écrit pour demander et donner des informations.

Bonne capacité à retrouver la structure des phrases et d'en comprendre le message.

Difficultés	*Besoins prioritaires*	*Points d'appui*
Phonologie	• *Établir de nouveaux codes sons* (différents de codes normatifs de Jones) afin d'éviter une surcharge cognitive. • *Focaliser sur quelques sons* uniquement et introduire très progressivement les suivants.	• Sait écrire les sons comme il les entend. • Sait discriminer les sons des mots entendus et les classer sur la fiche son.
Graphie/phonie	• *Dissocier l'oral de l'écrit.* Travailler uniquement le vocabulaire à l'oral dans un premier temps. Passer à l'écrit lorsque l'oral est maîtrisé, et que les sons des mots sont fixés.	• Sait associer des mots donnés à l'oral à des images.
Mémorisation	• Mise en place de « *flash cards* ». • *Rebrassage réguliers* (rituels). • 5 minutes de *révision* par jour à la maison. • *Manipulation de cartes* (structure de phrases).	• Sait écrire les notions essentielles étudiées sous forme de schémas. • L'envie d'écrire après manipulation de supports divers.

Réponses, aides et adaptations

Exemple d'une séance d'anglais niveau 5e avec les aménagements proposés dans le cadre du renforcement des notions en ULIS pour un élève présentant des troubles dysphasiques et dyslexiques.

Le lien et l'articulation entre l'ULIS et la classe ordinaire d'Anglais est indispensable.

Méthode : Enjoy – Didier

Book 2 Lesson 2 p 38/p 40

Skills :

- savoir converser au téléphone en utilisant les outils adéquats ;
- objectif lexical : salutations, liste de lieux, liste de verbes ;
- objectif grammatical : structure en Be + ING (now, tomorrow), CAN'T (incapacité) ;
- objectif phonologique : intonation des WH questions.

En classe ordinaire

Séance 1 : comprendre une conversation au cours d'une écoute et en dégager sa « structure » et repérer les outils de langue utilisés.

Séance 2 : savoir le jouer par imitation et improvisation (modification locale d'une structure existante : changement de verbes et de lieux).

Séance 3 : savoir écrire une conversation téléphonique en utilisant les acquis antérieurs et savoir le jouer (travail de groupe).

En ULIS

Savoir mémoriser le dialogue à l'oral puis à l'écrit.

- Demander à Bastien ce dont il se rappelle de la conversation entendue et noter les mots ou phrases donnés au tableau.
- Lui faire recopier les phrases du dialogue sur des bandes cartonnées avec des feutres à l'aide du cahier : une copie sans erreur est exigée.
- Le professeur vérifie l'orthographe et fait refaire si nécessaire.
- Lui faire découper les différents mots et mélanger les cartes ainsi obtenues.
- Bastien doit remettre les mots dans l'ordre, retrouver les structures de phrases. Veiller à la gestion de l'espace : prévoir des grandes tables ou quatre bureaux regroupés pour disposer les questions et les réponses en face à face.

Salutations

Hi !	It's	Me

WH questions

Where	are	you	?	
What	are	you	doing	?

Réponses

I	am	in	the	park
I	am	running		
I	can't	talk	now	

Salutations

See	you !

- Les élèves s'aident et se corrigent mutuellement (climat de respect et de confiance : évaluation formative).
- Activités à refaire deux ou trois fois.
- Leur faire lire à haute voix à chaque fois pour fixer la prononciation.
- Faire jouer à l'oral à l'aide des cartes.
- Faire jouer à l'oral sans les cartes.
- Passer à l'écrit uniquement quand l'oral est maîtrisé (au début prévoir des activités avec des cartes manquantes, les élèves devant écrire les phrases complètes en retrouvant les mots manquants).

Évaluation

a. Évaluation formative au quotidien

- Rebrassage systématique des notions lexicales, grammaticales et phonologiques (activités rituelles de début de cours).
- Passer par la manipulation des cartes pour fixer la structure et préparer le passage à l'écrit.
- Capacité à se corriger et à corriger ses pairs.
- Évaluation écrite à l'aide de supports.
- Texte à trous sans support.

b. Évaluation sommative

- Objectif : rédiger une conversation téléphonique sans support (travail de groupe possible), en utilisant les acquis de la séquence et en réinvestissant les acquis antérieurs. Sur les copies, préciser ONC (Orthographe non comptabilisée).

- Savoir jouer à l'oral en respectant l'intonation et la prononciation des mots-clés.

c. Remédiation

- Passer de nouveau par la manipulation des cartes.
- Évaluation orale si l'écrit ne peut pas être investi.
- Évaluation écrite proposée de nouveau ultérieurement.

Descriptif d'activités pour les élèves de l'ULIS

Phonologie

- Faire des fiches sons « sound deck » à l'aide de fiches Bristol sur lesquelles il y aura le code son de l'élève et un mot de référence français contenant ce son (ex : /ei/ comme dans « soleil »).
- Donner une série de mots connus ou non à l'oral.
- Leur demander de montrer la carte son qui correspond.
- Travailler deux sons par semaine.
- Exercice à faire régulièrement afin de faciliter la fixation des sons principaux.

Graphie/phonie

- Faire répéter les mots en montrant les images.
- Leur demander de retrouver l'image qui correspond au mot donné.
- Donner les mots écrits sur cartes ainsi que les images.
- Leur demander de les associer.
- Leur demander de les lire.
- Le cours suivant, refaire ces activités puis leur demander de les écrire.

Mémorisation

- Forme de soleil (le cercle reprend un thème et chaque flèche reprend les mots-clés ou structures à retenir) : ex. savoir se présenter.
- Forme de triangle (règle de grammaire sur le recto et exemple au verso).
- Phrases écrites (structure) sur une bande cartonnée. Leur faire découper chaque mot de la phrase et les mélanger. Ils doivent remettre les cartes dans l'ordre. En connaître le sens et à l'issue, savoir les orthographier.

Chapitre 9

Mathématiques, culture scientifique et technologique

Principaux éléments de mathématiques

Introduction

Afin de mieux cerner dans quel domaine peuvent se situer les difficultés des élèves, nous nous référerons surtout au modèle de Stanislas Dehaene et Laurent Cohen (cf. Première partie) qui met en relation :

- la représentation analogique de la magnitude, la comparaison ;
- la forme verbale des numéraux (orale ou écrite), les faits numériques ;
- la forme visuelle des numéraux arabes.

Chacun de ces formats de représentation du nombre peut être affecté de manière spécifique.

Cependant, dans beaucoup de cas, il est difficile d'isoler les composants car le stimulus peut prendre une forme et la réponse une autre forme.

Il faut donc aussi se pencher sur les relations entre le verbal et la représentation analogique, le verbal et les chiffres arabes, l'analogique et la numérotation arabe.

Représentation analogique de la magnitude

Elle constitue le soubassement du nombre.

C'est une évaluation globale des quantités continues, puis ensuite du nombre comme quantité discrète.

Les performances perceptivo-tactiles médiocres prédisent le plus sûrement une dyscalculie : le comptage sur les doigts et les performances en calcul semblent en effet avoir des liens, ce que l'on constate chez les enfants dyspraxiques.

Ceux-ci ne peuvent mettre en correspondance une quantité avec un mot : difficultés de coordination du geste et de la parole. Il faut donc éviter pour eux les activités de dénombrement et de comptage d'une collection : exercices toxiques qui détruisent la notion d'invariance du nombre.

Il faut au contraire insister sur l'apprentissage par cœur de petites opérations, c'est-à-dire la mémorisation de « faits numériques » sous forme déclarative, recourir à la suite orale des nombres et utiliser des collections organisées.

Représentation verbale

L'apprentissage des tables d'addition et de multiplication ainsi que le calcul mental reposent surtout sur les représentations verbales, la mémoire à court terme et la mémoire de travail qui stockent et gèrent dans le temps.

Une mauvaise maîtrise du langage va de ce fait engendrer des difficultés dans la construction du nombre et du calcul.

Pour contourner des difficultés langagières, on peut s'appuyer davantage sur la mémoire spatiale en utilisant par exemple des abaques comme en Asie, des files numériques, des tableaux de nombres…

Dans certaines langues, comme l'anglais, il est plus difficile de mettre en lien la forme verbale et la représentation analogique.

Représentation visuelle

La représentation en chiffres repose sur la compréhension du principe de numération de position.

Lorsque l'on utilise du matériel à manipuler comme des cubes, barres, plaques, il faut veiller à ce que le transcodage puisse se faire correctement et, dans certains cas, lorsqu'il y a dyspraxie et dyspraxie visuo-spatiale, la manipulation non guidée est parasitante : elle ne permet pas de comprendre la numération de position.

Élève de CM2, dictée de nombres	*Élève de CM1, pose d'opérations*
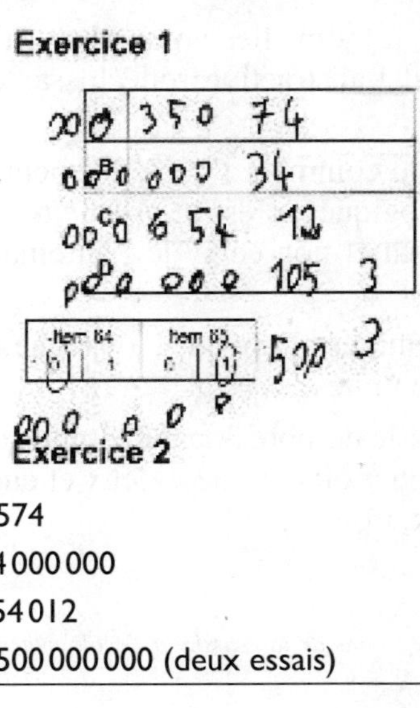 3574 34000000 654012 3500000000 (deux essais)	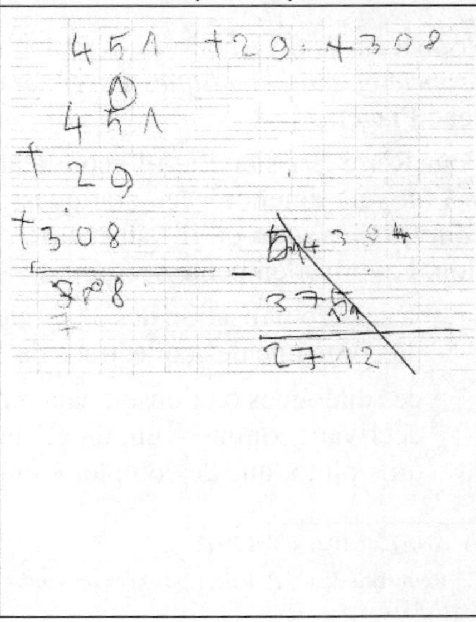

Rapport entre représentation analogique et représentation verbale

Il n'y a pas d'impact positif du verbal sur l'acquisition du nombre : les Japonais par exemple ne comptent jamais.

Les enfants dysphasiques avec de bonnes compétences analogiques peuvent construire le nombre sans verbaliser. Il suffit de leur proposer des tâches de jugement plus que de production.

Lorsqu'il faut additionner, il peut être intéressant de mettre le signe + d'abord pour indiquer quelle sera la procédure à employer, ce qui a un effet d'amorçage. Cela permet aussi de diminuer le coût cognitif du maintien en mémoire du premier nombre avant de savoir quelle procédure appliquer.

Rapport de la représentation analogique et des numéraux arabes

Elle est nécessaire et permet en plus d'améliorer le verbal.

Rapport du verbal et de la forme visuelle

Les erreurs peuvent être lexicales, syntaxiques et mixtes.

Après 1 000, les erreurs sont davantage dues à des problèmes de mémoire de travail.

Pour Jean-Paul Fisher[51], la dyscalculie serait moins liée au nombre qu'aux *propriétés mathématiques* en général dont l'abstraction réfléchissante de Jean Piaget.

Pour Rémi Brissiaud[52], à l'école maternelle comme à l'école élémentaire, si l'on veut améliorer les pratiques pédagogiques, c'est la *précocité de la conceptualisation* qu'il faut mettre en avant et non celle de l'automatisation. Favoriser en petite section :

- la conceptualisation des 3 premiers nombres plutôt que l'enseignement du comptage des collections de 5 ou 6 unités ;
- des dialogues où l'enseignant « parle » le nombre 3, par exemple, en le décrivant comme « un, un et encore un » ou comme « deux et encore un » plutôt que de compter « un, deux, trois » ;

51. ANAE n° 102, juillet 2002.

52. Rémi Brissiaud, *Premiers pas vers les maths – Les chemins de la réussite à l'école maternelle*, Retz, 2007.

• l'usage d'authentiques collections-témoins de 1, 2 ou 3 doigts (ces collections sont authentiques si, pour l'enfant, elles témoignent du nombre qu'il s'agit de communiquer par leur taille et non par leur configuration).

Numération

Principaux éléments de mathématiques

Écrire, nommer, comparer, ranger les nombres.

Thomas a des troubles langagiers similaires à ceux de Marie décrits précédemment : dyslexie/dysorthographie sévère à dominante phonologique avec des difficultés expressives à l'oral (lexique, syntaxe). Des difficultés d'attention et de mémoire (à court terme et de travail) sont aussi présentes.

Bilan logicomathématique

Lors de son deuxième CP, en mai, la comptine numérique est connue jusqu'à 33 et plus. Il sait surcompter, compte facilement à l'envers, par contre il ne sait pas compter de 2 en 2, ni de 10 en 10.

Il dénombre facilement une collection au moins jusqu'à 12 objets statiques. Il pointe chaque élément du doigt et utilise de bonnes stratégies spatiales. Il sait que le dernier mot-nombre énoncé représente la quantité d'éléments dénombrés. Par contre, il ne sait pas spontanément qu'il peut commencer par n'importe quel élément de la collection pour trouver le même nombre : il recompte.

Il compare facilement deux nombres arabes lorsqu'ils sont inférieurs à 100, mais il pense que 109 est plus grand que 180 et que 403 est plus grand que 420.

Il a du mal à distinguer auditivement des noms de nombres existants parmi des noms de nombres inventés, et la comparaison de nombres oraux est moins bonne qu'à l'écrit.

Il manipule correctement des bâtonnets pour réaliser des collections en regroupant par paquets de 10 pour les dizaines. Par contre, la notion de valeur avec la monnaie (billets de 10 euros et pièces de 1 euro) lui pose plus de problème. Il sait reconnaître le chiffre des unités et celui des dizaines, mais ne parvient pas à comprendre que dans 16, le 1 représente dix jetons et non un jeton. La notion d'unité est maîtrisée, pas celle de dizaine.

Lors des dictées de nombres, quelques nombres sont plus lents à être retrouvés, mais il peut les écrire, comme les lire, jusqu'à 30.

Les sériations et classifications numériques sont correctes, par contre la conservation est échouée : il pense qu'il y a plus d'objets lorsqu'ils sont espacés.

L'inclusion numérique est comprise. La décomposition additive est comprise plus difficilement.

Thomas connaît par cœur le résultat de certaines additions simples, pour d'autres, il surcompte sur ses doigts.

Il ne parvient pas à calculer des additions lacunaires ou des petites soustractions.

Lorsque les énoncés de problèmes, donnés oralement sont courts et simples, il n'a pas de difficulté à les résoudre ; s'ils sont longs et complexes, il a du mal à se souvenir des données, mais les situations sont comprises.

Le support verbal est pénalisant, alors que les supports visuels aident beaucoup Thomas.

En cours moyen, le calcul mental, comme le calcul réfléchi, sont très difficiles.

Thomas a toujours des difficultés en numération : il commettait encore en CM1 des confusions pour la lecture des 40/80 (et parfois même 14), des 60/70 et 80/90.

La lecture des grands nombres et la compréhension de la numération de position sont compliquées pour lui.

Les tables de multiplication sont difficiles à mémoriser.

Les techniques opératoires sont connues, sauf la division à plusieurs chiffres au diviseur.

Le sens de la division est encore flou.

Il travaille sur la représentation des situations mathématiques avec son orthophoniste (dessins, mimes...).

Le travail est correct en géométrie.

Du CP au CM2, situations d'apprentissage

1. La *suite orale des nombres* est mal maîtrisée.

• Il est gêné par les interruptions et segmente mal en mots-nombres (suite longtemps insécable pour lui)

• Il maîtrise mal les deux grands principes du système numérique oral français :

– la lexicalisation qui associe à une cardinalité une dénomination et une seule (jusqu'à seize, les dizaines de vingt à soixante, cent, mille, millions, milliards...) ;

– les règles combinatoires permettant d'élaborer une infinité de formulations complexes

◊ relations de type somme : soixante-dix = soixante + dix, dix-huit = dix + huit...

◊ relations de type produit : quatre-vingt = quatre x vingt, deux cents = deux x cent...

◊ relations de type somme et produit : quatre cent six.

Cela a bien sûr des conséquences sur le *dénombrement* et la notion de nombre ne peut se construire solidement.

En effet, les *cinq principes de Rochel Gelman* ne peuvent être respectés.

- *Bijection :* bien faire respecter la correspondance entre un mot-nombre et un élément.
- *Suite stable :* ordre de l'énonciation.
- *Principe de cardinalité :* le résultat final correspond au dernier mot prononcé, rapport entre l'ordinal et le cardinal…
- *Principe d'abstraction :* dénombrer des objets non strictement identiques.
- *Ordre indifférent :* quelle que soit la disposition adoptée, quel que soit le sens dans lequel a été parcourue une collection, les cardinaux ne changent pas à partir du moment où d'autres transformations n'ont pas été opérées.

Les deux composantes d'énonciation et de pointage ne sont pas autonomes (le déroulement de l'une supporte le déroulement de l'autre).

Le système de numération ne peut se construire correctement puisqu'il s'appuie sur :

- une bonne organisation temporo-spatiale ;
- la possibilité d'acquisition du nombre ;
- la possibilité d'accéder au symbolisme : la signification de la position des chiffres (à l'élément se substitue l'ensemble, élément à un niveau supérieur).

La découverte du nombre passe par la construction de quantités inférieures à 10 puis plus grandes, composées d'unités et de dizaines.

Aspect syntaxique de la numération

Les enfants français doivent apprendre par cœur la suite des dénominations jusqu'à 16.

Au-delà, le système devient plus régulier jusqu'à 69.

Ensuite, ils se trouvent défavorisés par rapport aux Belges ou Suisses romands puisque les dénominations verbales sont irrégulières à partir de 70.

Pour les élèves comme Thomas ayant des difficultés langagières, on peut conseiller *la méthode Tchou* de Rémi Brissiaud et le comptage à l'asiatique, ou encore les méthodes qu'utilisent les sourds profonds.

Lorsque Thomas écrit des nombres sous dictée, il commet des erreurs de type syntaxique (les éléments individuels sont corrects mais pas leur assemblage : deux cent quarante écrit 20040) mais aussi des erreurs lexicales (confusions phonétiques : 14 et 40 par exemple, substitutions de certains éléments : deux cent quarante écrit 340).

Les relations de produit sont mieux maîtrisées que les relations de somme : « cent deux » devient 1002, alors que « deux cents » n'entraîne pas d'erreurs du type 2100.

Ce constat est valable pour d'autres enfants de CP/CE1, mais il persiste chez Thomas.

Le zéro comme marqueur positionnel est une source importante de difficultés dans la production de nombres. Son rôle doit être longuement expliqué et illustré, et à Thomas encore plus qu'à d'autres.

Tous les zéros n'ont pas le même statut.

Le zéro « lexical » fait partie du transcodage d'une dizaine (trois cent vingt : 320).

Le zéro « syntaxique » dérive de l'application de règles syntaxiques de production (deux mille vingt-six : 2026).

Le premier suscite moins d'erreurs que le second.

La longueur des nombres pour le transcodage est facteur de difficultés, et cela d'autant plus que Thomas présente un déficit de mémoire auditive et de conscience phonologique.

Il a tendance à réduire la taille des nombres de 5 chiffres en omettant l'un ou l'autre chiffre, particulièrement le 0.

La différence entre 0 lexicaux et 0 syntaxiques est beaucoup plus marquée sur les nombres à 5 chiffres que les nombres à 4 chiffres.

- En plus des tableaux de nombres habituels, des tableaux du type suivant sont mis à la disposition de Thomas.

Les similitudes sonores sont mises en évidence par des couleurs afin de lui donner des repères visuels. Les surlignages permettent de guider la segmentation à l'intérieur du nom du nombre et d'attirer l'attention sur ce qui est trompeur (ex. 80 ne s'écrit pas avec un 4 et un 20).

zéro	0	dix	10		
un	1	onze	11		
deux	2	douze	12	vingt	20
trois	3	treize	13	trente	30
quatre	4	quatorze	14	quarante	40
cinq	5	quinze	15	cinquante	50

six	6	seize	16	soixante	60
sept	7	dix-sept	10 + 7 = 17	soixante-dix	60 + 10 = 70
huit	8	dix-huit	10 + 8 = 18	quatre-vingts	4 x 20 = 80
neuf	9	dix-neuf	10 + 9 = 19	quatre-vingt-dix	80 + 10 = 90

• Il a aussi toujours à sa disposition des **tableaux de nombres,** des **files numériques** pour désigner le nombre écrit correspondant à la quantité qu'il étudie et éviter de le nommer.

La construction des règles d'organisation du système décimal et l'accès au calcul ne doivent pas être perturbés par les ressemblances phonologiques entre les nombres.

Il est important d'associer aux nombres écrits des représentations symboliques, comme les boîtes et les jetons de *Picbille* chez Rémi Brissiaud, lorsque l'on parle de dizaines et d'unités, et de proposer des écritures additives à l'aide des groupements par 10.

14 = 10 + 4

40 = 10 + 10 + 10 + 10

La décomposition des nombres est à privilégier, comme le travail sur des collections organisées (dés, configurations de doigts…).

• Des tableaux pour l'aider à lire et à écrire les grands nombres lui sont également fournis.

MILLION(S) ⟶			MILLE ⟶					
Cent(s) ⟶	d	u	Cent(s) ⟶	d	u	Cent(s) ⟶	d	u

L'emplacement des mots million(s), mille et cent(s) est indiqué par une flèche afin de permettre une meilleure segmentation de la chaîne sonore. Ces mots doivent être compris comme des repères interrompant la chaîne sonore.

2. Du fait de son faible empan auditif, de son déficit de mémoire immédiate et de ses capacités attentionnelles réduites, Thomas ne peut se souvenir du nom des *nombres dictés* ou réaliser un *calcul mental*.

• Il est préférable d'écrire les calculs et d'inciter plutôt au calcul rapide qu'au calcul mental.

La **mémoire de travail** joue aussi un rôle non négligeable dans le processus de transcodage.

Pour les dizaines complexes, Thomas doit écrire le chiffre 7 alors qu'il traite « soixante » dans « soixante-dix » : il doit, d'une part, retenir la suite de mots présentée et, d'autre part, lors de l'écriture elle-même, produire un chiffre qui ne correspond pas à ce qu'il récapitule (produire 7 alors que le premier mot est soixante).

Chaque mot n'est pas transcrit tel quel : la particularité du système verbal met Thomas en situation d'interférence et il doit **inhiber** la production du (ou des) chiffre(s) correspondant(s) au mot traité, ce qui sollicite des ressources importantes, notamment en mémoire de travail.

Dans les tâches de transcodage, un numéral est à encoder et à maintenir dans un code, tandis que les règles de transformation sont appliquées pour produire le même nombre dans le code cible.

La mémoire de travail est impliquée à trois niveaux :

- pendant la phase d'encodage, pour maintenir le numéral verbal présenté pendant son traitement ;
- pendant la phase de traitement, pour superviser l'application des règles de transcodage ;
- pendant la phase de production, pour maintenir la représentation du numéral afin de le produire dans la forme attendue.

Plus la longueur du numéral augmente, plus les ressources nécessaires au stockage et au traitement augmentent.

3. Les *tables de multiplication* sont difficiles à mémoriser.
   - Il faut permettre l'utilisation de la calculette ou laisser les tables à disposition.
   - Il est préférable de les réciter dans l'ordre en insistant sur les repères 5 et 10.

La table d'addition n'a pas vraiment d'intérêt.

Il y a bien sûr aussi des répercussions sur la compréhension des énoncés et la résolution de problèmes.

Opérations

Principaux éléments de mathématiques

Utiliser les techniques opératoires des quatre opérations sur les nombres entiers.

Pose et algorithme de résolution.

Théo a un langage qui s'est développé normalement. Les premières difficultés sont signalées en grande section de maternelle au niveau du graphisme.

En élémentaire, il suit un CP puis deux CE1 et un CE2. La scolarité devient de plus en plus difficile, les apprentissages en lecture, écriture et mathématiques sont catastrophiques, une « phobie scolaire » s'installe.

La rééducation orthophonique a débuté en CE1 ainsi que des séances de psychomotricité.

Le frère aîné de Théo a été suivi pour des difficultés d'apprentissage globales.

Lorsque Théo est vu au centre de référence du CHU Bicêtre, les bilans mettent en évidence différents troubles :

- des difficultés modérées dans le domaine visuo-spatial, sur le plan de l'organisation spatiale en particulier, et une dysgraphie importante ;
- des difficultés importantes du langage écrit, une lecture déficitaire avec de nombreuses erreurs visuelles ;
- une dysorthographie importante ;
- des difficultés en mathématiques dans la lecture des nombres, le sens de la soustraction…

Théo présente un trouble complexe des apprentissages associant une dyslexie mixte (prédominance de la composante visuelle), une dysgraphie, une dyspraxie modérée et une dyscalculie.

Il intègre l'Unité du Kremlin-Bicêtre en cours d'année. Les premiers temps se passent assez bien, Théo se montre de plus en plus volontaire dans les activités proposées. Les réalisations sont fluctuantes, il a besoin d'être accompagné dans son travail, l'étayage est très important. La lecture progresse relativement bien, par contre la transcription reste extrêmement dysorthographique. Théo est très gêné en mathématiques notamment sur ses connaissances autour des nombres entiers, la pose d'opérations, le calcul mental…

En CM2, situations d'apprentissage

Le travail sur les nombres entiers est difficile compte tenu des difficultés de Théo concernant la numération de position. Les notions de centaines, dizaines et unités sont bien des termes connus mais leur réalité est relativement floue pour lui. L'identification des chiffres dans le nombre, leur place et leur valeur, le repérage de ceux-ci donnent une lecture, une écriture et un maniement approximatif.

Le retentissement sur le calcul opératoire est important. La pose des additions et des soustractions est problématique, la maîtrise des techniques opératoires incertaine.

Réponses, aides et adaptations

a. En classe, la *numération* est donc reprise au début en insistant sur la relation existant entre les chiffres dans le nombre, à savoir la base 10 permettant de passer des unités à la dizaine, puis des dizaines à la centaine. Ce travail s'appuie sur l'utilisation des **couleurs** classiquement utilisées : bleu pour les unités, rouge pour les dizaines et vert pour les centaines. Ainsi, à l'aide de surligneurs, Théo identifie chaque chiffre dans les nombres rencontrés. Le travail se fait également à l'aide de **matériel** permettant un minimum de manipulation : boîtes de Picbille, abaques et jetons de couleurs.

Comme cela a été dit précédemment, ces notions ne sont pas inconnues pour Théo, par contre les termes employés ne sont pas maîtrisés et les questions suivantes perturbent Théo : « Combien d'unités dans une dizaine ? Combien de dizaines dans ce nombre ? » **Les mots utilisés ici ne font pas écho aux notions mathématiques sous-jacentes.** Même si les notions sont simples, le langage est d'une certaine manière abstrait et demande une réflexion particulière pour Théo.

Les séances sont donc centrées sur l'apprentissage de la numération de position en faisant le plus de liens possibles avec la manipulation du vocabulaire associé. La **verbalisation** tient une place importante pour structurer ces apprentissages.

L'écriture ou la dictée de nombres se fait à l'aide de tableau présentant les unités, dizaines et centaines en colonnes avec le jeu de couleurs associées. Théo est gêné dans cette tâche car l'enchaînement des mots prononcés est source de confusions : cette séquence verbale doit être traitée dans son ensemble et mise en relation avec les différents chiffres du nombre et leur valeur.

Le travail se poursuit sur les nombres plus importants avec les notions de classes (des unités simples, des milliers, des millions…). De la même manière, les couleurs étayent les différents supports et travaux.

b. Dans le prolongement de ce travail sur les nombres entiers, les *techniques opératoires* sont travaillées en reprenant les aides proposées : emploi des couleurs, verbalisation, étayage pour l'écriture et la lecture…

La pose des opérations se fait à l'aide de supports particuliers : des **grilles** permettant d'accompagner les différentes phases du calcul.

Les centaines, dizaines et unités sont symbolisées par un c (vert), un d (rouge) et un u (bleu). Différentes cases sont grisées suivant l'emplacement des nombres, celui des retenues… La pose des opérations n'est pas fonctionnelle car Théo a des difficultés pour aligner les nombres, surtout quand ils sont de longueurs différentes. Cette difficulté est renforcée parce qu'il ne s'appuie pas sur la valeur de chaque chiffre. La grille formalise les notions de centaines, dizaines et unités avec le repérage des couleurs dans chaque colonne. Ce support guide la compréhension des différentes phases de la technique opératoire. L'apprentissage à l'aide du support induit les différentes actions à mener. Les couleurs, les cases plus ou moins grisées sont des points d'appui pour la verbalisation du travail à effectuer.

Le support créé à l'aide d'un traitement de texte est adaptable et modulable selon les besoins.

Les dimensions des cases sont suffisamment grandes pour faciliter l'écriture des nombres que Théo ne maîtrise pas tout à fait.

Certains **logiciels** peuvent également être utilisés, par exemple *Posop*.

Au fur et à mesure de la maîtrise des techniques opératoires, le support est progressivement allégé pour ne garder que les éléments de la technique en elle-même.

Mise en équation d'un problème, calcul littéral.

Des oublis et confusions de chiffres ou de signes peuvent se produire, pour y remédier, on peut proposer plusieurs aides.

• Des **aménagements visuels :** grossir les documents, espacer les chiffres et les nombres, mettre en évidence en surlignant avec un code couleur les signes, les deux termes d'une égalité, les nombres que l'on décompose ou recompose, afin de permettre encore un meilleur repérage spatial des termes les uns par rapport aux autres…

Quand il s'agit de transformer des écritures algébriques, toutes les étapes doivent être transcrites par écrit de façon à être visualisées et explicites, de façon également à créer des repères réguliers dans la façon de procéder.

• La **verbalisation systématique** pour accompagner les actions à accomplir, permettre une meilleure programmation des tâches, être plus vigilant : les élèves peuvent par exemple lire et se dicter les nombres ou les équations avant de les écrire. La virgule notamment doit être « dite » pour ne pas être oubliée, idem pour la barre d'une fraction.

La verbalisation permet aussi de différer une réponse et de mieux gérer l'impulsivité.

• L'utilisation d'une **calculatrice** et des **tables** afin que les élèves soient soulagés de certaines tâches et puissent se concentrer sur les procédures essentielles du travail à mener.

En collège, situation d'apprentissage

Expérience en classe de 4e et 3e avec des élèves profitant du dispositif ULIS.

Source : Académie de Strasbourg, groupe de recherche formation sur la dyslexie

Accompagner les élèves dyslexiques au sein d'une classe hétérogène

Livre collection Le Phare 4e p. 89

Les deux élèves dont on va parler ont reçu une formation pour la reconnaissance vocale.

Léa souffre de dyslexie sévère. Elle a été scolarisée deux ans dans le centre scolaire du Kremlin-Bicêtre. Elle est toujours suivie en orthophonie, d'une part pour le langage écrit, d'autre part pour le domaine logicomathématique.

Raphaël, dyslexique et dysgraphique, bénéficie du soutien d'un SESSAD avec rééducation en orthophonie et soutien scolaire.

Il va de soi que pour l'ensemble du travail, toutes les explications et aides stratégiques sont données **oralement** par l'enseignant. Chaque élève possède son **aide-mémoire** qui résume toutes les notions déjà étudiées, sous forme papier pour la classe et sous forme numérisée pour être lu par la synthèse vocale et mémorisé. Celui de Léa comporte un maximum de schémas car elle possède une mémoire visuelle performante.

Un jeu de cartes recto verso a été construit depuis l'entrée au collège pour mémoriser le vocabulaire, les figures, se faire des représentations mentales ou tout simplement apprendre les tables.

Dans le chapitre *Calcul littéral, équation,* il est demandé aux élèves de mettre un problème en équation pour le résoudre. Cela implique qu'ils doivent avoir assimilé le langage algébrique et son emploi pour résoudre un problème. C'est un processus long qui a commencé dès la classe de 6e.

Pierre et Saïd collectionnent les timbres.
« J'en possède 40 de plus que toi, dit Pierre. »
« J'en ai trois fois plus que toi, répond Saïd. »
Combien de timbres possède Pierre ?

La méthode de résolution du problème systématisée dans le livre en cinq étapes peut être incluse dans l'aide-mémoire.

Étape 1 : choix de l'inconnue.

Étape 2 : mise en équation du problème.

Étape 3 : résolution de l'équation.

Étape 4 : vérification du résultat.

Étape 5 : interprétation et conclusion.

<table>
<tr><th>Compétences sollicitées</th><th>Difficultés</th><th>Adaptations</th></tr>
<tr><td>Rechercher et extraire les informations utiles.</td><td>Repérage des informations pertinentes.
Organisation des données du problème.</td><td>Énoncé lu à voix haute plusieurs fois.
Surligner de couleurs différentes, souligner ou entourer les mots et nombres utiles.</td></tr>
<tr><td>Reformuler, traduire, coder, décoder.
Choisir l'opération qui convient au traitement de la situation étudiée.</td><td>Le vocabulaire mathématique utilisé (somme, différence, produit, quotient, carré, factoriser, réduire, développer) n'est pas assez explicite.</td><td>Jeu de cartes.
Entraînement intensif au changement de registre : passer du langage mathématique écrit et oralisé (avec vocabulaire mathématique) au codage et inversement.
Par exemple :<table><tr><td>La différence de 20 et de x</td><td>$20 - x$</td></tr><tr><td>Le carré de la somme de x et de 3</td><td>$(x + 3)^2$</td></tr></table></td></tr>
<tr><td>Choisir ce que représente l'inconnue.</td><td>Les lettres ont des sens différents selon les situations mathématiques : dans le cas précis, elles sont les inconnues.</td><td>Les colorer au surligneur.
Ce que l'on cherche doit être bien explicité, ce que l'on connaît aussi : « Désignons par x le nombre de timbres que possède Pierre. »</td></tr>
</table>

Conduire un calcul littéral simple.	Accumulation de symboles mathématiques. Organisation des calculs.	Aide-mémoire. Donner des procédures comme : • supprimer les parenthèses, puis colorer les positifs et les négatifs, additionner les positifs et les négatifs séparément ; • regrouper les semblables : les x^2 ensemble, les x ensemble et les nombres ensemble.
Présenter la démarche suivie et les résultats obtenus.	Présentation et lisibilité. Évaluation.	Compte tenu de la complexité des manœuvres dans le traitement de texte et du temps nécessaire pour taper un devoir de mathématiques, le parti a été pris de faire écrire les élèves. Raphaël est sollicité pour aérer son exercice, pour prendre le temps de former les signes. Bien sûr, un secrétaire peut écrire à sa place si c'est possible. On peut faire faire un travail de groupe : c'est un élève bon scripteur qui transcrit. En ULIS avec 1/3 temps.

Antoine a été maintenu en CP. Il a été suivi par le RASED deux années en CM1 et CM2.

En 6e, il entre en première année d'ULIS TA, avec inclusion dans toutes disciplines sauf en français (discipline dispensée par l'enseignant spécialisé sous le couvert pédagogique du professeur de français de la classe incluante).

Diagnostic : dyslexie et dysorthographie à prédominance phonologique.

Troubles associés : troubles attentionnels et anxiété.

Diagnostic posé par : une équipe pluridisciplinaire avec orthophoniste, neuropédiatre et neuropsychologue.

Évaluations d'entrée en 6e : non officielles puisqu'elles ne sont plus proposées aux élèves depuis la rentrée de septembre. Cependant, au sein de l'ULIS TA, elles sont proposées comme évaluations diagnostiques, mais aussi pour mettre en confiance les élèves dyslexiques compte-tenu des progrès réalisés du fait des aides courantes auxquelles ils auront droit tout au long de leur scolarité au collège : lecture orale des textes et consignes, simplification des consignes complexes, secrétariat, calculette pour les mathématiques, dictée aménagée, QCM, etc.

Résultats pour Antoine

Français sans aides : 24,57 %.

Français avec aides : 48,34 %.

Mathématiques sans aides : 32,76 %.

Mathématiques avec aides : 57,32 %.

Champ espace et géométrie sans aides : 40 %.

Champ espace et géométrie avec aides : 62,55 %.

Capacités

Grosse volonté de réussir. À l'entrée en ULIS, Antoine avait une perception de l'image de soi très négative, même si cela ne se ressentait pas systématiquement (certains élèves cachent leurs propres émotions pour ne pas susciter de commentaires désobligeants). Les élèves doivent lutter contre le regard de l'autre, les moqueries des camarades, l'impatience des parents. C'est cette impatience qu'il combat avant tout pour avoir la reconnaissance de certains membres de sa famille.

Bonne appréhension spatiale. Bonne mémorisation des logos, des signes pictographiques.

Difficultés

Il existe un déficit de la voie phonologique avec une correspondance altérée entre graphèmes (les lettres) et phonèmes (les sons).

L'analyse des sons est erronée par défaut des automatismes qui font correspondre les signes écrits avec les sons. Le déchiffrage se ralentit au fur et à mesure de la progression dans le texte.

Antoine utilise la voie lexicale (globale) mais l'utilise souvent mal (approximation visuelle). Il est capable de mémoriser de nombreux mots réguliers et irréguliers (il pourra lire « oignon » s'il l'a déjà rencontré et mémorisé) mais confond fréquemment des mots aux patrons proches (roule/route).

Il a encore des difficultés pour lire seul les mots nouveaux ou les noms propres, car ils ne correspondent à aucune « photographie » de mot déjà inscrit dans son lexique visuel en mémoire. Il lira difficilement des mots composés de syllabes simples mais peu fréquents dans la langue.

En orthographe, les règles de conversion phonético-graphémique ne sont pas complètement ou tout du moins automatiquement maîtrisées. La voie lexicale est relativement préservée et permet l'acquisition du lexique orthographique de sortie correspondant aux mots réguliers et irréguliers connus en global.

L'accès à l'automatisation reste déficitaire : trouble de la mémoire de travail, du déficit phonologique, de la méconnaissance des caractères morphosyntaxiques de la langue écrite, peu d'accès à une lecture courante et pratique très réduite de l'orthographe.

La dysorthographie grammaticale est toujours observée alors que les règles de grammaire sont connues, mais non automatisées et non généralisées.

En collège, situations d'apprentissage

En mathématiques, les difficultés semblent directement corrélées aux difficultés de lecture, et en règle générale de l'écrit.

Principes pour Antoine :

- respecter les programmes ;
- exiger d'Antoine de tirer profit au maximum de ses capacités ;
- respecter l'idée fondamentale qu'Antoine a le droit aux mêmes apprentissages que les autres en termes de contenu (littérature, règles de la langue, culture mathématique…) ;
- contourner ses difficultés en utilisant des outils spécifiques et adaptés ;
- proposer et utiliser de manière efficace et effective de nouvelles compensations adaptées aux exigences du collège.

Réponses, aides et adaptations

a. La copie et l'adaptation des documents

La pratique de l'écrit, en termes graphiques, est une exigence dans les apprentissages scolaires, exigence qui s'amplifie au fil des années dans le cursus du secondaire. La lenteur et la pénibilité de la prise de notes en cours sont des constantes chez l'élève dyslexique. La dysgraphie est un trouble de l'écriture fréquemment rencontré chez l'élève présentant une dyslexie. La transcription écrite est souvent lente, irrégulière, hésitante. Ce trouble est dû à des problèmes de psychomotricité fine et d'orientation dans l'espace (tracés maladroits, lettres mal disposées ou mal orientées sur la ligne, mal formées, parfois méconnaissables, jambages exagérés, espaces anormaux, ratures très fréquentes…).

Écrire et copier lui demandent donc des dépenses cognitives plus élevées qu'un élève ne présentant pas de dysfonctionnement spécifique, une fatigabilité évidente s'installant rapidement du fait des automatismes non acquis des règles de l'écrit, et ceci au détriment non seulement de la concentration, mais également de la relecture des notes dans le temps. En effet, le transfert des informations est perturbé par des erreurs d'orthographe lexicale ou grammaticale, par des confusions visuelles, des substitutions syllabiques, une qualité scripturale dysgraphique et bien d'autres anomalies rendant l'accès à son propre écrit interdit ou une relecture incompréhensible par l'enfant lui-même ou ses parents.

Il faut donc pallier un découragement toujours observé face à l'écrit. Antoine est anxieux de par les conséquences sociales de sa dyslexie, et les adaptations lui sont complètement nécessaires.

Copier à la place de l'élève les leçons quand un document n'est pas mis à la disposition par le professeur et si le nombre d'élèves dyslexiques est peu élevé dans la classe est possible. Cela suppose la présence d'un AVS i, d'un AVS co, d'un tuteur, d'une présence adulte. Cependant, on constate souvent une **baisse d'attention** en cours par dispersion de l'esprit sur tous les éléments de distraction de la classe. Antoine est très sensible à cet aspect. Certains profitent également très vite du système de la présence adulte pour se décharger de toute forme d'effort.

Certains élèves refusent les adaptations et veulent à tout prix copier eux-mêmes (estime de soi, regard de l'autre) et n'admettent pas l'idée de la situation d'inattention à l'essentiel que cela engendre chez eux, due aux dépenses cognitives liées à l'écriture. Il résulte à chaque fois des découpages arbitraires de mots, des substitutions, inversions de syllabes, etc. L'aide consistera alors à leur proposer la photocopie d'un camarade pour s'assurer d'une orthographe correcte.

Dans une situation d'autonomie de **prise de notes** en cours, il est souhaitable qu'un document préparé et adapté par l'enseignant soit proposé sous forme de textes à trous où les mots-clés sont à noter par l'élève. Cela impose à l'élève de rester attentif au cursus du cours et de ne copier que le strict nécessaire sans pour autant l'épuiser cognitivement en termes de restitution de l'écrit (voir l'exemple en géométrie). C'est une pratique qui a fait ses preuves et qui peut se généraliser dans toutes les disciplines. C'est la pratique choisie pour Antoine.

Chaque mot nouveau, y compris les mots géométriques, peut être renforcé et engrammé en utilisant la technique de Horn adaptée par l'enseignant spécialisé du collège. Elle permet une meilleure restitution lexicale (orale et écrite) pour les élèves qui souhaitent à tout prix écrire les propriétés, définitions et théorèmes en géométrie.

b. Technique de Horn adaptée

Les étapes suivantes favorisent l'acquisition d'un stock lexical indispensable à la communication écrite. La technique mise en place ci-dessous est inspirée de *la technique de Horn*, citée par Linda Allal [53], qui s'inscrit dans une approche qui privilégie des techniques de mémorisation systématique, lesquelles visent la constitution d'un stock de mots écrits (lexique orthographique) accessibles directement par adressage (traitement orthographique). Elle tente de **favoriser le développement de l'orthographe lexicale** (traitement orthographique ou procédure lexicale).

- *Écouter* le mot ou l'expression enregistrée ou prononcée par un tiers.
- *Répéter* le mot.
- Fermer les yeux et se faire une *image mentale* dans la tête : associer le mot à sa représentation (voir évaluations de géométrie).
- *Examiner* (lire posément) le mot ou l'expression dans la marge sur le cahier de copie en les prononçant *globalement*.
- Puis dire chaque lettre du mot dans l'ordre : *repérage visuel* permettant de différencier les graphies proches.
- Visualiser le mot mentalement : *évocation visuelle*.
- Puis l'*épeler* mentalement en cachant le mot.
- Puis l'*écrire* avec le doigt sur la feuille (« écriture mentale »). Éventuellement, dans un premier temps, l'écrire avec le doigt sur du sable puis effacer ou sur la buée d'une fenêtre et laisser disparaître à la chaleur.
- *Vérifier* le résultat à partir du mot écrit mentalement.

53. Linda Allal, « Acquisition de l'orthographe en situation de classe », in Laurence Rieben, Michel Fayol & Charles Perfetti, *Des orthographes et leur acquisition,* Delachaux & Niestlé, 1997, p. 181-203.

• Enfin *écrire* le mot au crayon sur la feuille.
• *Vérifier* le résultat.
• Répéter les étapes précédentes dans le cas où le mot ne serait pas correctement orthographié.
• S'approprier une dernière lecture des mots ou expressions.
• Terminer par une *dictée* de mots, d'expressions, de phrases.

L'objectif de cette démarche est de s'approprier une lecture **globale du mot** dans la mesure où l'accès du déchiffrage par la combinatoire est foncièrement impossible.

Géométrie et évaluations

Antoine a aujourd'hui la possibilité de transcrire les propriétés et théorèmes par le **dessin.**

Un glossaire a été produit par l'enseignant spécialisé et les professeurs de mathématiques.

☞ *Voir annexe 8.*

La condition est que les codages proposés soient cohérents et n'oublient pas le lexique et la syntaxe exigés.

Exemple

Propriété : *Si un triangle est isocèle, alors les angles à la base ont même mesure.*

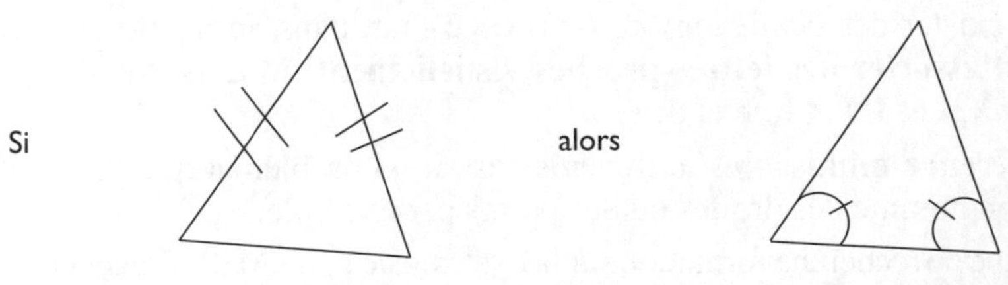

Il est envisagé également qu'au moment d'une évaluation en classe sous forme d'interrogation écrite, de devoir surveillé ou de contrôle, Antoine soit autorisé à exprimer cette propriété sous forme de mots écrits, sous la dictée à l'adulte ou sous cette forme dessinée. La seule exigence des professeurs est la lisibilité précise tant au niveau du lexique (même mal orthographié) qu'au niveau de la syntaxe.

Remarque

Cette technique sera autorisée lors de l'examen du DNB (Diplôme national du brevet). Un élève qui reproduit avec exactitude cette phrase dessinée se verra produit la phrase écrite par l'examinateur qu'il pourra recopier sur sa copie.

Au final, après deux trimestres de pratique, Antoine emploie une certaine mixité dans ses productions.

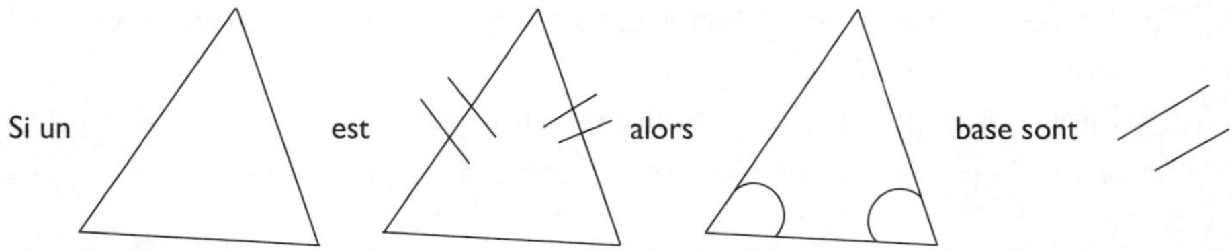

À ce stade de l'appropriation de la compensation, il y a encore un mélange de dessins et de mots, ce qui est constamment observé depuis la mise en place de cette démarche chez les élèves dyslexiques.

Si le lexique dessiné est complètement lisible bien que non adapté à la réponse attendue, la syntaxe est perturbée par une complexification. Ceci est courant dans la mesure où le code demandé par les professeurs de mathématiques et l'enseignant spécialisé est avant tout un « nouveau langage » qu'il convient de s'approprier.

Cependant, dans cette production d'Antoine, tout est présent, et l'évaluation est considérée comme réussie.

Cette écriture permet avant tout de préparer Antoine (et les autres élèves) à toutes les évaluations qui lui seront proposées, y compris lors du DNB. Il aura le choix entre le texte écrit, le dessin, le secrétariat à l'adulte. L'essentiel est de montrer qu'il connaît la réponse attendue.

Autres difficultés et remédiations en géométrie

Il peut exister des *confusions de lettres :* il faut, dans un même exercice, **éviter d'associer des lettres proches visuellement** (M et N, m et n, V et U, W et V, I et J, I et L, b et d…).

La **différence minuscules/majuscules** est aussi problématique : attention quand on nomme des droites ou des points par exemple.

Le groupe de recherche formation sur la dyslexie de l'IUFM d'Alsace propose de **donner aux polygones des noms d'objets :** BOA, CAR, BUS, CHAT…

La mémorisation du *vocabulaire* est difficile et l'on peut mettre à disposition des élèves un **lexique illustré** *(voir annexe 9)*. La constitution de jeu de cartes associant le mot et sa définition peut permettre de stimuler régulièrement la mémoire et cela dans toutes les matières.

Donner un **schéma de démonstration** (avec toujours les mêmes mots-clés d'introduction) est important : les données, la propriété ou le théorème utilisé, la conclusion. Les fiches méthodes proposant des procédures à dérouler sont un guide précieux pour nos élèves.

Pour les démonstrations à plusieurs étapes, des schémas déductifs ou réseaux pourront être proposés.

L'utilisation de **logiciels de géométrie dynamique** comme *Géogébra* est intéressante pour des élèves ayant du mal à réaliser des figures géométriques correctes du fait, soit d'une maladresse gestuelle, soit de difficultés visuo-spatiales. Mais ce logiciel permet aussi à des élèves avec des problèmes langagiers de visualiser et de planifier un programme de tracé : il est nécessaire de donner un support verbal aux différentes actions, support qui sera immédiatement visualisable par l'animation des constructions. Avec sa fonction trace, il permet de suivre la procédure de l'élève.

Résoudre des problèmes

Principaux éléments de mathématiques

□□ *Résoudre des problèmes relevant des quatre opérations, de la proportionnalité, et faisant intervenir différents objets mathématiques : nombres, mesures, « règle de trois », figures géométriques, schémas.*

Raisonner logiquement, pratiquer la déduction, démontrer.

Communiquer, à l'écrit comme à l'oral, en utilisant un langage mathématique adapté.

À tous les niveaux et de façon transversale

La résolution de problèmes occupe une place centrale dans la scolarité, comme le précisent les Instructions officielles. Il s'agit à la fois de rechercher et de construire des savoirs.

De plus, **de nombreuses conceptions du fonctionnement cognitif s'appuient sur l'analyse de la résolution de problèmes.**

Il s'avère que les difficultés essentielles des activités de résolution de problèmes arithmétiques ne résident pas principalement dans le traitement des opérations, mais dans la compréhension des énoncés et dans la mise en relation de la compréhension avec les procédures de résolution.

Différentes causes peuvent être à l'origine de ces difficultés :

- erreurs de lecture ;
- incompréhension du langage utilisé ;
- mauvaise organisation temporo-spatiale ;
- oublis, inversions de données ;
- absence de représentation mentale de la situation (l'enfant ne s'imagine pas ou mal l'action, l'énoncé reste une suite de mots, de phrases) ;
- confusion entre « ce qu'on connaît » et « ce qu'on cherche ».

Il est facile de constater que les enfants porteurs de Troubles spécifiques des apprentissages, de par leurs difficultés spécifiques, se trouveront particulièrement désavantagés pour résoudre des problèmes, activité réunissant tous les obstacles.

Plusieurs étapes sont nécessaires au raisonnement mathématique :

- compréhension ;
- sélection d'une stratégie de résolution appropriée ;
- exécution d'un plan de résolution.

Un trouble de la résolution de problèmes peut résulter de difficultés à chacune de ces étapes et révéler des déficits de natures diverses.

Compréhension de l'énoncé

Il faut amener l'enfant à réfléchir et fixer son attention sur le texte.

Le langage des énoncés n'est pas le langage courant, il faut le faire sien.

De plus, certains mots, pris isolément, peuvent induire des opérations qui ne sont pas adéquates. Le langage quotidien (ex. gagner/perdre) peut évoquer le contraire du langage arithmétique.

On pourra se référer aux travaux et logiciels d'Alain Ménissier, orthophoniste, sur langage et cognition mathématique : *alain.menissier@wanadoo.fr*

Un problème peut s'énoncer sous différentes formes et certaines présentations aideront, mieux que d'autres, à s'approprier une situation-problème.

De nombreuses recherches montrent que les résultats s'améliorent :

- lorsque l'ordre de présentation correspond à l'ordre chronologique ;
- en fonction de la localisation de la question.

Souvent l'enfant ne cherche pas à ordonner logiquement les données numériques, mais s'en sert suivant l'ordre de présentation.

Faire prendre conscience de ce qu'est un problème, c'est mettre en évidence sa composition et son tout, c'est amener l'enfant à distinguer les éléments, séparer ce qui est « données » et ce qui est « question », faire l'inventaire des notions diverses…

Une **grille de données** peut être constituée pour rendre l'énoncé clair, et immédiatement compréhensible. Si les éléments du texte sont bien distingués, ils seront plus facilement intégrables et mieux conservés.

Cette aide à la prise d'information doit être apportée pour que le texte du problème soit compris, ce qui est valable pour tous les élèves, mais ce qui est absolument indispensable pour les élèves qui présentent un Trouble spécifique du langage, surtout les élèves dysphasiques. Cela nécessite une analyse précise en amont des énoncés verbaux qui repose sur des connaissances linguistiques que la simple lecture ne suffit pas à apporter : cela peut conduire à une reformulation du texte de l'énoncé.

Il est nécessaire :

- d'apporter des aides pour permettre de mieux segmenter les phrases : transformation en phrases simples (ne pas hésiter à faire des répétitions et à enlever les pronoms), repérage des groupes de mots (avec surlignage des mots importants, utilisation de couleurs, mise en page et typographie facilitantes : gras, sauts de ligne, pas d'italique...) ;

- de mettre en évidence (ou réintroduire) les indications temporelles : locutions adverbiales (avant/après, au début/à la fin, hier/aujourd'hui, d'abord/ensuite...) et temps des verbes (passé, présent, futur) afin de distinguer les états initiaux et finaux ;
- d'identifier correctement (ou réintroduire) les connecteurs logiques (causalité, finalité, condition...) et les termes de mise en relation d'éléments (de plus/de moins, la moitié/le double...) ;
- de distinguer verbes d'état et verbes d'action afin de mieux comprendre quand il s'agit d'une transformation. La compréhension des couples gagner/perdre, augmenter/diminuer, acheter/vendre... est importante ;
- d'éviter l'emploi de la voix passive ;
- de distinguer les types de questions ou d'injonctions (verbes à l'infinitif, à l'impératif) ;
- de vérifier les connaissances lexicales et les connaissances factuelles reposant sur les notions de catégorie (comme savoir par exemple qu'un canard est un oiseau, et que tous les oiseaux ne sont pas des canards, qu'une rose est une fleur, qu'un bouquet est constitué de fleurs, que la largeur et la longueur sont des dimensions...) ;
- de faire attention aux confusions sémantiques, aux homonymes ou aux expressions figurées ;
- d'apporter des supports variés pour soutenir la mémorisation de l'énoncé : schémas, tableaux...

Par contre, si les difficultés ne sont pas langagières, la figuration d'un énoncé de problème n'est pas du tout une aide et peut même être un obstacle. On s'appuiera au contraire sur le langage et ce qu'Alain Crouail appelle le « conte guidé »[54].

Exemples d'énoncés de problème

a. Énoncé initial : évaluations nationales CE1

Pierre, Gisèle et Kévin veulent acheter des bandes dessinées qui coûtent 7 euros chacune.

Voici le montant de leurs économies.
– Pierre a un billet de 5 euros, trois pièces de 1 euro et une pièce de 2 euros.
– Giselle a un billet de 10 euros.
– Kévin a un billet de 5 euros.

54. Alain Crouail, *Rééduquer dyscalculie et dyspraxie,* Masson, 2009.

En réunissant toutes leurs économies, ils achètent 3 bandes dessinées. Combien d'argent reste-t-il ?

☺ *Écris tes recherches et tes calculs dans le premier cadre, et ta réponse dans le deuxième cadre.*

• *Énoncé aménagé*

☞ Voir le cahier couleurs

Pierre, Gisèle et Kévin
veulent acheter
des bandes dessinées.

Chaque bande dessinée
coûte 7 euros.

Voici leurs économies :
– Pierre a un billet de 5 euros, trois pièces de 1 euro et une pièce de 2 euros.
– Giselle a un billet de 10 euros.
– Kévin a un billet de 5 euros.

Ils **réunissent**
toutes leurs économies,

et ils achètent
3 bandes dessinées.

Question

Combien d'argent **reste**-t-il ?

☺ Dans le cadre, écris tes recherches
et fais tes calculs.

☺ Écris ta réponse.

....

b. Énoncé initial : évaluations nationales CM2

Un spectacle musical avec cinq artistes est proposé au directeur d'une école. Il faut payer les artistes 50 euros chacun. Il faut aussi payer leur déplacement, soit deux cents euros au total. Il n'y a pas d'autres frais.

L'association de parents d'élèves donne une aide de 110 euros et la mairie accorde une autre aide de 240 euros.

Si les 102 élèves de cette école assistent au spectacle, quelle participation financière pourrait être demandée à chaque élève pour payer la dépense restante ?

Réponse : la participation financière de chaque élève pourrait être de…

Explique ton raisonnement :

....

Fais tes calculs ici.

• *Énoncé aménagé*

☞ Voir le cahier couleurs

Un spectacle musical
avec cinq artistes
est proposé
au directeur d'une école.

Chaque artiste
est payé
50 euros.

Il faut **aussi** payer
leur déplacement.
Le déplacement coûte
deux cents euros
au total.

Il n'y a pas d'autres frais.
L'association de parents d'élèves
donne
une **aide** de 110 euros.
Et la mairie
donne
une **autre aide** de 240 euros.

102 élèves de cette école
assistent au spectacle.

Question

Pour payer le **reste** des frais
combien chaque élève
doit-il payer ?
Explique ton raisonnement :

....

Fais tes calculs ici.

Donne la réponse :
Chaque élève va payer ....

Représentation du problème

Il s'agit de rendre concret le problème pour l'enfant, et cela en passant ou non par un schéma, suivant ses compétences. Une représentation cohérente du problème sous forme de modèle mental doit pouvoir se forger.

Quand l'enfant avec un Trouble spécifique du langage ne comprend pas la structure d'un texte, ne se représente pas concrètement l'action indiquée, on peut recourir à des éléments plus familiers sur lesquels il pourra agir (utilisation d'objets, de jetons, de dessins, mise en scène…) et surtout on peut utiliser des schémas simplifiés ou présenter la situation sous forme d'un diagramme fléché.

« Pour aider les élèves dysphasiques à identifier des catégories de problèmes qui peuvent leur servir de référence face à un problème dont le modèle ne leur est pas connu, on va chercher à leur donner des repères d'ordre structurel qu'on leur représentera sous forme visuelle à l'aide de schémas (…). Les représentations schématiques sont des moyens pour aider les élèves dysphasiques à identifier et à différencier les diverses sortes de relations et donc les différents raisonnements possibles. **Les schémas visualisent les différentes structures et leurs caractéristiques** aidant ainsi les élèves à appréhender globalement les situations, sans faire appel uniquement à des repères d'ordre linguistique. Par la simplification des situations qu'ils opèrent, les représentations schématiques favorisent la sélection de l'information pertinente et seulement celle-là tout en représentant les différentes étapes du raisonnement. »[55]

Il s'agit de

- Mettre en évidence la structure mathématique du problème : voir la typologie des problèmes de Gérard Vergnaud[56].
- Permettre de choisir la ou les opérations à effectuer.

Addition : réunion de deux ou plusieurs parties, on recherche le tout. Notion d'inclusion : schématiser les relations parties et tout.

Soustraction : on recherche la valeur d'une partie quand on connaît la valeur du tout et l'autre partie complémentaire.

Multiplication : réunion de parties égales, on a un certain nombre de fois la même chose, on recherche le tout.

Division : partage d'un ensemble en parts égales.

- On connaît le tout et le nombre de parts, on recherche le nombre d'éléments par part.
- On connaît le tout et le nombre d'éléments par part, on recherche le nombre de parts.

- Construire un raisonnement en établissant des liens entre hypothèse et conclusion.
- Développer les capacités d'abstraction et de généralisation.

Si l'enfant repère dès le début de l'énoncé, la catégorie à laquelle appartient le problème, il pourra sélectionner et activer en mémoire à long terme le schéma élaboré sur des expériences antérieures.

Pour les enfants porteurs de TSL en particulier, en fonction des différents types de problèmes, ce sont les caractéristiques formelles des différents textes d'énoncés, qu'il est important de mettre en évidence.

55. Françoise Duquesne, *« Quelques pistes pour mieux appréhender les difficultés d'apprentissages mathématiques des enfants dysphasiques »*, CD-Rom *Les troubles spécifiques du langage oral et écrit*, éditeur : Centre National d'Études et de Formation pour l'Enfance.

56. Gérard Vergnaud, *Résolution de problèmes, cycle 3,* Nathan, 2001.

Exemples d'activités proposées par Françoise Duquesne

Partir d'un problème déjà résolu pour faire subir différentes variations à son énoncé. On peut « jouer » à diversifier son contexte pragmatique, son scénario, les nombres en jeu, l'ordre dans lequel sont présentées les données, la structuration du texte… On peut aussi proposer de changer la forme de présentation des informations en utilisant un autre support, un tableau, un schéma, un dessin, ou un graphique et en leur apprenant à passer d'une modalité à l'autre.

On peut fournir aux élèves des énoncés dont une partie manquante doit être complétée : la question ou une donnée doivent être retrouvées en liaison avec la solution.

Des situations différentes peuvent apporter les mêmes résultats et c'est cette variété des situations qui permet de construire solidement les concepts mathématiques.

Une même stratégie peut être employée pour plusieurs situations différentes, et plusieurs stratégies peuvent être utilisées pour résoudre une seule situation. C'est ce qui conduit à l'abstraction et la conceptualisation des opérations. Rémi Brissiaud appelle cela le niveau 2 dans la résolution de problèmes qui s'appuie alors sur l'arithmétique et non plus sur le langage courant.

Résolution

Sélection d'une stratégie de résolution appropriée

Résoudre un problème, ce n'est pas seulement faire une opération avec les nombres qui figurent dans l'énoncé : les additionner, les soustraire, les multiplier ou les diviser sans savoir pourquoi. Ce n'est pas non plus reconnaître l'opération nécessaire par automatisme sans pouvoir fournir d'explication et sans saisir les rapports logiques entre les données.

Dans un problème, la solution n'est pas disponible dans l'énoncé, elle doit être construite mentalement. L'enfant doit donc élaborer une représentation de la tâche à effectuer et choisir l'opération-outil.

Il doit pour cela :

- repérer la pertinence ou l'insignifiance des informations de l'énoncé-problème : inhibition des données de type distracteur (intervention des fonctions exécutives) ;
- effectuer des relations entre les éléments de départ et le ou les sous-buts recherchés ;

- trouver s'il s'agit d'une transformation, d'une réunion ou d'une comparaison : connaissances mathématiques (sens et techniques opératoires) ;
- formuler des hypothèses ou chercher à résoudre des sous-buts.

La confrontation entre résultats produits et buts recherchés pourra permettre des ajustements, réorientations…

Résoudre un problème, c'est aussi être capable d'évaluer le résultat de son action.

L'élaboration de stratégies de résolution sera appropriée ou non selon l'étendue des connaissances antérieures de l'enfant : celles-ci peuvent être envisagées selon un double aspect :

- le déroulement des actions ;
- le résultat des actions (l'enfant doit pouvoir anticiper ce résultat afin de choisir l'action adéquate).

À chaque étape du traitement, un contrôle reste nécessaire pour vérifier l'ordonnancement correct des actions et la bonne adéquation entre les moyens et les conséquences de l'utilisation de ces moyens.

Le composant sémantique intervient dans la comparaison des quantités, dans l'intégration des problèmes (constitution de schémas) et dans la planification des actions.

Le composant mnésique intervient dans tout déroulement de l'activité de résolution : ordonnancement des actions, traitement séquentiel, exécution de calculs réfléchis…

La mémoire de travail permet d'effectuer des tâches nécessitant la coordination de deux activités.

Il faut être attentif au décrochage attentionnel.

Pour les enfants dont nous parlons, il sera souvent nécessaire de leur indiquer le nombre d'étapes afin de les aider à planifier et gérer leur impulsivité : étayage et séquençage des tâches.

Restitution

Le raisonnement doit être restitué en notant le plus explicitement possible toutes les étapes.

On peut fournir une aide :

- dans la programmation des étapes lors de la résolution ;
- dans la formulation et l'utilisation des symboles mathématiques.

Résumé des objectifs de travail en résolution de problèmes

- Développer les cadres logiques indispensables permettant en particulier la constitution de classes ou types de situations (travail à partir du jeu du portrait par exemple).
- Permettre de mieux percevoir les continuités et les changements.
- Inciter à réfléchir sur le texte, le langage utilisé, en contournant les difficultés langagières qui nuisent aux capacités de sélection des éléments pertinents, au repérage des similitudes et des invariants (car il y a focalisation sur les différences) et aux possibilités de généralisation.
- Envisager tous les points de vue d'une situation mathématique.
- Multiplier les problèmes à plusieurs résolutions possibles, avec stratégies identiques ou nouvelles.
- Évoquer la situation, s'en construire un modèle mental.
- Expliquer le pourquoi des actions et des opérations.
- Ne pas oublier que le travail en groupe est très porteur dans ce type d'activité.

Culture scientifique et technologique

Pour tenir compte des difficultés des élèves affectés par un Trouble spécifique du langage, il faut avoir en tête que pour eux :

- un mot ne peut avoir deux sens différents ;
- deux mots ne peuvent avoir le même sens.

Or les mots leur tendent des pièges puisque selon la discipline enseignée, ils changent radicalement de sens.

Dans le langage courant

Un **objet,** c'est quelque chose qu'on peut toucher ou entendre ou sentir ou goûter. Mais surtout quelque chose qu'on peut *voir.*
Par exemple : un crayon, une maison, un tournevis, un arbre, etc.

En français

Un complément d'**objet** se trouve toujours avec un verbe. Il répond à la question « quoi ? »
Par exemple : le chasseur tue un renne avec sa flèche.
Le chasseur a tué quoi ? Il a tué *un renne.*

C. Objet

Être est un verbe (ou un auxiliaire) qui se conjugue.
Par exemple : je *suis* jeune, tu *seras* le premier, les élèves *sont* en 301, les vacances *ont été* très courtes.

En sciences de la vie et de la terre

Un **être** vivant, c'est quelque chose qui *existe* et qui est *vivant.*
Par exemple : les végétaux (les plantes et les champignons, etc.) et les animaux (les hommes, les chiens, les araignées…).
C'est aussi tout ce qui vient d'un être vivant comme les plumes, les poils, les feuilles mortes…

Un **objet** naturel, c'est ce qu'on trouve dans la nature.
Par exemple : un animal, un silex, un arbre, une feuille morte, une personne, etc.

En technologie

Un **objet** technique, c'est quelque chose qui a été fabriqué, transformé avec ce qu'on a trouvé dans la nature. En plus, il doit servir à quelque chose, il doit être utile, il doit permettre aux personnes de mieux vivre.
Par exemple : la pointe d'une flèche est un objet technique.
L'homme a transformé un silex en pointe de flèche. Il s'en sert pour tuer des animaux et se nourrir avec la viande.
Il a aussi fabriqué une sorte de couteau qui coupe avec un autre silex. Il peut s'en servir pour couper la viande et se nourrir.

Il faut insister sur la polysémie, les synonymes et donner l'origine étymologique des mots en s'appuyant sur les aspects morphologiques. Bien sûr, les affichages de la classe et les lexiques personnels avec illustration sont très importants.

Le vocabulaire des *sciences de la vie et de la terre* et de la *physique-chimie* impose des mots nouveaux complexes (chlorophylle, diaphragme, ampèremètre…) et un accès aux catégories abstraites.

Les difficultés mnésiques freinent l'assimilation des mots mais aussi des symboles spécifiques, des formules et des schémas (schémas d'autant plus difficiles à comprendre si l'appréhension de l'espace est déficitaire).

Même situation en *technologie* où l'on travaille en trois dimensions, où la maladresse manuelle, les difficultés d'organisation et de planification peuvent compliquer la tâche.

Killian est atteint d'un Trouble spécifique du langage oral sur les deux versants : expressif et réceptif, avec cependant de meilleures capacités en compréhension. Le stock lexical passif est très faible et Killian présente un trouble de la compréhension morphosyntaxique, un trouble phonologique et de l'encodage morphosyntaxique.

Il est cependant tout à fait dans la communication. Il est la plupart du temps intelligible, mais parfois peu informatif. Le discours est dyssyntaxique avec de nombreuses paraphasies phonémiques et sémantiques. Il a aussi des difficultés en mémoire de travail auditive (boucle audio-phonatoire déficitaire).

En lecture, il n'accède pas seul au sens d'un texte et la transcription est très déficitaire avec de nombreuses confusions de sons : il est souvent indéchiffrable. Par contre, en mathématiques, les résultats sont bons lorsque les obstacles linguistiques sont levés.

Il bénéficie de trois séances d'orthophonie par semaine.

Malgré la sévérité de son trouble oral et écrit, il a gardé la volonté de réussir et il a pu être maintenu en classe ordinaire en primaire, avec la présence à temps partiel d'un AVS depuis le CM1 et le soutien d'un professeur-ressource. Il sera orienté en ULIS en collège, car l'accompagnement individuel ne suffit plus pour aménager au mieux sa scolarité et il commence à stagner dans sa progression. Du matériel informatique a été attribué.

Exemple de leçon de CM2 adaptée

Culture scientifique et technologique

☞ Voir le cahier couleurs

Leçon originale	*Leçon adaptée*
La **mastication** est la première étape de la digestion. Dans la **bouche,** les aliments sont broyés et mélangés à la salive. Cette bouillie, appelée le **bol alimentaire** est avalée, c'est la **déglutition.** Après son passage dans l'**œsophage,** les aliments sont **brassés** dans l'**estomac.** Après 2 à 4 heures de séjour dans l'estomac, le bol alimentaire est modifié. Il est devenu complètement liquide. Le mélange est transféré dans l'**intestin grêle,** les sucs digestifs agissent pour transformer les aliments en éléments microscopiques : **les nutriments.** Les nutriments traversent la paroi de l'intestin grêle pour pénétrer dans de minuscules **vaisseaux sanguins. Le sang** conduit ensuite les nutriments vers les **organes** de notre corps. Les substances qui ne sont pas digérées vont dans le **gros intestin.** Elles sont évacuées par l'anus.	***Les étapes de la digestion*** 1. La **masti**cation (**masti**quer = mâcher) Les aliments sont broyés (=écrasés) et les aliments sont mélangés à la salive (dans la bouche). Les aliments deviennent de la bouillie = le bol alimentaire. 2. La **dégluti**tion. Cette bouillie est **déglutie** = avalée Elle passe dans l'œsophage. 3. La bouillie arrive dans l'estomac. L'estomac brasse = il mélange. La bouillie devient liquide après 2 à 4 h. 4. L'estomac se contracte et le liquide arrive dans l'intestin grêle. Dans l'intestin grêle, il y a des sucs digestifs. Les sucs digestifs transforment le liquide. Le liquide devient des nutriments. Les nutriments sont des éléments (=molécules) microscopiques. 5. Les nutriments traversent l'intestin grêle. Les nutriments vont dans le sang. 6. Le sang transporte les nutriments dans toutes les parties du corps (= tous les organes). Ce qui n'est pas digéré va dans le gros intestin. Ensuite, ce sera évacué (= sorti) par l'anus ou la vessie.

Les aspects séquentiels du fonctionnement de la digestion sont mis en évidence par la numérotation et la présentation de la leçon. Les couleurs sont destinées à guider la catégorisation : rouge pour les termes désignant la digestion et l'acte de digérer, vert pour les organes et bleu pour l'état des aliments. L'utilisation du gras permet de mieux appréhender les aspects morphologiques.

L'adaptation est lourde : elle consiste à **reformuler,** ce qui requiert une expertise pédagogique afin de ne pas dénaturer les notions et de bien cerner les difficultés de langage propres à l'enfant. Cette reformulation vise à la fois l'amélioration de la compréhension et la possibilité pour Killian de mémoriser et restituer les connaissances.

L'utilisation d'organigrammes, cartes heuristiques, arbres à idées ou « mind maps » s'avère aussi très fructueuse.

Il est intéressant d'autre part de noter, dans le cas de Killian, que les schémas, très présents en SVT, ne suffisent pas en eux-mêmes pour permettre la compréhension, l'accès aux concepts et leur appropriation.

Chapitre 10

Maîtrise des techniques usuelles de l'information et de la communication

L'engouement pour ces techniques, donnant une large part à l'informatique, est présent pour une grande majorité de nos élèves ; les maîtriser, savoir utiliser les outils informatiques, nécessitent des apprentissages particuliers. Pour les élèves porteurs de Troubles spécifiques des apprentissages, la maîtrise des TICE a une portée plus grande car certains de ces outils informatiques sont des moyens de compensation des difficultés. Ces élèves sont amenés à s'approprier des outils souvent complexes pour pallier leur déficit de lecture ou d'écriture.

Les compétences attendues dans ce domaine ne sont pas forcément mieux maîtrisées. L'utilisation, d'un point de vue technique, est sans doute plus aboutie mais les apprentissages ne sont pas plus aisés comme dans l'ensemble de la scolarité.

Les techniques usuelles de l'information et de la communication font appel à des compétences de lecture évoluées. Que ce soit dans les interfaces des logiciels, le traitement de texte par exemple avec les menus, options et autres paramétrages ou dans la page internet d'une recherche documentaire, l'écrit est partout. Un écrit ou des écrits qu'il faut lire et comprendre.

La prise en compte des difficultés de lecture est nécessaire :

- le vocabulaire technique présente plus souvent des irrégularités, anglicismes ou abréviations ;
- les écrits sont souvent denses, avec une petite police de caractères ;
- la mise en page est complexe : titres, colonnes, paragraphes, cadres, bulles…

Selon la gravité des difficultés de lecture, la lenteur sera plus ou moins accentuée et la compréhension plus ou moins facilitée.

Du point de vue de la transcription, les difficultés sont à prendre en compte également.

- L'écrit réclame de la précision :

– lors d'une recherche documentaire (champ à compléter d'un moteur de recherche) ;
– lors de l'enregistrement d'un nom de fichier (difficultés liées à la dysorthographie, en particulier pour la copie).

- L'orthographe des termes techniques est plus compliquée (difficultés de mémorisation et de transcription).

Les apprentissages des TICE font appel à des notions techniques, des situations où le langage utilisé est particulier. Les difficultés d'abstraction ou de compréhension sont renforcées.

Les capacités de généralisation sont fortement sollicitées. L'automatisation des procédures, pour l'utilisation du traitement de texte par exemple, est plus difficile. L'élève est pénalisé dans ces apprentissages lorsqu'il ne peut pas prendre appui sur sa lecture et sa transcription.

L'autonomie est d'une certaine manière plus délicate à atteindre de par les difficultés de lecture ou de compréhension évoquées précédemment.

Les outils spécifiques

Synthèse vocale, dictée vocale… Ces logiciels sont proposés pour compenser les difficultés de lecture ou d'écriture. Ils nécessitent un apprentissage particulier (souvent assuré par les ergothérapeutes), distinct de ceux des TICE validés par le B2i le plus souvent. Ils se font dans le cadre d'un projet et demandent un environnement facilitant pour leur mise en place.

Au-delà des complications de l'apprentissage technique de ces outils, les problèmes rencontrés dans le cadre des apprentissages des TICE sont similaires. Prenons la situation d'enregistrement d'un travail sur le disque dur par exemple, l'élève est confronté aux mêmes problèmes de lecture de la fenêtre d'enregistrement qui s'affiche et d'écriture du nom de fichier demandé.

La mémorisation des procédures est aussi difficile pour certains.

Culture humaniste

Histoire et géographie

Les élèves se heurtent à la chronologie : le calcul des années ne se fait pas dans le même sens avant et après J.-C., inversion des chiffres dans les dates…

Comme pour la culture scientifique, les difficultés se manifestent face au vocabulaire compliqué et même d'origine étrangère, à la mémorisation indispensable, au repérage dans les schémas ; s'ajoutent la lecture des cartes (qui gagnent à être en couleurs) et la compréhension des échelles.

Peuvent être fournis des axes chronologiques vierges personnels que chaque élève illustrera au fur et à mesure des périodes abordées.

Des moyens mnémotechniques peuvent être donnés comme pour l'analyse des documents : Date, Auteur, Nature du document, Source, Explication (DANSE) cf. IUFM d'Alsace.

Quant au fameux paragraphe argumenté, il présente les mêmes difficultés qu'une rédaction de français (voir la partie *Rédiger* du chapitre 1).

Pour les cultures scientifique, technologique et humaniste, il faut :

- aider les enfants à découvrir le plan de la leçon pour pouvoir l'apprendre, organiser les informations, proposer des schémas, des tableaux récapitulatifs, des résumés (concentration) ;
- les aider à mémoriser les notions, renforcer l'*input,* le mettre en relief par la répétition et la reformulation (attention), veiller à ne pas surcharger la mémoire de travail (moins de mots) ;
- donner des plans de révision pour cibler les attentes ;
- créer des réseaux entre les connaissances pour permettre un meilleur rappel (utilisation d'organigrammes ou *mind maps*) ;
- éviter d'enlever des points pour l'orthographe ;
- corriger positivement en soulignant les progrès et les réussites.

Pratiques artistiques

Il est fondamental que les élèves suivent les cours de pratiques artistiques.

D'une part, certains élèves sont très pauvres culturellement et d'autre part, les sens peuvent être une voie de contournement vers la connaissance.

Lorsqu'un projet dure sur plusieurs séances, l'enseignant devra resituer les objectifs et répéter les consignes du fait du peu de repères langagiers.

Éducation musicale

- Problème auditif, confusion des sons, des lignes de la portée, des clefs.
- On évoque généralement des difficultés de lecture des notes, mais elles ne concernent pas les apprentissages musicaux à l'école ou au collège, où il n'est pas question de lire la musique à vue.
- Difficulté dans la reproduction et la mémorisation des rythmes.
- Des élèves qui sont en difficulté pour mémoriser leurs leçons, réussissent à chanter par cœur une chanson… C'est donc que la musique les aide, et c'est une piste pour les mises en mémoire de règles grammaticales ou mathématiques. Le **chant** (la mélodie) facilite la mémorisation du texte. Les théorèmes, les formules et les règles de grammaire pourraient être mis en musique.
- L'écoute et le travail vocal qui associe phonèmes, couleurs sonores, timbres, hauteurs de sons, rythme et audition (interne et externe) peuvent se révéler précieux pour affiner la conscience phonologique (sans prétention aucune de rééducation, évidemment). Peuvent être utilisées des techniques de chanteur, lorsqu'il y a des confusions de mots, en montrant par exemple la forme de la bouche sur un « o » au lieu de « eu » par exemple.

Arts visuels

Les problèmes de repérage spatial et les problèmes de mentalisation peuvent être présents, chez certains enfants, mais ils sont moins sanctionnés que dans les disciplines intellectuelles. D'autres enfants, au contraire, sont très performants dans ce domaine.

Dans l'ensemble, les élèves qui vivent avec des TSA révèlent des **talents artistiques** très pointus et un degré de **poésie** rarement atteint chez des élèves ordinaires.

Ils font appel à leur imaginaire de façon inattendue et se montrent très **créatifs.**

Il est important d'en tenir compte pour leur orientation professionnelle et leur épanouissement personnel.

Conclusion

Scolariser des élèves en situation de handicap et avec un fonctionnement cognitif différent est enrichissant pour tous. Cela renforce les **compétences sociales et civiques** et permet de réfléchir concrètement sur les notions d'équité et d'égalité. Les désavantages des élèves présentant des Troubles spécifiques des apprentissages doivent être expliqués aux autres élèves afin qu'ils comprennent que si des compensations sont apportées, si l'enseignement et les évaluations sont aménagés, ce n'est pas pour favoriser les élèves confrontés à des TSA, mais pour préserver l'égalité des chances. Cela permet à tous de réfléchir sur **comment apprendre** et quelles sont les opérations mentales sous-jacentes à l'apprentissage.

La recherche d'**autonomie** est un objectif essentiel pour ces élèves qui doivent reprendre confiance en leurs capacités : il faut ni trop les assister, ni les laisser seuls face à leurs troubles ce qui risque d'entraîner du découragement.

Il faut permettre à ces élèves de dépasser leurs difficultés, leur donner la possibilité de les contourner grâce à des compétences bien repérées et des adaptations comprises par tous.

Pour cela, il est nécessaire de permettre à ces élèves d'exprimer leurs besoins, de les aider à structurer leurs idées, de leur accorder plus de temps, de fractionner les tâches, de planifier et d'organiser les activités, afin de les amener à mieux conceptualiser, comprendre et restituer leurs connaissances. Il est important de les impliquer dans les adaptations proposées pour qu'ils puissent se les approprier. Les élèves avec des TSA qui ont des incapacités structurelles doivent devenir des sujets « épistémiques » au sens piagétien pour accéder au savoir.

Les contrôles adaptés, la tolérance par rapport aux erreurs commises, l'utilisation de grilles de relecture ou d'autocorrection, d'outils ou d'aide-mémoire personnels, l'encouragement des échanges et de la coopération entre les élèves sont les moyens privilégiés que les enseignants doivent mettre en place.

Il s'agit de donner la possibilité à ces enfants de se mettre réellement en situation d'apprentissage, de prendre du recul et du plaisir pour devenir des apprenants efficaces et des acteurs scolaires et sociaux à part entière.

Les **adaptations pédagogiques** ne sont pas académiques, il faut les concevoir en termes d'individualisation. Toutefois, la diversité et la spécialisation des aides ne sont des solutions qu'à condition d'être **réalisables dans une classe :** on apprend d'abord en classe et dans le contexte scolaire.

Jack Sagot, formateur à l'INSHEA (Institut national supérieur de formation et de recherche pour l'éducation des jeunes handicapés et les enseignements adaptés) résume ce paradoxe :

« Chaque élève présente des besoins éducatifs particuliers aussi faudrait-il proposer autant d'adaptations que d'élèves tous différents. Cependant, puisque les jeunes en situation de handicap [...] doivent être scolarisés au milieu des autres élèves, dans un souci d'équité, il faut bien s'efforcer de rendre le plus accessible possible les apprentissages et leur évaluation. »

La scolarisation de ces élèves interroge la pédagogie des enseignants qui doivent à la fois prendre en compte des élèves à besoins éducatifs particuliers et s'adresser à tous, dans une véritable démarche d'**inclusion.** Elle permet de réfléchir aux raisons de l'échec de certains et cela de façon transdisciplinaire, car apparaissent des éléments de réponses communs qui peuvent être déclinés selon chaque discipline.

Il s'agit d'aider ces élèves sans les stigmatiser dans le cadre d'une pédagogie différenciée. Il est primordial de ne pas oublier les **aspects éthiques** dans la prise en compte des troubles des élèves.

Nous pouvons d'ailleurs rendre hommage aux professeurs d'EPS qui depuis longtemps savent gérer toutes les différences dont le handicap moteur (de moins en moins de dispenses sont demandées dans cette matière, on emploie plus souvent le terme d'inaptitudes partielles).

Les Troubles spécifiques des apprentissages sont des révélateurs fins des difficultés intrinsèques aux disciplines : leur compréhension sert tous les élèves, car les enseignants sont poussés à une réflexion approfondie sur les **contenus d'apprentissage.**

Il s'agit tout d'abord de **rendre les savoirs accessibles.** Les enfants touchés par des TSA peuvent être gênés pour conceptualiser malgré de bonnes compétences intellectuelles. C'est en rendant explicites les difficultés inhérentes au fonctionnement de la langue et les difficultés intrinsèques aux différentes disciplines, que les enseignants aideront ces élèves à dépasser leurs propres limitations.

Poser un diagnostic de Trouble spécifique des apprentissages doit être avant tout le point de départ d'une réflexion et d'un investissement, dans le cadre d'un partenariat éducatif, pour donner des moyens d'agir, soulager les enfants et leur entourage, permettre les progrès et la réussite. On ne doit pas se retrancher derrière ce diagnostic et figer les situations d'apprentissage. Il s'agit de faire confiance aux **capacités d'adaptation** des enfants et de réajuster continuellement les aides selon leur évolution afin qu'ils puissent accéder à des savoirs de haut niveau et trouver une place dans la société.

Annexe I

Rappels sur l'acte de lire : « Que fait-on quand on lit ? »

Il y a deux composantes principales de la lecture[57].

$$L = R \times C$$

L = extraire une information de ce qui est écrit

R = reconnaissance de mots isolés ; attribuer d'une forme sonore à chacun des mots isolément

C = compréhension orale sémantique syntaxique, donner un sens aux mots identifiés

Les enfants dyslexiques sont atteints en premier lieu dans leur capacité à identifier les mots écrits.

Seule l'amélioration du décodage leur permet d'augmenter vitesse et compréhension.

Cela ne signifie pas bien sûr, en tant qu'enseignants, qu'il faille se limiter à cet apprentissage, ce qui serait contraire aux programmes.

Travailler sur la compréhension permet aussi évidemment d'améliorer le niveau de lecture.

Les notions d'identification de mots et de compréhension (code et sens) ne peuvent être assimilées au débat entre **méthode globale et méthode syllabique**[58]**.**

D'ailleurs, une meilleure connaissance du fonctionnement cérébral permet de comprendre pourquoi l'approche sémantique combinée à l'approche phonologique semble nécessaire à l'apprentissage de la lecture.

Stanislas Dehaene, professeur au Collège de France, déclarait le 9 mars 2006 : « Ce n'est pas des neurosciences que va venir le choix à faire entre méthode analytique ou synthétique (c'est-à-dire syllabique). Tout fonctionne de manière bidirectionnelle. Les zones activées s'adressent à la fois à la graphophonie et à la morphologie, à la lettre et au sens. »[59]

57. Philip B. Gouth et William E. Tunmer, *Decoding, reading, and reading disability. Remedial and Special Education,* 1986.

58. Conférence de consensus : *L'enseignement de la lecture à l'école primaire. Des premiers apprentissages au lecteur compétent*, Paris, 4 et 5 décembre 2003.

59. Séminaire national de la direction de l'enseignement scolaire : *Apprendre à lire à l'école primaire*.

Annexe 2

Modèle de Harris et Coltheart[60]

Approche cognitive de l'identification des mots
Les deux voies de lecture : adressage et assemblage

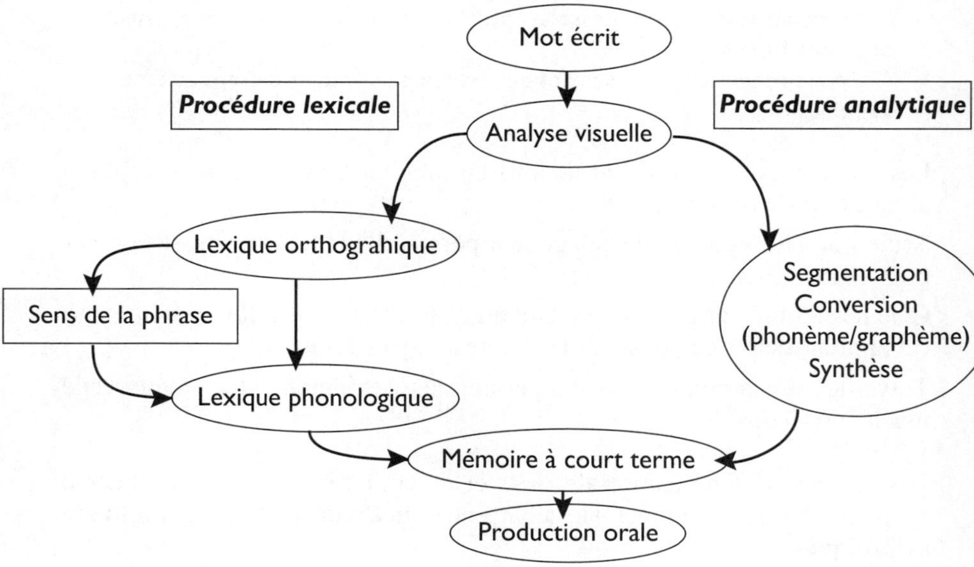

60. Margaret Harris et Max Coltheart, *Traitement du langage chez les enfants et les adultes*, Routledge & Kegan Paul, 1986.

Étapes d'acquisition des mécanismes d'identification des mots écrits : modèle de Frith[61]

1. Stade logographique = Traitement analogique sans reconnaissance symbolique de la lettre

Ex. « coca-cola ».

Mémorisation d'indices externes et analyse visuelle partielle du mot.

Stade de prélecture : l'enfant traite les mots comme des images.

2. Stade alphabétique = Traitement analytique : décodage graphème par graphème et association à des phonèmes.

Cet apprentissage repose principalement sur la prise de conscience de la structure segmentale de la parole (phonèmes).

Cette stratégie est la seule qui permette à l'enfant de lire des mots nouveaux.

3. Stade orthographique = Constitution d'un lexique orthographique qui permet de lire globalement et de lire les mots connus.

Les représentations lexicales des mots familiers deviennent directement accessibles.

L'enfant accède au sens à partir de la représentation orthographique.

Traitement analogique car l'enfant se sert de sa connaissance de l'orthographe des mots et de leur prononciation pour traiter de nouveaux mots.

Seule procédure pour lire les mots irréguliers (faon, monsieur…).

61. Uta Frith, *Sous la surface de la dyslexie développementale*, K.-E. Patterson, J.-C. Marshall et M. Coltheart (éd.), 1985.

Annexe 3

Construction du nombre : modèle du triple code de Dehaene et Cohen[62]

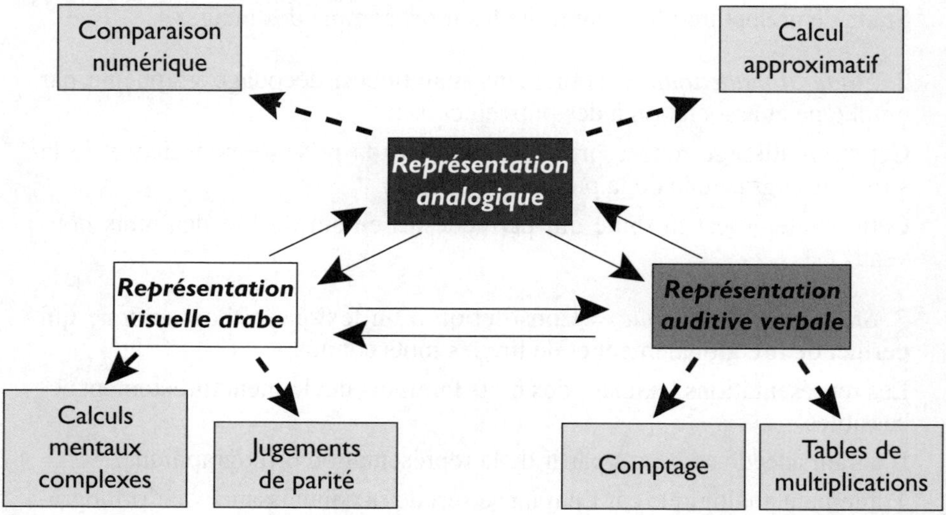

- Représentation analogique : collections d'objets.
  - Calcul approximatif.
  - Comparaison numérique.
- Représentation visuelle arabe.
  - Calculs mentaux complexes.
  - Jugement de parité.
- Représentation auditive verbale.
  - Comptage.
  - Tables de multiplication.

62. Stanislas Dehaene et Laurent Cohen, « Towards an anatomical and functional model of number processing », *Mathematical Cognition,* 1995.

Classification neuropsychologique des dyscalculies de Badian[63]

- Résultant d'une aphasie avec alexie ou d'une agraphie des nombres.
- Résultant de difficultés visuo-spatiales avec mauvais alignement des nombres.
- Anarithmétie = bonne connaissance des faits numériques mais confusion entre les algorithmes de calcul.
- Liées à des troubles attentionnels = oublis lors de l'exécution des algorithmes de calcul + difficultés à mémoriser les tables (le plus fréquent).
- Combinaison de ces catégories.

Classification de Kosc[64]

- Dyscalculies verbales = difficultés à nommer les objets et relations mathématiques.
- Dyscalculies practognosiques = difficultés dans les manipulations comme le dénombrement, la sériation en fonction de la longueur.
- Dyscalculies lexicales = difficultés de la lecture des symboles tels que chiffres, nombres, signes d'opération.
- Dyscalculies graphiques = affectant l'écriture des chiffres et des nombres.
- Dyscalculies idéognosiques = difficulté à comprendre les relations mathématiques ($9 = 10 - 1$ et $9 = 18 : 2$).
- Dyscalculies opérationnelles = anarithmétie.

Remarque

Il apparaît à la lecture de ces différentes théories qu'il est difficile de définir clairement la dyscalculie autrement qu'en référence à des difficultés scolaires ou à des habiletés arithmétiques. Il semble exister autant de dyscalculies que de difficultés en calcul.

Cependant *l'origine de la dyscalculie* est attribuée de plus en plus sûrement à la **génétique** et au **développement du cerveau :** particularités de fonctionnement des zones cérébrales (comme le sillon intrapariétal) impliquées

63. Nathalie A. Badian, « La dyscalculie développementale », in R.-H. Mykelbost, *Les progrès réalisés dans les troubles d'apprentissage,* Grune & Stratton, 1983.

64. Ladislav Kosc, « Developmental dyscalculia », *Journal of Learning Disabilities,* 1974.

dans le sens du nombre, c'est-à-dire la capacité de comparer approximativement deux quantités, à détecter parmi deux ensemble d'objets quel est le plus grand et quel est le plus petit.

Le fait que les neurones du sillon intrapariétal ne soient pas isolés géographiquement implique que ce ne soient pas les seuls touchés par un dysfonctionnement : les neurones voisins codant les saccades oculaires ou les mouvements de la main peuvent l'être également, ce qui peut expliquer que **la dyscalculie est souvent associée à d'autres troubles** comme la dyslexie ou la dyspraxie.

Annexe 4

Tests pour un diagnostic de dyscalculie

• ECPN (Épreuves conceptuelles de résolution de problèmes numériques)

Claire Meljac, 1995.

Est pris en compte le contenu des concepts mathématiques. La résolution de problèmes est l'activité qui favorise le mieux la mise en place du processus de généralisation : elle comprend le contrôle des actions en situation, le choix et la modification des stratégies, l'explicitation de ce qui est réalisé, la planification (anticipation, vérification, rappel des buts…).

• UDN2 (Épreuves de logique)

Claire Meljac et Gilles Lemmel, 1999.

Ce test est basé sur la psychologie du développement (modèle piagétien).

Il est applicable de la maternelle à la fin de l'école primaire (4 ans à 11 ans) et même pour des adolescents : 3 niveaux d'épreuve (4 à 6, 6 à 9, 9 à 11 ans).

Il fournit des données précises tout en conservant l'évaluation qualitative (indices pour comprendre le fonctionnement, droit à l'erreur).

Il comprend des épreuves :

- de conservations (quantités discontinues et continues) ;
- de logique élémentaire : sériation, classification, inclusion, transitivité ;
- d'utilisation fonctionnelle du nombre (manipulations, expérimentations…) ;
- d'origine spatiale ;
- de connaissances scolaires.

La rééducation se fait par des orthophonistes qui ont reçu la formation Gépalm ou Cogi'Act.

• NUMÉRICAL

François Gaillard, 2000.

Cette batterie comprend plusieurs facteurs impliqués dans l'apprentissage du nombre et du calcul : les facteurs digital, oral, spatial, analogique, de calcul oral et écrit, alphabétique, estimation-proposition.

• TEDI-MATH

Catherine Van Nieuwenhoven, Jacques Grégoire, Marie-Pascale Noël, 2001.

Ce test se base sur les apports des travaux de la psychologie du développement : Piaget et les travaux de la psychologie cognitive, ainsi que ceux de la neuropsychologie de l'acalculie acquise.

C'est un test diagnostique des compétences de base en mathématiques qui évalue :

- le comptage et le dénombrement ;
- les systèmes numériques ;
- les opérations logiques sur les nombres ;
- l'arithmétique ;
- l'estimation de grandeur.

AD math : outil de remédiation neuropsychologique en lien avec Tedi-math.

• ZAREKI-R

Michaël Von Aster et Georges Dellatolas, 2005.

Ce test évalue le traitement des nombres et le calcul chez l'enfant à l'école primaire du CP au CM2.

Il est constitué de 12 épreuves qui s'appuient sur travaux récents en neuropsychologie :

- dénombrement de points ;
- comptage oral à rebours ;
- dictée de nombres ;
- calcul mental oral : additions, soustractions, multiplications ;
- lecture de nombres ;
- positionnement de nombres sur une échelle verticale ;
- répétition de chiffres ;
- comparaison de 2 nombres présentés oralement ;

– estimation visuelle de quantités ;
– estimation qualitative de quantités en contexte ;
– problèmes arithmétiques présentés oralement ;
– comparaison de 2 nombres écrits.

• ÉNUMÉRÉ (Évaluation des compétences numériques et résolution de problèmes)

Malek Bobée-Soltani, Mohamed Bernoussi, Philippe Guimard & Nadège Verrier, 2007.

Elle mesure plusieurs compétences de base (connaissance de la chaîne numérique verbale et du dénombrement, maîtrise du calcul et du transcodage, résolution de problèmes simples), capacités supposées nécessaires au développement de capacités plus élaborées.

Annexe 5

Adaptations pédagogiques à mettre en place pour un élève présentant un Trouble spécifique des apprentissages

Les adaptations proposées sont toujours individualisées et révisables.

Ne pas oublier que chaque enfant est unique et ne se réduit pas à un diagnostic médical.

Elles sont à joindre au dossier scolaire de l'enfant après accord de la famille, ce qui est particulièrement important lors d'un changement d'établissement ou lors du passage du 1er au 2nd degré.

Il est possible d'aménager les Évaluations nationales du 1er degré.

Ces adaptations ne doivent pas figer les processus d'apprentissage qui pour tout enfant reposent sur l'exercice, l'entraînement, les essais et les erreurs. Elles sont destinées à mieux cibler les exigences et évaluer des compétences toujours en construction.

Conseils généraux

- Être attentif à la place de l'élève dans la salle de classe et à son entourage.
- Prendre appui sur les compétences, évaluer de façon positive, encourager les réussites, relativiser les échecs.
- Les adaptations doivent concerner à la fois le travail en classe et le travail à la maison.
- Faire participer l'élève à la mise en place des adaptations qui le concernent.
- Sensibiliser la classe si nécessaire au droit à une pédagogie adaptée en fonction des façons d'apprendre de chacun.

Lecture

Lire les consignes et les énoncés.	☐
Utiliser des documents aérés et bien structurés, grossir (ex. A4 → A3).	☐
Permettre l'utilisation d'un guide-ligne.	☐
Privilégier les supports dactylographiés aux supports manuscrits.	☐
Coloriser les textes de façon à mieux repérer les syllabes.	☐
Fournir une version numérique des cours.	☐
Annoncer à l'avance les lectures demandées.	☐
Utiliser des livres audio (site litteratureaudio.com…).	☐
Utiliser des logiciels de retour vocal (Dspeech, Balabolka, Dragon Naturally Speaking…).	☐
Suggestions :	

Écriture/orthographe

Ne pas évaluer la qualité de l'écriture ou l'orthographe quand elles ne sont pas l'objet de l'évaluation.	☐
Proposer des dictées différentes : dictées moins longues, dictées à trous, dictées avec choix de mots ou « dictées fautives ».	☐
Réduire la longueur des exercices.	☐
Accepter des réponses brèves ou un résultat sans phrase d'accompagnement.	☐
Accepter un plan détaillé à la place d'un texte entièrement rédigé.	☐
Varier le type d'évaluation et favoriser les interrogations orales, les graphiques, tableaux, schémas à légender, QCM, les textes à trous…	☐
Éviter la copie.	☐
Faire apprendre l'orthographe des mots en s'appuyant sur l'oral (épellation, étymologie, familles de mots…).	☐
Contrôler les corrections ou les fournir.	☐
S'assurer que l'élève dispose de leçons lisibles.	☐
Sinon fournir une photocopie, un cours numérisé (clé USB).	☐

Proposer des supports de cours à compléter (textes à trous).	☐
S'assurer de la bonne prise en notes des devoirs pour la maison, les donner par écrit, utiliser le cahier de textes électronique.	☐
Autoriser l'utilisation de l'ordinateur et du correcteur d'orthographe pour les devoirs, les exposés.	☐
Suggestions :	

Apprentissage d'une langue étrangère

Favoriser l'oral plutôt que l'écrit.	☐
Suggestions :	

Mathématiques/culture scientifique et technologique

Utiliser des collections d'objets déplaçables plutôt que dessinés.	☐
Utiliser des collections organisées (constellations, configurations de doigts…) et travailler le *subitizing* (perception de la quantité sans recours au comptage).	☐
Laisser à disposition une file numérique ou un tableau de nombres.	☐
Éviter les dictées de nombres si l'élève ne peut les répéter.	☐
Laisser un tableau avec les classes de nombres (+ c, d, u) pour y inscrire les nombres dictés afin de compenser les difficultés spatiales.	☐
Préférer le calcul écrit rapide au calcul oral si l'élève ne peut le répéter.	☐
Préférer le calcul mental ou le calcul en ligne à la pose des opérations en colonnes.	☐
Donner les opérations déjà posées avec un cadre pour faciliter l'alignement des chiffres.	☐
Laisser les tables d'addition et de multiplication à disposition quand seul le raisonnement logique est évalué.	☐

Permettre l'utilisation d'une calculette.	☐
Faire lire les calculs (virgules, barres de fraction et autres signes qui peuvent être mal perçus).	☐
Éviter les tableaux à double entrée complexes, les graphiques, les schémas qui sont difficiles à lire ou bien les aménager (utiliser des couleurs, stabiloter, grossir…).	☐
Donner des grilles préconstruites pour les conversions d'unités.	☐
Être tolérant sur la précision des tracés en géométrie.	☐
Autoriser avant l'exécution l'élève à verbaliser pour réaliser les tracés des figures.	☐
Favoriser le travail à l'aide d'un logiciel de géométrie dynamique (Géogébra…).	☐
Laisser à disposition un aide-mémoire avec le vocabulaire spécifique, des définitions, des propriétés, des théorèmes.	☐
Suggestions :	

Compenser la lenteur, le défaut d'organisation, le déficit d'attention, le déficit de mémoire, la fatigabilité

Évaluer les compétences en laissant un délai supplémentaire pour réaliser un exercice (tiers-temps) ou en réduisant la quantité de travail.	☐
Aider à la gestion du matériel scolaire.	☐
Faire mettre des repères de couleurs, des index dans les cahiers ou classeurs.	☐
Numéroter les pages.	☐
S'appuyer sur du matériel visuel.	☐
Illustrer les propos, écrire les mots-clés d'une intervention orale.	☐
Privilégier les tableaux, fiches et plans structurés de leçons.	☐
Laisser à disposition des aide-mémoire : règles grammaticales, définitions, formules mathématiques, lexiques…	☐
Fournir des résumés de cours.	☐
Donner des grilles d'aide à la relecture.	☐

Favoriser toute participation active, autoriser les déplacements dans un contexte pédagogique, donner des responsabilités.	☐
Solliciter régulièrement et individuellement l'élève.	☐
Oraliser, répéter et reformuler les consignes.	☐
Exiger un temps de réflexion avant l'exécution d'un travail.	☐
Faire verbaliser avant d'exécuter.	☐
Décomposer les tâches.	☐
Éviter de mettre l'élève en double tâche (écouter/écrire…).	☐
Suggestions :	

Annexe 6

Les mots invariables

Les apprendre en épelant

Les écrire en cursive à côté dans chaque case

1	afin	
2	a[ill]eur**s**	
3	ainsi	
4	alor**s**	
5	aprè**s**	
6	assez	
7	à traver**s**	
8	au-dessous	
9	au-dessus	
10	aujourd’hui	
11	auparavan**t**	
12	auprè**s**	
13	aussi	
14	aussitô**t**	
15	autan**t**	
16	autour	
17	autrefois	
18	avan**t**	

19	avec	
20	beaucou**p**	
21	bien	
22	bientô**t**	

23	car	
24	ceci	
25	cela	
26	celle-ci	
27	celui-ci	
28	cependan**t**	
29	certe**s**	

30	chaque
31	chez
32	combien
33	comme
34	contre

35	d'abor**d**
36	dan**s**
37	davantage
38	debou**t**
39	dedan**s**
40	de**h**or**s**
41	déjà
42	demain
43	depui**s**
44	dè**s** que
45	désormai**s**
46	devan**t**
47	donc
48	don**t**
49	dorénavan**t**
50	duran**t**

51	enfin
52	ensuite
53	entre
54	enver**s**
55	et
56	exprè**s**

57	guère

58	**h**élas
59	**h**ier
60	**h**ors

61	ici

62	jadis
63	jamai**s**

64	jusque

65	là**-**ba**s**
66	la plupar**t**
67	loin
68	lon**g**tem**ps**
69	lorsque
70	maintenan**t**
71	mai**s**
72	malgré
73	mieu**x**
74	moin**s**

75	naguère
76	néanmoin**s**

77	or

78	parce que
79	parfoi**s**
80	parmi
81	partou**t**
82	pa**s**
83	pendan**t**
84	peut-être
85	plus
86	plusieur**s**
87	plutôt
88	pour
89	pourquoi
90	pourtan**t**
91	pourvu que
92	prè**s**
93	presque
94	puisque

95	quan**d**
96	que
97	quelquefoi**s**
98	qui

99	quoi

100	rien

101	san**s**
102	sauf
103	selon
104	si
105	sinon
106	sitô**t**
107	soudain
108	souven**t**
109	sur
110	surtou**t**

111	tandi**s** que
112	tan**t**
113	tantô**t**
114	tar**d**
115	tô**t**
116	toujour**s**
117	toutefoi**s**
118	trè**s**
119	tro**p**

120	vain
121	ver**s**
122	vite
123	voici
124	voilà
125	volontier**s**

Utilisation de l'opposition syllabique en couleurs.

Annexe 7

Dictée fautive

Comment procéder ?

1. Première lecture lente

Faire des groupes de mots

2. Deuxième lecture plus rapide

Comprendre le sens du texte

3. Relire seul chaque phrase

4. Rechercher les différences entre les mots proposés

Lire les mots

Les épeler

5. Rechercher la nature des mots proposés

Écrire si ce sont des D, N, Adj, V, PN, Pr, C, Adv

(Déterminants, noms, adjectifs, pronoms, prépositions, conjonctions, adverbes)

6. Réfléchir sur les accords

- Le V avec le S

Quel temps est employé ?

- Le N avec le D
- L'Adj avec le N
- Le participe passé
  - auxiliaire être, avec le S
  - auxiliaire avoir, avec le COD lorsqu'il est placé devant

7. Choisir un des mots proposés

8. Copier soigneusement le texte en sautant des lignes

Faire attention

- à la ponctuation
- aux majuscules
- aux accents
- aux points sur les i et les j

9. Se relire groupe de mots par groupe de mots avec le modèle

Annexe 8

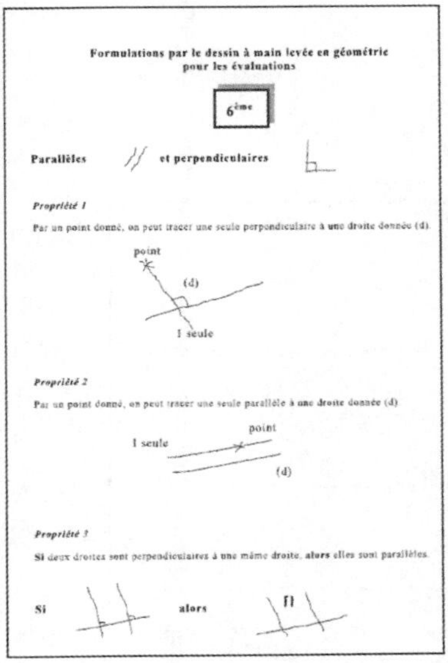

Formulations par le dessin à main levée en géométrie pour les évaluations

6ème

Parallèles // **et perpendiculaires**

Propriété 1

Par un point donné, on peut tracer une seule perpendiculaire à une droite donnée (d).

point

(d)

1 seule

Propriété 2

Par un point donné, on peut tracer une seule parallèle à une droite donnée (d).

point

1 seule

(d)

Propriété 3

Si deux droites sont perpendiculaires à une même droite, **alors** elles sont parallèles.

Si **alors** //

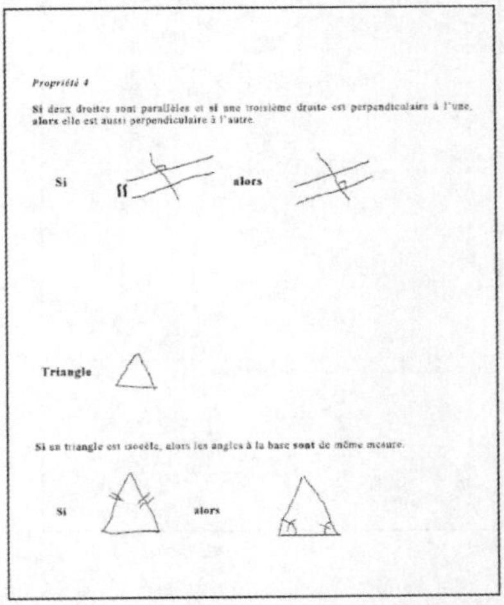

Propriété 4

Si deux droites sont parallèles et **si** une troisième droite est perpendiculaire à l'une, **alors** elle est aussi perpendiculaire à l'autre.

Si // **alors**

Triangle

Si un triangle est isocèle, alors les angles à la base **sont** de même mesure.

Si **alors**

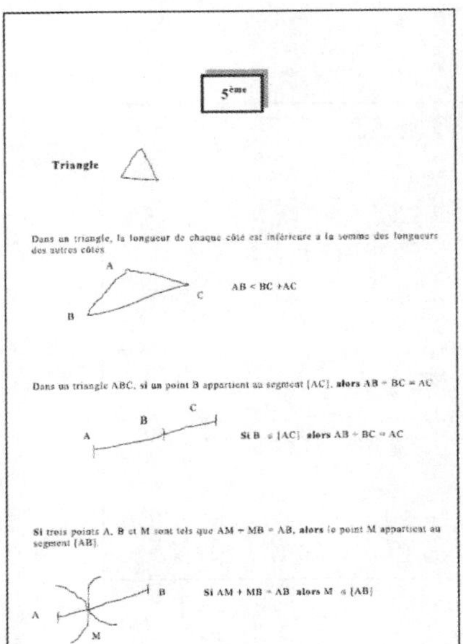

5ème

Triangle

Dans un triangle, la longueur de chaque côté est inférieure à la somme des longueurs des autres côtés

A C B

AB < BC +AC

Dans un triangle ABC, **si un** point B appartient au segment [AC], **alors** AB + BC = AC

A B C

Si B ∈ [AC] **alors** AB + BC = AC

Si trois points A, B et M sont tels que AM + MB = AB, **alors** le point M appartient au segment [AB].

A B M

Si AM + MB = AB **alors** M ∈ [AB]

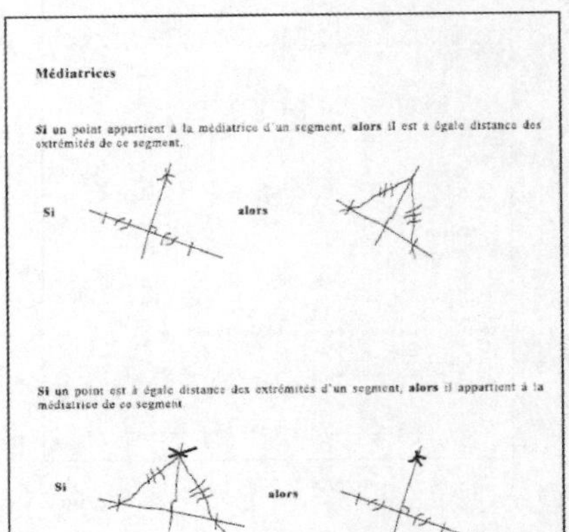

Médiatrices

Si un point appartient à la médiatrice d'un segment, **alors** il est à égale distance des extrémités de ce segment.

Si **alors**

Si un point est à égale distance des extrémités d'un segment, **alors** il appartient à la médiatrice de ce segment.

Si **alors**

Dans un triangle, les trois médiatrices se coupent en un même point : on dit qu'elles sont concourantes. Ce point est le centre d'un cercle qui passe par les trois sommets du triangle. Ce cercle est le cercle circonscrit au triangle.

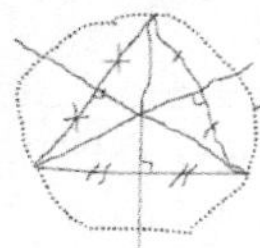

cercle circonscrit au Δ

Propriété : Les trois hauteurs d'un triangle sont concourantes. Leur point d'intersection est appelé orthocentre de ce triangle.

H orthocentre

Propriété : Les trois bissectrices d'un triangle sont concourantes. Leur point d'intersection est le centre du cercle inscrit dans ce triangle.

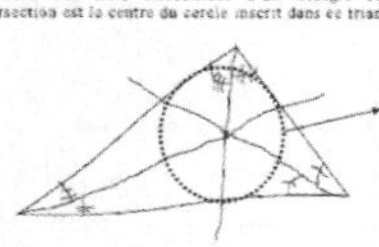

cercle inscrit

Si un triangle est rectangle, **alors** la somme des mesures des angles aigus est égale à 90°. Les angles aigus sont complémentaires.

Si 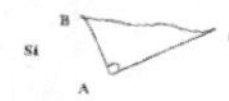 **alors** $\widehat{B} + \widehat{C} = 90°$

Si, dans un triangle, la somme des mesures de deux angles est égale à 90°, **alors** ce triangle est rectangle.

Si $\widehat{B} + \widehat{C} = 90°$ **alors** 

Si les angles à la base d'un triangle sont de même mesure, **alors** ce triangle est isocèle.

Si 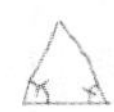 **alors** 

Si un triangle est équilatéral, **alors** chacun de ses angles a pour mesure 60°.

Si  **alors** 

Si un parallélogramme a deux côtés consécutifs de même longueur, **alors** c'est un losange.

Si 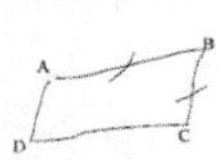 **alors** 

ABCD parallélogramme

Si un parallélogramme a ses diagonales perpendiculaires, **alors** c'est un losange.

Si 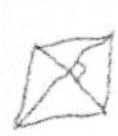 **alors** 

Rectangle 

Les diagonales d'un rectangle ont la même longueur et même milieu.

Si  **alors** 

Propriété : Les trois médianes d'un triangle sont concourantes. Leur point d'intersection est appelé centre de gravité du triangle. Il est situé aux deux tiers de chaque médiane à partir du sommet.

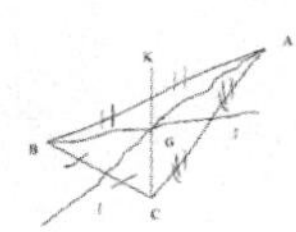

Losange 

Les diagonales d'un losange sont perpendiculaires et se coupent en leur milieu.

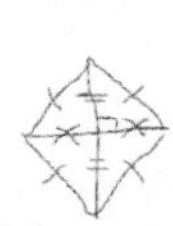

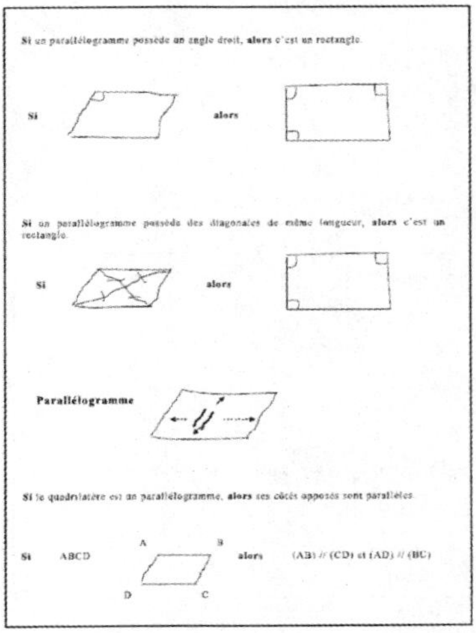

Si un parallélogramme possède un angle droit, **alors** c'est un rectangle.

Si … **alors** …

Si un parallélogramme possède des diagonales de même longueur, **alors** c'est un rectangle.

Si … **alors** …

Parallélogramme

Si le quadrilatère est un parallélogramme, **alors** ses côtés opposés sont parallèles.

Si ABCD (A, B, C, D) **alors** (AB) // (CD) et (AD) // (BC)

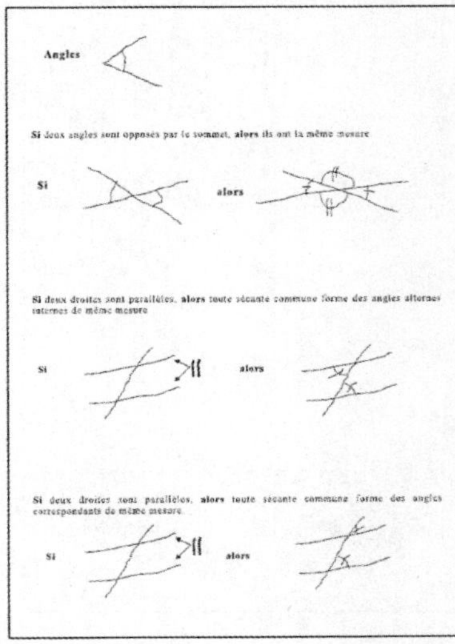

Angles

Si deux angles sont opposés par le sommet, **alors** ils ont la même mesure

Si … **alors** …

Si deux droites sont parallèles, **alors** toute sécante commune forme des angles alternes internes de même mesure

Si … **alors** …

Si deux droites sont parallèles, **alors** toute sécante commune forme des angles correspondants de même mesure.

Si … **alors** …

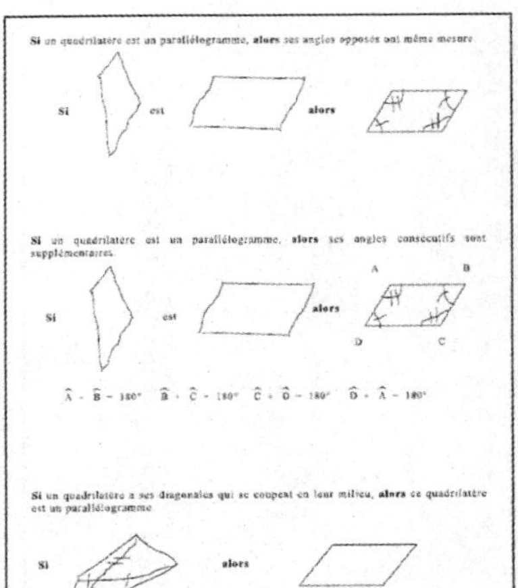

Si un quadrilatère est un parallélogramme, **alors** ses angles opposés ont même mesure

Si … est … **alors** …

Si un quadrilatère est un parallélogramme, **alors** ses angles consécutifs sont supplémentaires.

Si … est … **alors** … (A, B, C, D)

$\widehat{A} + \widehat{B} = 180°$ $\widehat{B} + \widehat{C} = 180°$ $\widehat{C} + \widehat{D} = 180°$ $\widehat{D} + \widehat{A} = 180°$

Si un quadrilatère a ses diagonales qui se coupent en leur milieu, **alors** ce quadrilatère est un parallélogramme

Si … **alors** …

4ème

Triangle 

Propriété : Les trois médianes d'un triangle sont concourantes. Leur point d'intersection est appelé centre de gravité ce triangle. Il est situé aux deux tiers de chaque médiane à partir du sommet.

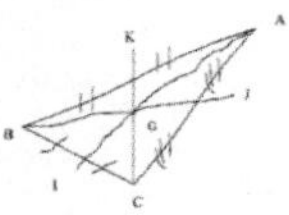

$AG = \frac{2}{3} AI$

$BC = \frac{2}{3} BJ$

$CG = \frac{2}{3} CK$

4ème

Théorème : Dans un triangle, **si** une droite passe par les milieux de deux côtés, **alors** elle est parallèle au troisième côté.

Si  **alors** 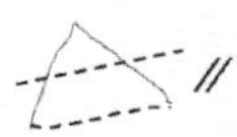

Si deux droites coupées par une sécante forment deux angles alternes internes de même mesure, **alors** ces droites sont parallèles.

Si  **alors** 

Si deux droites coupées par une sécante forment deux angles correspondants de même mesure, **alors** ces droites sont parallèles.

Si  **alors** 

Dans un triangle équilatéral, le centre du cercle circonscrit, l'orthocentre, le centre de gravité et le centre de gravité sont confondus.

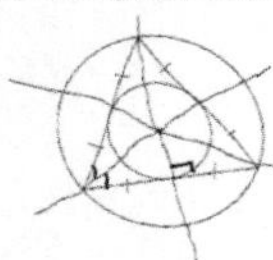

Si un triangle est rectangle, **alors** son cercle circonscrit a pour diamètre son hypoténuse.

Si  **alors** 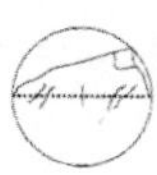

4ème

Si on joint un point d'un cercle aux deux extrémités d'un diamètre, **alors** on obtient un triangle rectangle en ce point.

Si 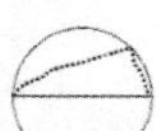 **alors** 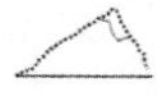

Théorème : **Si** dans un triangle, on a un segment qui joint les milieux de deux côtés, **alors** il mesure la moitié du troisième côté.

Si 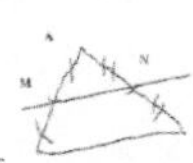

alors $MN = \frac{1}{2}BC$

Théorème : **Dans un triangle, si une** droite passe par le milieu d'un côté et est parallèle à un deuxième côté, **alors** elle coupe le troisième côté en son milieu.

Si 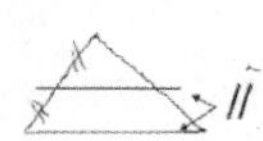 **alors** 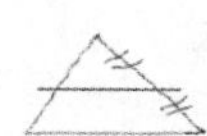

Dans un triangle isocèle, la hauteur, la bissectrice et la médiane issues du sommet principal sont confondues avec la médiatrice du côté opposé.

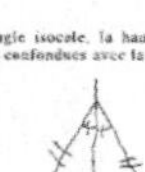

Annexe 9

Quadrilatères Un quadrilatère est un polygone à 4 côtés		
Un **parallélogramme** est un quadrilatère dont les côtés opposés sont parallèles.	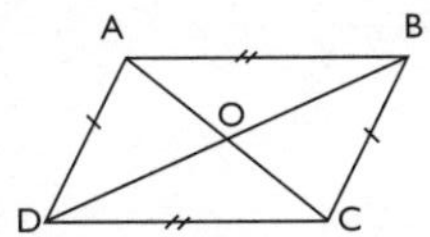	– Ses diagonales ont le même milieu O. – Ses côtés opposés sont égaux : AB = DC AD = BC
Un **rectangle** est un parallélogramme dont les diagonales sont égales.	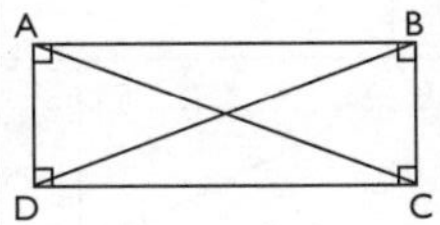	– Ses côtés consécutifs sont perpendiculaires : AB ⊥ BC BC ⊥ DC DC ⊥ DA DA ⊥ AB – Il a 4 angles droits
Un **losange** est un parallélogramme dont les diagonales sont perpendiculaires.	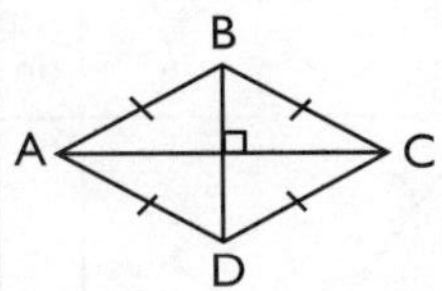	– Il a 4 côtés égaux : AB = BC = CD = DA
Un **carré** est un parallélogramme dont les diagonales sont perpendiculaires et égales.	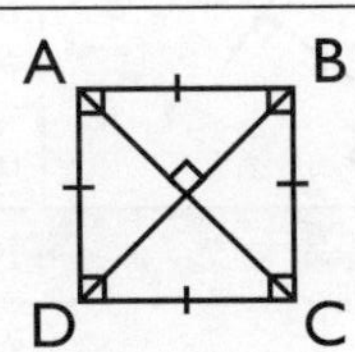	– Un carré est à la fois un rectangle et un losange – Il a 4 côtés égaux et 4 angles droits

Triangles Un triangle est un polygone à 3 côtés		
Un **triangle rectangle** a 2 côtés perpendiculaires. Le côté opposé à l'angle droit s'appelle l'hypoténuse.	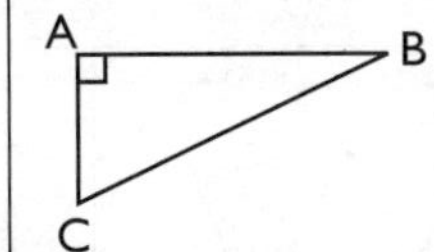	Si le triangle ABC est rectangle en A alors (AB) ⊥ (AC) [BC] est son hypoténuse.
Un **triangle isocèle** a 2 côtés de même longueur ou 2 angles de même mesure.	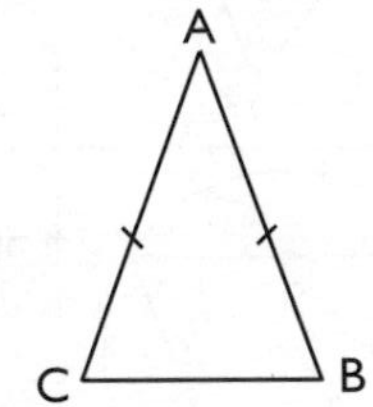	Si un triangle ABC est isocèle A alors AB = AC De plus, $\widehat{ABC} = \widehat{ACB}$ A s'appelle le sommet principal. [BC] est sa base.
Un **triangle équilatéral** a 3 côtés de la même longueur.	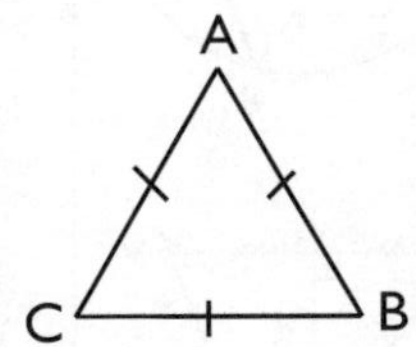	Si un triangle BC est équilatéral, alors AB = AC = BC De plus, $\widehat{A} = \widehat{B} = \widehat{C} = 60°$

Droites remarquables		
La **médiatrice** d'un segment est la droite perpendiculaire à ce segment et qui passe en ce milieu.	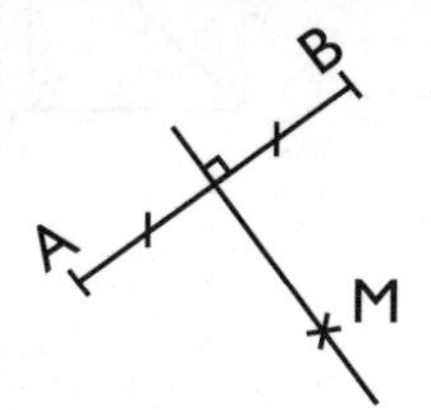	Tout point de la médiatrice est équidistant des extrémités de ce segment. MA = MB
La **bissectrice** d'un angle est la demi-droite, issue du sommet, qui partage cet angle en deux angles de même mesure.	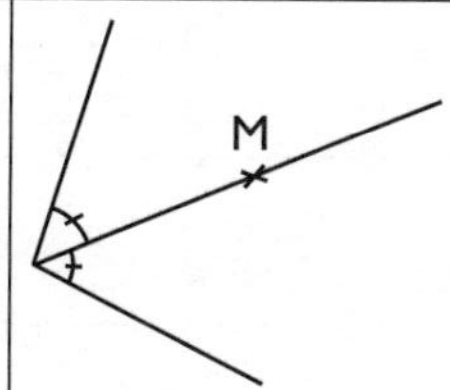	Tout point de la bissectrice d'un angle est équidistant des côtés de cet angle.

Droites remarquables d'un triangle		
La **médiatrice** d'un segment est la droite perpendiculaire à ce segment et qui passe par son milieu. Un triangle a 3 médiatrices.	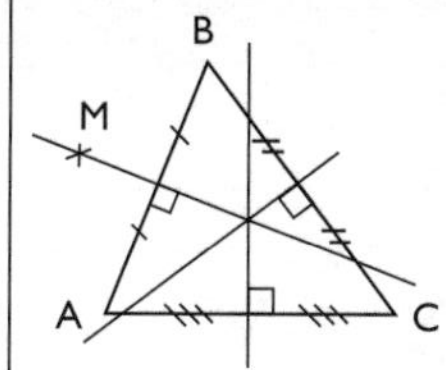	Tout point de la médiatrice est équidistant des extrémités de ce segment. MA = MB
Le cercle circonscrit à un triangle passe par les 3 sommets de ce triangle. Il a pour centre le point d'intersection des 3 médiatrices de ce triangle.	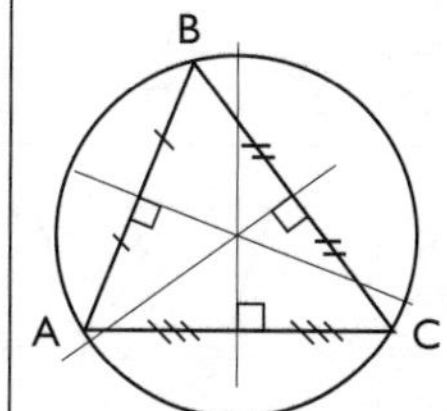	
La **bissectrice** d'un angle est la demi-droite, issue du sommet, qui partage cet angle en deux angles de même mesure. Un triangle a 3 bissectrices	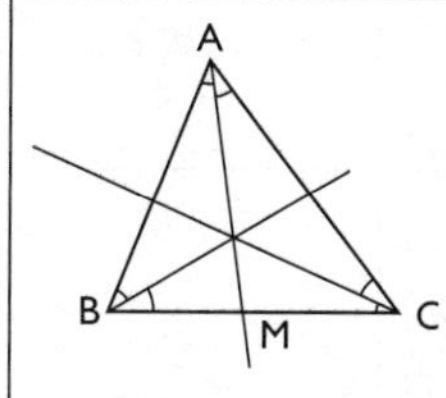	Tout point de la bissectrice d'un angle est équidistant des côtés de cet angle.

La **hauteur** d'un triangle est la demi-droite, issue d'un sommet de ce triangle, perpendiculaire au côté opposé. Un triangle a 3 hauteurs.	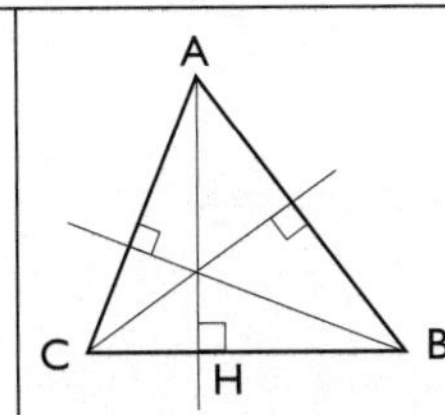	[AH] est une hauteur du triangle ABC.
La **médiane** d'un triangle est un segment qui joint un sommet de ce triangle au milieu du côté opposé. Un triangle a 3 médianes.	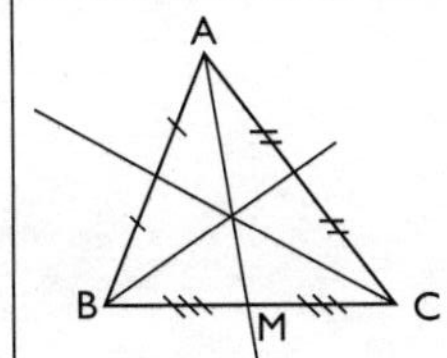	[AM] est une médiane du triangle ABC.

Glossaire

ANAES	L'Agence nationale d'accréditation et d'évaluation en santé, structure de santé publique en France, n'existe plus à part entière, elle a été regroupée, avec d'autres commissions, au sein de la Haute autorité de santé (HAS) le 13 août 2004.
AVS	Les Auxiliaires de vie scolaire sont des assistants d'éducation que la circulaire n° 2003-093 du 11 juin 2003 permet de mettre au service d'un accompagnement à la scolarisation individuelle (AVSi) ou collective (AVSco) des élèves handicapés. Ils deviennent Accompagnants des élèves en situation de handicap (AESH) avec l'article 124 de la loi du 28 décembre 2013.
BATELEM-R	Batterie de tests pour l'école primaire, de la Grande Section au CE1 : treize épreuves qui vont de l'évaluation de la conscience phonologique à celle de la lecture et de l'orthographe, en passant par l'évaluation de l'accès au symbolisme.
BREV	La BREV est l'outil de base pour réaliser un examen neuropsychologique chez l'enfant de 4 à 9 ans. Elle n'est pas un test de mesure de QI.
BSEDS	Bilan de santé évaluation du développement pour la scolarité cinq-six ans (BSEDS 5-6 ans)
CDAPH	Les Commissions des droits et de l'autonomie des personnes handicapées ont été créées par la loi n° 2005-102 du 11 février 2005 pour « l'égalité des droits et des chances, la participation et la citoyenneté des personnes handicapées ». Elles résultent de la fusion des Commissions techniques d'orientation et de reclassement professionnel (COTOREP) et des Commissions départementales d'éducation spéciale (CDES).
CLIS	Les Classes d'inclusion scolaire ont pour vocation d'accueillir des élèves handicapés dans des écoles ordinaires afin de leur permettre de suivre totalement ou partiellement un cursus scolaire ordinaire. Elles ont été créées par la circulaire n° 91-304 du 18 novembre 1991, actuellement abrogée et remplacée par la circulaire n° 2002-113 du 30 avril 2002. Il existe quatre types de CLIS, différenciées en fonction de type de handicap des enfants accueillis (handicaps auditif, visuel, moteur, ou mental). La circulaire n° 2009-087 du 17 juillet 2009 a redéfini les différents types de CLIS en mentionnant notamment les troubles spécifiques du langage et de la parole.

CNDP	Le Centre national de documentation pédagogique dépend du ministère de l'Éducation nationale. Sa mission est d'éditer, de produire et de diffuser des ressources pédagogiques et administratives destinées aux professionnels de l'enseignement. Il participe au développement des Technologies de l'information et de la communication pour l'éducation (TICE) ainsi qu'à l'éducation artistique et culturelle. Il dirige l'activité des Centres régionaux de documentation pédagogique (CRDP) et des Centres départementaux de documentation pédagogique (CDDP) avec lesquels il forme un réseau national : le Service culture éditions ressources pour l'Éducation nationale (SCEREN) devenu CANOPÉ.
CNEFEI	Centre national d'étude et de formation pour l'enfance inadaptée (ancien nom de l'INSHEA)
CRDP	Centre régional de documentation pédagogique
DAFOR	Délégation académique à la formation des personnels
DASES	Direction de l'action sociale, de l'enfance et de la santé
DESCO	La Division des élèves et de la scolarité organise l'orientation et l'affectation des élèves. Elle affecte les élèves à l'issue de la classe de 3e. Elle organise les commissions d'appel et les différentes commissions d'affectation. Pour les élèves à besoins spécifiques, elle assure la liaison avec la MDPH (Maison départementale des personnes handicapées), la liaison avec les inspecteurs ASH, l'attribution et le suivi du matériel pédagogique adapté pour les enfants handicapés et l'affectation dans des dispositifs « Éducation nationale » adaptés. Elle intervient dans la gestion réglementaire de la vie scolaire (organisation de la semaine, règlement départemental des écoles, accidents scolaires et leurs contentieux, absentéisme, incidents en milieu scolaire et discipline). La division assure également le suivi des actions pédagogiques et culturelles des élèves du département, délivre les autorisations pour les sorties pédagogiques dans le premier degré et l'agrément pour les intervenants extérieurs.
DGESCO	La Direction générale de l'enseignement scolaire élabore la politique éducative et pédagogique ainsi que les programmes d'enseignement des écoles, des collèges, des lycées et des lycées professionnels.
DPL 3	Dépistage et prévention langage à 3 ans
ECPN	Les Épreuves conceptuelles de résolution des problèmes numériques ont été conçues en 1995 par le groupe CIMETE (Compétences et incompétences en mathématiques chez les enfants présentant des troubles exceptionnels) composé de Corinne Bernardeau, Renée Collomp, Françoise de Barbot, Françoise Duquesne, Christiane Larrère, Marie-Hélène Marchand, Michèle Mazeau, Claire Meljac, Danielle Truscelli et Gérard Vergnaud.
ERTL 4	Épreuve de repérage des troubles du langage de l'enfant de 4 ans

Handiscol	C'est un plan français lancé, en 1999, par le ministère de l'Éducation nationale et le ministère de l'Emploi et de la solidarité afin de développer l'accès à l'éducation pour les enfants handicapés. Il permet d'identifier l'ensemble des mesures ou dispositifs (plan de scolarisation, cellule d'écoute, guides, groupes départementaux) mis en place pour favoriser la scolarisation des enfants et adolescents handicapés en milieu scolaire ordinaire (école, collège, lycée).
HAS	Haute autorité de santé
IGAS	L'Inspection générale des affaires sociales a été créée en 1967. Elle s'occupe des questions relatives aux affaires sociales, à la santé, à la solidarité, à l'emploi, au travail, à la politique de la ville, à la formation professionnelle et à la modernisation de l'État.
IGEN	L'Inspection générale de l'Éducation nationale contrôle les personnels d'inspection, de direction, d'enseignement, d'éducation et d'orientation. Elle prend part à leur recrutement et à l'évaluation de leur activité. Elle coordonne l'action de tous les corps d'inspection à compétence pédagogique en liaison avec les autorités académiques. Elle intervient dans les écoles, les collèges, les lycées, les établissements assurant la formation professionnelle des personnels et dans tous les organismes soumis au contrôle pédagogique du ministère de l'Éducation nationale. Les établissements de l'enseignement supérieur ne sont pas concernés. Elle joue un rôle important dans l'élaboration des programmes scolaires, dans l'examen et la diffusion des pratiques pédagogiques. Elle peut exercer des missions d'audit dans d'autres services ministériels ou auprès de collectivités territoriales si le ministre l'y autorise.
INSERM	L'Institut national de la santé et de la recherche médicale est un organisme public français spécialisé dans la recherche médicale, placé sous la double tutelle du ministère de la Recherche et du ministère de la Santé.
INSHEA	Institut national supérieur de formation et de recherche pour l'éducation des jeunes handicapés et les enseignements adaptés (nouvelle appellation du CNFEI).
MACLÉ	Le Module d'approfondissement des compétences en lecture-écriture met en place une forme de décloisonnement pour permettre aux élèves les moins avancés dans l'acquisition de la lecture, de travailler au sein de l'école, dans des groupes à effectifs très réduits. C'est au minimum une période de trois semaines successives pendant lesquelles, à raison d'une heure et demie au moins chaque jour et si possible, toute une demi-journée, tous les élèves d'un même niveau d'enseignement bénéficient d'un encadrement significativement plus important que celui de leur classe habituelle.

MDPH	Les Maisons départementales des personnes handicapées ont été instaurées par le chapitre II du titre V de la loi n° 2005-102 du 11 février 2005. Elles ont pour fonction d'offrir un accès unique aux droits et prestations (...), à toutes les possibilités d'appui dans l'accès à la formation et à l'emploi et à l'orientation vers des établissements et services ainsi que de faciliter les démarches des personnes handicapées et de leurs familles. Elles sont, pour l'essentiel, placées sous la responsabilité du Conseil général et de son Président.
ODEDYS	Outil de dépistage des dyslexies (version 2). Ce test permet une analyse rapide du langage oral, des voies de lecture, de l'orthographe, des compétences phonologiques et visuo-attentionnelles et de la mémoire. Il est régulièrement utilisé par les médecins des services de promotion de la santé en faveur des élèves, médecins formés à son interprétation.
OMS	L'Organisation mondiale de la santé dépend de l'Organisation des nations unies (ONU) pour la santé publique.
PAI	Le Projet d'accueil individualisé est un protocole établi entre la famille et l'école avec l'aide indispensable du médecin scolaire qui, à partir des informations fournies par les parents, détermine les modalités particulières de la vie quotidienne à l'école et fixe les conditions d'intervention des partenaires afin de faciliter l'accueil d'un élève souffrant d'un handicap ou d'une maladie. Ce protocole n'est pas soumis à la CDAPH (la Commission des droits et de l'autonomie des personnes handicapées intégrée à la Maison départementale des personnes handicapées).
PARLER	Le programme de prévention de l'illettrisme et de l'échec scolaire PARLER (Parler apprendre réfléchir lire ensemble pour réussir), a été réalisé par une équipe de recherche (Maryse Bianco, Pascal Bressoux, Christine Lequette, Guillemette Pouget, le laboratoire des sciences de l'éducation de l'université Pierre-Mendès-France de Grenoble) menée par Michel Zorman. Il contribue à lutter contre l'échec scolaire par la mise en œuvre d'un programme pédagogique fondé sur l'état des connaissances de l'apprentissage de la lecture et d'un enseignement plus individualisé de la grande section de maternelle jusqu'à la fin du CE1.
PMI	Protection maternelle et infantile, créée par l'ordonnance du 2 novembre 1945
PPRE	Le Projet personnalisé de réussite éducative (loi du 23 avril 2005 – article 16) est un plan coordonné d'actions conçu pour répondre aux besoins d'un élève risquant de ne pas maîtriser les connaissances et les compétences du Socle commun. Il est proposé à l'école élémentaire et au collège, élaboré par l'équipe pédagogique, discuté avec les parents et présenté à l'élève.

PPS	Le Projet personnalisé de scolarisation (loi n° 2005-102 du 11 février 2005 - article 19 III) a remplacé le Projet individuel de scolarisation (PIS). Il permet l'accueil ou le maintien d'un élève en situation de handicap dans des conditions ordinaires de scolarité, tout en assurant un accompagnement par des professionnels du monde médical et/ou médicosocial. Il définit les modalités de déroulement de la scolarité et les actions pédagogiques, psychologiques, éducatives, sociales, médicales et paramédicales dont a besoin l'élève en difficulté. Ce sont les parents qui ont l'initiative du PPS et qui en font la demande à la Maison départementale des personnes handicapées. Chaque fois que l'état de santé d'un élève nécessite un aménagement significatif de son accueil à l'école ordinaire, mais n'engage pas des dispositifs spécialisés devant être validés par la MDPH, l'élaboration d'un Projet d'accueil individualisé (PAI) sera suffisante.
RASED	Les Réseaux d'aides spécialisées aux élèves en difficulté prodiguent des aides pédagogiques (pour les élèves qui ont des difficultés pour comprendre et apprendre alors qu'ils en ont les capacités) ou rééducatives (pour les élèves qui ont des difficultés à s'adapter aux exigences scolaires) aux élèves de maternelle et de primaire. Les RASED sont composés de psychologues scolaires et des professeurs des écoles spécialisés titulaires du CAPA-SH option E pour les aides à dominance pédagogique et CAPA-SH, option G pour les aides à dominance rééducative.
REPERDYS	Outil de repérage simple et rapide pour faciliter le dépistage des troubles spécifiques du langage écrit. Ce test de repérage comporte trois épreuves avec des tâches familières pour des élèves de CM : une copie, une dictée, une lecture à haute voix de mots isolés.
ROC	Repérage orthographique collectif.
SEGPA	La Section d'enseignement général et professionnel adapté accueille, au collège, des élèves présentant des difficultés d'apprentissage graves et durables qui ne maîtrisent pas toutes les connaissances et compétences définies dans le Socle commun, à la fin de l'école primaire.

SESSAD	Les Services d'éducation spécialisée et de soins à domicile ont été mis en place par le décret n° 89-798 du 27 octobre 1989. Ils apportent aux familles conseils et accompagnement ; ils favorisent l'intégration scolaire et l'acquisition de l'autonomie. Ils sont composés de plusieurs professionnels : chef de service, diverses spécialités médicales, psychologues, psychomotriciens, orthophonistes, éducateurs spécialisés, kinésithérapeutes, ergothérapeutes et parfois enseignants. Les interventions ont lieu dans les différents lieux de vie et d'activité de l'enfant ou de l'adolescent (domicile, crèche, école, centre de vacances…) et dans les locaux des SESSAD. En ce qui concerne l'intervention au sein de l'école, elle peut avoir lieu en milieu ordinaire ou dans un dispositif d'intégration collective (CLIS, ULIS). Chaque SESSAD est spécialisé par type de handicap et porte des appellations différentes. Le SESSAD s'occupe des jeunes de 0 à 20 ans atteints de déficiences intellectuelles ou motrices et de troubles du caractère et du comportement. Le SSAD (Service de soins et d'aide à domicile) suit les enfants polyhandicapés (déficience motrice et déficience mentale) âgés de 0 à 20 ans. Le SAFEP (Service d'accompagnement familial et d'éducation précoce) accueille les enfants de 0 à 3 ans déficients auditifs et visuels graves. Le SSEFIS (Service de soutien à l'éducation familiale et à l'intégration scolaire) se charge des enfants de plus de 3 ans déficients auditifs graves. Le SAAAIS (Service d'aide à l'acquisition de l'autonomie et à l'intégration scolaire) suit les enfants de plus de 3 ans atteints de déficience visuelle grave.
TICE	Les Technologies de l'information et de la communication pour l'enseignement recouvrent les outils et produits numériques pouvant être utilisés dans le cadre de l'éducation et de l'enseignement.
TSA	Troubles spécifiques des apprentissages
TSL	Troubles spécifiques du langage
TSLE	Troubles spécifiques du langage écrit.
TSLO	Troubles spécifiques du langage oral.
ULIS	Unités localisées pour l'inclusion scolaire (appelées UPI à l'origine : Unité pédagogique d'intégration) : voir la circulaire n° 2010-088 du 18 juin 2010. Ce sont des dispositifs collectifs en collège ou lycée pour la scolarisation d'élèves en situation de handicap ou avec des maladies invalidantes. Six types d'ULIS apparaissent dont une répondant aux besoins d'élèves présentant des TFC : Troubles des fonctions cognitives ou mentales (comprenant les troubles spécifiques du langage écrit et de la parole).

ZAREKI-R	Outil de dépistage des troubles du calcul et du traitement du nombre chez l'enfant.

Concernant les troubles et le langage

Buffer	Mémoire à très court terme = mémoire tampon = mémoire de travail. Stockage de la forme phonologique d'un mot, entre le moment où elle est trouvée dans le lexique phonologique, et celui où le mot est prononcé.
Capacités métaphonologiques	Activités de réflexion sur les propriétés phonologiques du langage. En particulier, il s'agit des capacités à discriminer et manipuler les unités sonores sublexicales (syllabe, attaque, rime, phonème) de la langue parlée (ou capacités à manipuler les sons indépendamment de leur sens).
Cognition	Ensemble des représentations et des processus qui réalisent la fonction de connaissance (travail du traitement de l'information par le cerveau).
Conscience phonémique	Conscience phonologique portant sur les phonèmes. L'apprentissage de la lecture et de l'écriture permet son développement.
Conscience phonologique	Capacité de segmenter la parole en une succession unités sublexicales (rimes, syllabes, phonèmes) et de manipuler les unités sublexicales obtenues. La conscience phonologique s'acquiert par le développement des capacités métaphonologiques. Le niveau de conscience phonologique portant sur les rimes et les syllabes chez l'enfant prélecteur est ce qui prédit le mieux les futures compétences en lecture.
Dyslexie	Trouble spécifique du langage écrit (lecture et transcription) chez un enfant normalement stimulé et scolarisé, ne présentant pas de déficit sensoriel ou intellectuel.
Dysgraphie	Défaut d'écriture, traçage maladroit des traits constitutifs des lettres, irrégularité de la ligne de base et des lettres, anomalie des espaces, exagération des jambages, ratures.
Dysorthographie	Difficulté spécifique d'apprentissage de l'orthographe. La dyslexie s'accompagne toujours de dysorthographie. Dans certains cas, après plusieurs années de rééducation, la dyslexie devient discrète et la dysorthographie passe alors au premier plan.
Dysphasie de développement	Trouble spécifique, durable et déviant de l'acquisition des aptitudes de la parole et du langage oral, survenant chez un enfant indemne de pathologie neurologique évidente.
Dyspraxie de développement	Désordre de la réalisation motrice chez l'enfant, secondaire à un trouble de la planification de gestes appris.

Effet de fréquence des mots	Les mots rencontrés fréquemment sont mieux lus que les mots rencontrés rarement (témoignant de l'utilisation de la voie lexicale).
Effet de lexicalité	Les mots sont mieux lus que les logatomes, qui, eux, sont lexicalisés. Cet effet est rencontré lorsque la voie phonologique (par assemblage) est défaillante, alors que la voie lexicale (par adressage) est suffisamment performante.
Effet de longueur du mot	Les mots courts sont mieux lus que les longs. Cet effet est rencontré lorsque le lecteur utilise la voie phonologique.
Effet de régularité	Les mots réguliers sont mieux lus que les mots irréguliers (qui sont souvent régularisés). Cet effet est rencontré lorsque le lecteur utilise la voie phonologique, alors que de la voie lexicale est défaillante.
Empan mémoriel	Nombre d'éléments (mots, chiffres…) que l'on peut retenir après une seule énumération.
Empan visuel	Étendue des signes graphiques que peut analyser le système visuel en une seule fixation.
Erreur de lexicalisation	Transformation d'un logatome en mot par fausse reconnaissance du mot (ex : « chanon » lu « chaton »). La voie directe (globale par adressage) est utilisée, par défaillance de la voie indirecte, phonologique, par assemblage. Voir logatome et non-mot.
Erreur phonologique	Confusion phonologique au niveau de certaines lettres des mots lus ou écrits (ex. confusion « sourdes-sonores » : p/b, t/d, s/z, k/g, f/v, ch/z).
Erreur de régularisation	Erreur consistant à lire ou à écrire un mot irrégulier de façon phonologique (en appliquant la règle de conversion de graphème-phonème). Fréquent lorsque la voie globale (par adressage) de lecture est défaillante.
Erreur visuelle	Confusion visuelle entre certaines lettres proches graphiquement d'un mot lu ou écrit (p/q, b/d, m/n, l/i, a/o…).
Graphème	Unité minimale de la forme écrite d'une langue alphabétique ayant son correspondant dans la forme orale. (ex. s, c, ç, ss, sc, sont des graphèmes correspondant au phonème « s »).
Illettrisme	Une personne illettrée a été soumise à un apprentissage du langage écrit, mais n'a pas acquis une réelle capacité à lire ou à écrire.
Lexique mental	Dictionnaire d'images mises en mémoire à long terme par un individu. À chaque mot enregistré sont associés une image et un sens.
Lexique orthographique	Dictionnaire des formes orthographiques des mots mises en mémoire à long terme par un individu (avec toutes les lettres, dans le bon ordre). L'importance du lexique est fonction de la quantité de mots avec lesquels cet individu a été en contact à l'écrit.

Lexique phonologique	Dictionnaire des formes sonores des mots mises en mémoire à long terme par un individu. L'importance du lexique est fonction de la quantité de mots avec lesquels cet individu a été en contact à l'oral.
Logatome	Voir « non-mot »
Mémoire de travail	Mémoire à court terme. Elle est par exemple utilisée pour le stockage de la forme phonologique d'un mot, entre le moment où elle est reconnue dans les lexiques (procédure d'adressage) et celui où le mot est prononcé.
Morphosyntaxe	Relation entre la forme des mots et leur sens. Une transformation du radical du mot donne une indication syntaxique (marque du genre et du nombre, terminaison des verbes...). Par exemple, le « s » ou le « ent » marquent le pluriel (les enfants jouent).
Mot irrégulier	Mot qui ne se prononce pas comme il s'écrit (ex : « monsieur », « orchestre »). Pour lire correctement un mot irrégulier, il faut l'avoir déjà rencontré et l'avoir inscrit dans son lexique orthographique. On utilise ainsi la voie lexicale de lecture (par adressage).
Mot régulier	Mot qui se prononce comme il s'écrit, en respectant la règle de conversion grapho-phonémique (ex. domino).
Non-mot ou logatome	Séquence de lettres ou de phonèmes qui, n'ayant pas de signification, ne constitue pas un mot, mais respecte les séquences habituelles de la langue. Les logatomes ne peuvent être lus que par la voie phonologique (par assemblage). Les non-mots ressemblent à des mots existants (« pouple »). Ils sont encore appelés pseudo-mots.
Paralexie	Remplacement d'une lettre (ou d'une suite de lettres) par une autre, d'un mot par un autre.
Phonème	Élément minimal, non segmentable de la langue parlée (la plus petite unité sonore de la langue parlée permettant des distinctions sémantiques). La langue française comprend 36 phonèmes.
Prosodie	Expression de l'intonation, de l'accent, du rythme, du débit et des pauses dans la parole. Ensemble des règles qui les régissent dans une langue donnée.
Pseudo-mot	Non-mot ou logatome ressemblant à un mot existant, par exemple « ixtradonaire ».
Rime	Partie orale terminale de la syllabe (phonème qui suit l'attaque).
Sémantique	Étude du sens des mots et des phrases, relatif au sens, à la signification des unités linguistiques.
Syllabe	Unité linguistique intermédiaire entre le phonème et le mot (unité articulatoire).
Syntaxe	1/Partie de la grammaire qui traite de la disposition et de la fonction des mots ou des propositions dans une phrase. 2/Ensemble des règles, caractéristiques d'une langue donnée, par lesquelles les unités linguistiques se combinent en phrases.

Bibliographie et sitographie

inspirées notamment par celles de l'INSHEA

Textes officiels

• Février 2000, rapport de Jean-Charles Ringard, *À propos de l'enfant dysphasique et de l'enfant dyslexique*. Ce rapport est le fruit de la réflexion engagée à l'automne 1999 au sein d'une mission confiée par le ministère de l'Éducation nationale à Jean-Charles Ringard, Inspecteur d'Académie, mission qui a associé l'Éducation nationale, le secrétariat d'État à la Santé et aux handicapés, les représentants des enseignants, les professionnels de santé et d'éducation ainsi que des associations de parents.

• 21 mars 2001, *Plan d'action pour les enfants atteints d'un trouble spécifique du langage écrit et oral,* ministères de la Santé et de l'Éducation nationale.

• Janvier 2002, *Enquête de l'IGAS/IGEN* sur les dispositifs de prise en charge (médicosociale, sanitaire et pédagogique) des troubles complexes du langage.

• 31 janvier 2002, circulaire n° 2002-024, *Mise en œuvre d'un plan d'action pour les enfants atteints d'un trouble du langage oral ou écrit.*

Le plan global proposé doit permettre d'améliorer le dépistage des troubles spécifiques au langage oral ou écrit (dysphasies, dyslexies) et la prise en charge des élèves atteints de ces troubles, grâce à des stratégies pédagogiques diversifiées, aux réseaux d'aides spécialisées (RASED), aux classes d'intégration scolaire (CLIS) et aux unités pédagogiques d'intégration (UPI) dans les collèges. Est préconisée la mise en place d'outils collégiaux d'évaluation, de dépistage et de réflexion ainsi que la prise en compte de ces troubles dans la formation des personnels de santé et des enseignants spécialisés - options E, F, G.

• 9 mai 2002, circulaire n° 2002-111, *Adaptation et intégration scolaires, des ressources au service d'une scolarité réussie pour tous les élèves.*

Cette circulaire fait le point sur les moyens mobilisés pour permettre à tous les élèves de trouver au sein des établissements scolaires les ressources nécessaires pour y être accueillis et bénéficier des adaptations pédagogiques nécessaires. Elle rappelle la diversité des dispositifs d'adaptation et d'intégration répondant à des besoins différents : Sections d'enseignement général et professionnel adapté (SEGPA), Classes d'intégration scolaire (CLIS), Unités pédagogiques d'intégration (UPI) ; elle précise le rôle des partenaires de la politique académique de l'adaptation et de l'intégration scolaires. En annexe : le fonctionnement des Commissions de circonscription préscolaire et élémentaire (CCPE) et des Commissions de circonscription du second degré (CCSD).

• Décembre 2003, *Apprendre à lire avec un trouble du langage, prévenir l'illettrisme,* DESCO.

• 30 décembre 2005, décret n° 2005-1752 relatif au *parcours de formation des élèves présentant un handicap.*

• 11 février 2005, loi n° 2005-102 pour *l'égalité des droits et des chances, la participation et la citoyenneté des personnes handicapées.*

• Handiscol, *Modifications des dispositions du code de l'éducation introduites par la loi du 11 février 2005.*

• 19 août 2005, circulaire n° 2005-129, *Scolarisation des enfants handicapés,* préparation de la rentrée 2005.

• 24 août 2005, décrets n° 2005-1013 et n° 2005-1014, *Les dispositifs d'aide et de soutien pour la réussite des élèves au collège.*

• 21 décembre 2005, décret n° 2005-1617 relatif aux *aménagements des examens* et concours de l'enseignement scolaire et de l'enseignement supérieur pour les candidats présentant un handicap.

• 27 décembre 2011, circulaire n° 2011-220 concernant *l'aménagement des examens* remplaçant celle de 2006.

• 2007-2008, École et collège : tout ce que nos enfants doivent savoir, le *Socle commun de connaissances et de compétences* (voir site Éduscol).

Le Socle est organisé en sept compétences, chacune étant conçue comme une combinaison de connaissances, de capacités, et d'attitudes, il constitue une référence commune pour tous ceux qui confient leurs enfants à l'École, mais aussi pour tous les enseignants. L'acquisition de ce Socle fera l'objet d'évaluations afin de vérifier la progression des élèves.

• 4 avril 2008, circulaire n° 2008-042, préparation de la rentrée 2008 : circulaire qui définit la scolarisation des enfants handicapés comme une des 10 grandes orientations prioritaires.

• 2008-2009, *Qu'apprend-on à l'école élémentaire ?* Les programmes.

• 2008-2009, *Qu'apprend-on à l'école maternelle ?* Les programmes.

• 14 juin 2010, arrêté, Modèle national du *Livret personnel de compétences.*

• 17 juillet 2009, circulaire n° 2009-087, *Scolarisation des élèves handicapés à l'école primaire ; actualisation de l'organisation des classes pour l'inclusion scolaire (CLIS).*

• 18 juin 2010, circulaire n° 2010-088, *Dispositif collectif au sein d'un établissement du second degré*.

• 15 février 2012, arrêté relatif à la dispense et l'adaptation de certaines épreuves ou parties d'épreuves obligatoires de la langue vivante à l'examen du baccalauréat général, technologique ou professionnel pour les candidats présentant une déficience du langage écrit, une déficience du langage oral, une déficience de la parole, une déficience de l'automatisation du langage écrit.

Ressources en ligne

À propos de l'enfant dysphasique et de l'enfant dyslexique, rapport de Jean-Charles Ringard, février 2000.

Plan gouvernemental d'action pour les enfants atteints d'un trouble spécifique du langage, Ministère de la Santé, 21 mars 2001. *www.sante.gouv.fr/IMG/pdf/plandysl.pdf*

L'orthophonie dans les troubles spécifiques du développement du langage oral chez l'enfant de trois à six ans, document de l'agence nationale d'accréditation et d'évaluation en santé (ANAES), mai 2001. *www.has-sante.fr*

Apprendre à lire avec un trouble du langage, ministère de l'Éducation nationale de l'Enseignement supérieur et de la Recherche, collection Prévenir l'illettrisme, décembre 2003. *www.education.gouv.fr*

L'évolution du langage chez l'enfant, de la difficulté au trouble, Marc Delahaie, Éditions INPES, juin 2004. *www.inpes.sante.fr*

L'évolution de l'enseignement de la lecture en France depuis dix ans, Observatoire national de la lecture (ONL), janvier 2004.

L'apprentissage de la lecture à l'école primaire, ONL, rapport de l'Inspection générale de l'Éducation nationale, groupe de l'enseignement primaire, novembre 2005.

Rapport de l'INSERM : dyslexie, dysorthographie, dyscalculie, bilan des données scientifiques, Éditions INSERM, février 2007 (vidéo depuis 2010). *www.inserm.fr*

Les troubles de l'évolution du langage chez l'enfant, ministère de la Santé et de la Solidarité, mars 2007. *www.sante.gouv.fr/IMG/pdf/evolution_guide_pratique.pdf*

Troubles « dys » de l'enfant, guide ressources pour les parents, INPES, 2010. *www.inpes.sante.fr*

Le langage à l'école maternelle, Éditions du SCÉRÉN, 2011. *http://eduscol.education.fr/pid23249-cid48415/apprentissage-de-la-langue-francaise.html*

Apedys (association) *www.apedys.org*

Bien lire : des outils des fiches pratiques, des documents théoriques et des adresses utiles pour mieux répondre aux difficultés des enfants et des adolescents, professionnels de l'éducation et leurs partenaires. www.cndp.fr/bienlire

Coridys : Site de référence sur les troubles du langage et troubles apparentés (dyslexie, dysorthographie, dyscalculie, dysgraphie, troubles attentionnels, dyspraxie, hyperactivité, dysphasie). www.coridys.asso.fr

Les articles sont sur le site de Coridys.

Articles :

– Ingrid Paulsen, professeur d'anglais, *Actes du colloque de l'Union Nationale France Dyslexie-Dysphasie*, octobre 1988, diffusion APEDA Nord/Pas-de-Calais ;

– Jean-Pierre Walch, neuropsychologue aux Lavandes, *Quelques remarques à propos de l'utilisation d'éléments tirés d'un bilan neuropsychologique dans la pratique pédagogique*.

Éduscol : Portail national des professionnels de l'éducation. http://eduscol.education.fr

INSHEA : Institut national supérieur de formation et de recherche pour l'éducation des jeunes handicapés et les enseignements adaptés, 58-60, avenue des Landes 92150 Suresnes, Tél. : 0141443100. www.inshea.fr

Laboratoire cognisciences et apprentissages, IUFM de Grenoble, 30 avenue M. Berthelot 38100 Grenoble, Tél. : 0476747467. www.cognisciences.com

ODÉDYS : Outil de dépistage des dyslexies, téléchargeable sur ce site. Cet outil est issu d'une batterie de test, le BALE (Bilan analytique du langage écrit). Il est conçu comme un examen rapide qui n'utilise qu'un nombre restreint d'épreuves : une épreuve donnant l'âge lexique, une épreuve de lecture et d'orthographe, deux épreuves métaphonologiques, une épreuve de mémoire verbale à court terme, deux épreuves de traitement visuel. Il ne mesure pas l'intensité du trouble. www.cognisciences.com/rubrique.php3?id_rubrique=1

Mission académique pour la scolarisation des élèves en situation de handicap (MASESH), Paris http://www.ac-paris.fr/portail/jcms/piapp1_18399/mission-academique-pour-la-scolarisation-des-eleves-en-situation-de-handicap

Ouvrages et articles

ANAE *: Approche neuropsychologique des apprentissages chez l'enfant*

PDG Communication 30 rue d'Armaillé, 75017 Paris.

N° 61, 62-63, 66, 74-75, 76-77, 80, 96-97, 107-108, 109, 111, 116.

ANAE, **n° 62-63**, mai 2001, vol. 13, p. 67-158.

Dossier consacré à la dyslexie. Il regroupe les principaux articles parus depuis dix ans publiés dans la revue ANAE. Quatre parties le composent : Illettrisme et dyslexie : aspects sociaux éducatifs ; langage parlé, langue écrite ; aspects fondamentaux et physiopathologiques ; exemples d'évaluation ; prises en charge thérapeutiques.

À noter en fin de dossier un entretien avec Jean-Charles Ringard, Inspecteur de l'Éducation nationale et auteur du rapport « À propos de l'enfant dysphasique et de l'enfant dyslexique » (2000).

ANAE, **n° 66,** mars 2002, vol. 13, p. 7-64.

Dépistage des troubles de l'apprentissage scolaire : tests, bilans, batteries ; intérêts et limites, Catherine Billard présente la *BREV* (Batterie clinique d'évaluation des fonctions cognitives chez les enfants d'âge scolaire et préscolaire) qu'elle a conçue, Michel Zorman le *BSEDS 5-6* (Bilan de santé évaluation du développement pour la scolarité 5 à 6 ans) et Brigitte Roy l'*ERTL 4* et l'*ERTL 6* (Épreuves de repérage des troubles du langage). Chaque présentation des différentes batteries est suivie d'articles de discussions dans lesquels les intervenants analysent les intérêts et les limites de celles-ci.

ANAE, **n° 74-75**, décembre 2003, vol. 15, p. 237-247.

Monique Jacquier-Roux, *Dyslexie : prise en compte au collège*. Une expérience de regroupement d'élèves dyslexiques de 6e au sein d'une classe ordinaire, décembre 2002. Expérimentation dans trois collèges sur la prise en compte de la dyslexie en classe de 6e. Cinq à sept élèves dyslexiques sont intégrés à une classe ordinaire hétérogène. Mise en place de l'action. Description des adaptations pédagogiques selon les disciplines et du cadre administratif le plus favorable ainsi que des propositions de remédiations possibles. Les résultats sont positifs. Cependant il apparaît un déficit important de formation des enseignants, une insuffisance de moyens pour travailler en concertation et la nécessité d'une collaboration étroite entre enseignants et personnel médicosocial de l'établissement.

ANAE, **n° 76-77**, mars 2004, vol. 15, p. 7-132.

Dysphasies : aspects scientifiques, pédagogiques et vie quotidienne.

Actes du colloque de l'association « Avenir Dysphasie France ». Qu'est-ce que la dysphasie ? Sont abordés les thèmes suivants : être enfant et dysphasique, l'imagerie fonctionnelle, la génétique, le fonctionnement familial, le dépistage, la rééducation, la scolarité, le langage et ses troubles.

ANAE, **n° 80**, décembre 2004, vol. 16.

Joëlle Levet-Reynaud, *Je construis ma lecture, je construis ma grammaire.*

ANAE, **n° 107-108**, mai-juin 2010, vol. 22.

L'apprentissage de la lecture : État des connaissances, outils et technologies d'accompagnement.

Première partie : Difficultés d'apprentissage de la lecture : hypothèses actuelles et implications pour l'évaluation et la remédiation.

Deuxième partie : Outils d'accompagnement de l'apprentissage de la lecture : évaluation, remédiation, dispositifs de formation et technologies de l'information.

ANAE, **n° 109**, septembre 2010, vol. 22.

Enseignants/orthophonistes : partenariats, interactions et complémentarités.

L'action Com'ens à l'école maternelle.

Difficultés scolaires ou dyslexies : Quels aménagements pédagogiques ? Quels aménagements aux examens ? Proposition d'un outil d'identification de l'école primaire jusqu'au baccalauréat : le PIAPEDE.

Conférence de consensus : l'examen psychologique et l'utilisation des mesures en psychologie de l'enfant.

Testons les tests : la figure complexe de Rey.

ANAE, **n° 111**, février 2011, vol. 13.

La dyspraxie.

N° coordonné par le docteur Sibylle Gonzales-Monge (CHU Lyon).

Dyspraxie et dysphasie : l'hypothèse commune du trouble d'apprentissage procédural.

Pertinences et limites des aménagements pédagogiques et des compensations pour l'enfant dyspraxique : du conseil pédagogique à l'utilisation de l'ordinateur en classe.

ANAE, **n° 116**, février 2012, vol. 24.

L'apprentissage du langage écrit et ses troubles.

Un bilan de 25 années d'approches cognitives.

N° coordonné par le professeur Bernadette Pierrart (UCL) et Université de Mons en Belgique.

Huit articles fournissent un état de la question sur l'acquisition de la lecture, de l'orthographe. Tous mettent en évidence l'importance des compétences en langage oral pour des progrès en langage écrit.

Becque Brigitte (de), Blot Stéphane, *La méthode des jetons*, Isbergues : Ortho édition, 1994. Ce coffret, conçu par une orthophoniste et un enseignant pour des enfants dysphasiques, est composé de fiches pour l'enseignant et pour les élèves, d'une boîte de jetons, d'étiquettes et d'une cassette-vidéo. Il s'agit que l'enfant visualise les phénomènes syntaxiques pour améliorer son discours. La méthode créée pour des enfants dysphasiques peut être utilisée de manière souple pour d'autres pathologies langagières.

Billard Catherine (direction), *L'état des connaissances. Troubles spécifiques des apprentissages,* Signes Éditions, 2004 et 2005.

8 livrets thématiques, 3 livrets de cas cliniques + 1 CD-Rom : *Anthony, Clémentine, Saïd et les autres…*

Une découverte résolument concrète des Troubles spécifiques des apprentissages

Cet ouvrage où interviennent 70 experts francophones fait un état des lieux sur les recherches actuelles en pédiatrie, pédopsychiatrie, neuropsychologie, orthophonie, ergothérapie, psychologie, etc. Il apporte des informations précises sur le développement de la parole, les apprentissages de l'écrit, du calcul. Chacune des interventions est suivie d'une bibliographie fournie. Les livrets présentant des cas cliniques permettent de faire la synthèse des études pour chacun des enfants présentés.

Billard Catherine, Bricout Laure, Ducot Béatrice, Richard Geneviève, Ziegler Johannes, Fluss Joel, « Évolution de la lecture, compréhension et orthographe en environnement socio-économique défavorisé : implication des facteurs cognitifs et comportementaux sur le devenir à 2 ans », *Revue d'épidémiologie et de santé publique,* 2010.

Bruner Jerome S., *Le développement de l'enfant. Savoir faire, savoir dire*, PUF, 1963 ; nouvelle édition, 1998.

Cheminal Renée et BrunVincent, *Les dyslexies*, Masson, 2002.

Chevrie-Muller Claude, Narbona Juan, *Le langage de l'enfant : aspects normaux et pathologiques,* Masson, 1996 ; nouvelle édition, 2007.

L'ouvrage, en trois parties, présente tout d'abord le processus normal d'acquisition du langage en lien avec le développement perceptif, moteur, affectif et social de l'enfant. Puis l'on découvre les méthodes psycholinguistiques et neuropsychologiques permettant d'évaluer le développement de l'enfant. Enfin une dernière partie fait l'objet des pathologies du langage.

Courrier de Suresnes puis *La nouvelle revue de l'adaptation et de la scolarisation,* INSHEA, 58-60, avenue des Landes 92 150 Suresnes.

Troubles de l'apprentissage, **n° 27**, 3e trimestre 2004.

- p. 77-90 Liliane Sprenger-Charolles, « Apprentissage de la lecture et dyslexie : état des recherches ».

L'article fait le point des recherches sur la mise en place des compétences spécifiques à la lecture lors de l'acquisition normale, sur les dysfonctionnements relevés chez les dyslexiques et sur les origines possibles de ces dysfonctionnements. Il montre la prévalence des déficits phonologiques dans la dyslexie.

- p. 91-102 Frédérique Lahalle, « Lire, copier, rédiger : les difficiles apprentissages de l'élève dyslexique ».

Dans la prise en charge des élèves dyslexiques il n'existe pas de recette miracle, stéréotypée et mécanique que l'on pourrait appliquer à tous : chaque enfant dyslexique est différent. En ce cas, plus que pour n'importe quel enfant, chacun devrait pouvoir bénéficier d'adaptations pédagogiques spécifiques. Le rôle de l'enseignant est d'aider l'enfant à se construire avec sa dyslexie. Voici quelques pistes de réflexions et suggestions pour aider les enseignants et les parents à imaginer des stratégies d'apprentissages pour ces enfants.

Couteret Patrice, *Les troubles spécifiques du langage oral et écrit,* CD-Rom, INSHEA, CRDP, Suresnes et Lille, 2005.

Outil multimédia d'information et de formation pour les personnels de l'Éducation nationale et les parents. Mise au point sur les connaissances actuelles concernant les troubles spécifiques du langage oral et écrit : repérage, dépistage, démarches pédagogiques. Aide au travail multidisciplinaire.

Dansette Geneviève, Plaza Monique, *Dyslexie. Dépistage à l'école, au quotidien. Conseils pratiques*, Éditions Josette, 2003.

Dehaene Stanislas, *Les neurones de la lecture,* Odile Jacob, 2007.

De Weck Geneviève, *Troubles du développement du langage,* Delachaux et Niestlé, 1996.

De Weck Geneviève, Rosat Marie-Claude, *Troubles dysphasiques, comment raconter, relater, faire agir à l'âge préscolaire,* Masson, 2003.

Les troubles du développement du langage oral sont étudiés ici sous l'angle de leurs incidences sur les divers aspects du discours et de leurs liens avec le contexte d'énonciation. La première partie est consacrée à une synthèse des travaux sur les dysphasies selon différentes approches : structurale, pragmatique et discursive. À partir d'une présentation théorique de trois genres de discours (le conte, le récit d'expérience personnelle et le mode d'emploi), la seconde partie fait un tour d'horizon sur le développement de ces différents genres chez les enfants jeunes, ceci sous l'angle de leur contexte d'utilisation et de leurs spécificités linguistiques. La troisième partie rend compte et discute de diverses études sur le développement de ces pratiques langagières chez des enfants de quatre à six ans, les uns avec troubles dysphasiques, les autres sans troubles. Des extraits de dialogues viennent éclairer le propos parfois un peu technique.

Fayol Michel, Jaffré Jean-Pierre, *Orthographier,* PUF, 2008.

Garnier-Lasek Dominique, *La lecture par imprégnation syllabique,* Ortho édition, 2008.

Gérard Christophe-Loïc, *L'enfant dysphasique – Évaluation et rééducation,* De Boeck Université, 1993 ; nouvelle édition, 2007.

Gérard Christophe-Loïc, Brun Vincent, *Les dysphasies*, Masson, 2003.

Habib Michel, *Dyslexie : le cerveau singulier,* Solal, 1997.

Point sur les connaissances actuelles à propos du développement des fonctions cognitives et des facteurs qui peuvent le perturber. Sont plus particulièrement abordés les mécanismes cérébraux de la lecture et de ses troubles (dyslexies) tels qu'ils peuvent être appréhendés à l'aide des techniques d'imagerie médicale les plus récentes.

Habib Michel, *La dyslexie à livre ouvert,* Resodys, 2003.

Mazeau Michèle

– *Dysphasies, troubles mnésiques, syndrome frontal chez l'enfant,* Masson, 1999.

– *Neuropsychologie et troubles des apprentissages – Du symptôme à la rééducation,* Masson, 2005.

– *Conduite du bilan neuropsychologique chez l'enfant,* Masson, 2008.

– *L'enfant dyspraxique et les apprentissages*, Masson, 2010.

Monfort Marc, Juarez-Sanchez Adoracion, *L'intervention dans les troubles graves de l'acquisition du langage et les dysphasies développementales : une proposition de modèle interactif*, Ortho-édition, 1996.

Après avoir fait le point sur les aspects théoriques et cliniques des troubles graves du langage oral et en particulier des dysphasies, l'un des auteurs développe les dix principes des interventions rééducatives et/ou pédagogiques adaptées. De nombreux exemples concrets viennent à l'appui des diverses propositions et plusieurs cas d'enfants sont décrits.

Romagny Dominique-Anne, Revol Olivier, Chevrie-Muller Claude, *Repérer et accompagner les troubles du langage : outils pratiques, mesures pédagogiques, adaptatives et rééducatives,* Chronique sociale, 2014.

Ce livre s'adresse simultanément aux parents, aux enseignants, aux médecins et psychologues scolaires, aux auxiliaires de vie, aux assistantes maternelles et aux orthophonistes auxquels il propose des outils de repérage et de dépistage, des activités pour développer le langage oral.

Observatoire national de la lecture

– *Apprendre à lire,* Odile Jacob/CNDP, 1998.

– *Les troubles de l'apprentissage de la lecture,* février 2005.

Organisation mondiale de la santé

a) *Classification internationale des handicaps : déficiences, incapacités, désavantages*, CTNRHI – INSERM – PUF, 1993.

b) CIF – 2 : *classification internationale du fonctionnement, du handicap et de la santé*, Projet final, 2001.

« Les troubles du langage », *Sciences et vie,* hors-série juin 2004.

Silvestre de Sacy Clotilde, *Bien lire et aimer lire*, Livre 1, cours préparatoire et élémentaire (cycle des apprentissages fondamentaux). Méthode phonétique et gestuelle créée par Suzanne Borel-Maisonny, Édition ESF, 2000.

Les gestes Borel-Maisonny sont associés à l'étude des phonèmes permettant ainsi aux enfants dyslexiques une meilleure reconnaissance de ceux-ci.

Sprenger-Charolles Liliane, Colé Pascale, *Lecture et dyslexie : Approche cognitive,* Dunod, 2003 ; nouvelle édition, 2006.

Tout d'abord un exposé très complet sur la lecture experte et l'apprentissage de la lecture avant d'aborder les troubles spécifiques d'apprentissage liés aux différents types de dyslexie. L'un des auteurs compare différentes langues et analyse diverses hypothèses explicatives (auditive, visuelle, phonologique et motrice) et en ajoute une autre, la perception catégorielle. Elle rend compte de l'utilité de certains programmes d'aides à l'apprentissage de la lecture

Valdois Sylviane, Colé Pascale, David Danielle, *Apprentissage de la lecture et dyslexies développementales – De la théorie à la pratique orthophonique et pédagogique*, Solal, 2004.

Comment les avancées théoriques ces dernières années dans le domaine de l'apprentissage de la lecture se traduisent au niveau de l'évaluation et de la prise en charge des dyslexies développementales. Les trois premiers chapitres portent sur l'apprentissage normal de la lecture et le rôle des traitements phonologiques, morphologiques et visuels dans cet apprentissage. Les quatre suivants sont plus spécifiquement consacrés aux dyslexies développementales et à la nature des dysfonctionnements cognitifs (troubles phonologiques, troubles de la perception auditive ou déficits visuo-attentionnels) qui leur sont associés. Les trois chapitres suivants présentent des méthodes de rééducation et le dernier est consacré à la prévention et à la prise en compte des troubles dyslexiques en contexte scolaire.

Autres ressources

Brazeau-Ward Louise, centre canadien, disponible sur

www.dyslexiacentre.ca/french/files/la_dyslexie.pdf

Danièle Dumont

http://danieledumont.monsite-orange.fr/

Éric Hurtrez

http://eric.hurtrez.upi.tsl.free.fr/

Librairie spécialisée Mot à mot, 5 rue Dugommier 75012 Paris, tél : 01 43 44 07 72.

www.mot-a-mot.com/contact.html

Base de données lexicales

Brulex : *http://lcld.ulb.ac.be/outils/brulex*

Novlex : *www2.mshs.univ-poitiers.fr/novlex/*

Manulex : *www.manulex.org*

Dictionnaire de pictogrammes

www.isaac-fr.org

www.catedu.es/arasaac/index.php et les logiciels associés

Exercices de français langue étrangère niveau CP à proposer aux adolescents

www.lepointdufle.net

Ressources adaptées aux enfants dyslexiques, littérature enfantine

• *Les Mots à l'endroit,* Éd. Danger public, *www.dangerpublic.fr*
Collection de contes

• *Romans de toujours,* Éd. Adonis, *www.romans-de-toujours.com*

Cette collection fait partie du projet Sauvegarde et diffusion du patrimoine littéraire mondial réalisé en collaboration avec l'Organisation internationale des pays francophones (OIF) et l'UNESCO.

À chaque livre, sont ajoutés : une BD, un CD-Rom qui contient le texte original en numérique et sa version audio lue par des artistes confirmés.

• *La fée des mots,* www.lafeedesmots.fr

Les textes sont rendus accessibles : le lexique, la syntaxe, le calibrage des différentes unités (phrases, chapitres, livre) et la mise en forme.

• Atouludik éditions : 29 Boulevard Bordier 95370 Montigny-Lès-Cormeilles, 01 39 31 28 96, *atouludikeditions@club-internet.fr*

• *Benjamin n'aime pas lire : une histoire sur la dyslexie,* Kristien Dieltiens, Marjolein Pottie (ill.), coll. « J'apprends la vie », Enfants Québec, 2008

• *J'ai attrapé la dyslexie,* Zazie Sazonoff, coll. Varia, Rouergue, 2005

• *Herman ou la merveilleuse histoire d'un petit garçon dyslexique,* Pascale Poncelet, Bérengère Sudmann (ill.), Alban, 2004

• Livres ACCES, http://livres-acces.fr, répertorie l'ensemble des livres de jeunesse en édition adaptée à destination des enfants en situation de handicap.

• ARCIS Diffusion : vidéos

78470 St Rémy les Chevreuse, tél: 01 41 23 08 80. info@cerimes.fr

- *De la fonquiture sur le podoggan ou comment débusquer la dyslexie*
- *Des caramels pour Arthur*
- *Un cactus dans les bras*

• Orthomalin, *www.orthomalin.com :* le portail pratique de l'orthophonie

Livres, jeux et logiciels

• ADEPRIO Diffusion : logiciels

13 rue de la Libération 95420 Magny en Vexin

www.adeprio.com

Logiciels

1. Logiciels non rééducatifs pour la remédiation

• Marie-Thérèse Le Normand, *Discrimination.*

• Johannes Ziegler, *Domino* (lecture).

• *Lectra (Lectramini).* Outil d'entraînement à la lecture. Logiciel ouvert (textes choisis et saisis par l'enseignant au format texte). Le logiciel permet de générer automatiquement toutes sortes d'exercices : closure, reconstitution, mots outils, mots éclairs, phrases mélangées, phrases incomplètes, phrases sans espace, lecture rapide, mots identiques, intrus, ordre alphabétique, memory, quiz, textes mélangés, textes à corriger.

• La série des logiciels Floc : www.floc-multimedia.com

– *PhonoFloc*

– *Phono-Grapho*

• *Lecture au galop.* Traiter les troubles de lecture et d'orthographe liés à une mauvaise maîtrise de la lecture. Accélérer la vitesse de déchiffrage et améliorer la compréhension :

– lecture seule ;

– lecture/transcription ;

– lecture rapide : 5 exercices : lecture grapho-phonémique, lecture sémantique, lecture signifiante, lecture similitude, lecture compréhension (définitions de mots, devinettes, affirmations – V ou F –, capacité de jugement – possible ou non) ;

– lecture défilement soit vertical, soit horizontal (vitesse et cache paramétrable).

Les fichiers permettent de travailler sur les capacités transversales nécessaires à l'acquisition de l'écrit (apport de la neuropsychologie) : mémoire de travail, reconnaissance de rimes, analyse métaphonologique et métalinguistique, prise d'indices visuels.

• *Orthogram plus.*

Permet d'acquérir les principales règles d'accord (D/N, N/Adj, S/V) et d'améliorer l'orthographe d'usage.

Il fait appel à la mémoire visuelle, la prise d'indices, la généralisation des règles, le repérage des liens syntaxiques ou sémantiques, la structure de la phrase, l'analyse logique et la maîtrise des temps de conjugaison.

- *Scargouli*. Parcours de grammaire et d'orthographe sous forme ludique (de 8 ans jusqu'au CM2).
- *1 000 mots pour apprendre à lire (cycle 2)* : écoute, reconnaissance, combinatoire.
- *20/20 en orthographe.*
- *Lecthem.*
- *Lirebel.*
- *Objectif lire.*
- *Tell me more*. Les sons sont traités graphiquement et de manière ludique.
- *La course aux nombres,* Stanislas Dehaene.
- *Posop :* logiciel gratuit pour la pose des opérations.
- *Géoplan, Géospace, Trousse Géo Tracé (TGT), Géogébra, Cabri-géomètre* : Géométrie.
- *Imagiers multimédia*. Association d'une image à un mot, écrit et prononcé (trouble lexico-sémantique) www.imagiers.net
- *PVoice* ou *Donner la parole* permettent de créer des planches de communication (gratuits).
- *Dictionnaire visuel.*

2. Logiciels destinés à compenser les difficultés rencontrées par l'élève dans sa scolarité

Leur fonction est supplétive ou prothétique : ils fonctionnent par une sorte de transcodage du canal déficitaire afin de faciliter l'autonomie dans le suivi des activités pédagogiques.

a. Les suppléances à la lecture

- Livres audio.

– *www.audiolivres.eu*

– *www.litteratureaudio.com*

– *www.livraphone.com*

- Lecteurs vocaux.

Ils permettent d'oraliser l'écrit, fournissent une lecture électronique du texte sélectionné.

En classe, ils permettent une lecture des consignes, des textes et une relecture de ce que l'élève écrit avec son traitement de textes.

À la maison (à partir du collège), ils donnent une indépendance de lecture et peuvent être utilisés pour les loisirs : lecture de courriels, de sites internet.

– *SpeakBack*.

D'un seul clic on peut lancer la lecture d'un texte.

Plusieurs paramétrages : réalisation en continu, avec une pause entre les mots ou en épelant les mots.

On peut définir vitesse, volume, tonalité de la voix.

– *Lit un texte* (idem, gratuit).

– *DSpeech* permet la lecture de tout texte et sa transcription en fichier audio (mp3 ou wav).

Logiciel gratuit.

Voix de dernière génération payantes.

Retour vocal associé à un suivi du texte par un curseur.

– *Balabolka* (idem).

En plus de ces logiciels dédiés, existent des palettes flottantes utilisables avec toutes les applications : *Natural text to speech, WordRead, ClaroRead*… (lecture possible de PDF).

Existent également des extensions au traitement de texte : *PC Voice* pour Microsoft Office, *Vox OO fox* solution gratuite pour LibreOffice ou extension du navigateur internet *Speak it* pour Google Chrome et Firefox.

- Logiciels permettant une modification de la présentation du texte à l'écran (fonctionnent comme une règle ou un guide de lecture) : *Lit une ligne, ScreenRuler*…
- Adaptation des textes en ajoutant une macro d'espacement à son éditeur (Word, OpenOffice ou LibreOffice). Voir le site *college.dargent.free.fr*
- Nombreuses options de visualisation et d'annotation avec le logiciel PDF-XChange Viewer.
- Reconnaissance optique de caractères (OCR) : *FineReader, Omnipage*…

b. Les suppléances à l'écriture

- Dictaphones (utilisation difficile car enlèvent le support visuel).
- Traitement de textes.

  Pour l'apprentissage du clavier : de nombreux sites et quelques logiciels comme *Apprenticlavier* et *Taptouche*.
- Logiciels de dictée vocale

  Ils nécessitent un apprentissage (en ergothérapie ou en orthophonie puis en cours).

Il faut garder un *feed-back* visuel avec l'écrit, notamment en dictant par groupe de mots (relecture et correction immédiates).

La présence d'un adulte tuteur (ou d'un AVS) est importante au démarrage et en attendant de développer l'autocontrôle.

- Reconnaissance vocale de Windows 7 et 8 intégrée : rédaction de documents à la voix.

  Le texte doit être dicté dans Wordpad (il peut ensuite être copié dans un autre traitement de texte).

- *Dragon Naturally Speaking* pour Windows et *Dragon Dictate* pour Apple, *SpeakQ*... : rédaction de documents à la voix et affichage sur l'écran.

  Relecture/réécoute (amélioration de la reconnaissance avec l'utilisation).

  Les logiciels mémorisent les corrections.

  Il faut néanmoins vérifier le texte et corriger les ambiguïtés (a/à, et/est, des tours/détours...) ce qui complique beaucoup leur utilisation pour des débutants en lecture.

  Les erreurs sont moins nombreuses si la phrase entière est préparée afin d'être dictée d'un seul trait, tout en séparant bien les groupes de mots.

  Ces logiciels permettent la navigation à voix sur le web.

- Logiciels de prédiction lexicale : ils facilitent et accélèrent la frappe.

  – Prédicteur simple : *Dicom* (gratuit).

  – Prédicteurs évolués incluant l'anticipation de mots avec acquisition intelligente de registres lexicaux supplémentaires : *Skippy, Word Q* (avec retour vocal, épellation, analyse grammaticale).

  – Prédicteurs évolués incluant l'anticipation de mots avec interprétation et suggestion de mots à partir d'un algorithme de recherche d'erreurs : *Wody, ClaroRead.*

- Correcteurs d'orthographe.

  – *Word* ne propose pas toujours la bonne solution.

  Quand les correcteurs sont intégrés dans le traitement de textes, leur efficacité est limitée par le fait qu'ils ont été initialement développés pour la langue anglaise, dont les structures grammaticales sont différentes de la langue française.

  Ils déçoivent surtout par leurs capacités sémantiques et syntaxiques.

  – *Antidote* (canadien).

  – *Cordial.*

  Ces deux derniers correcteurs nécessitent une bonne connaissance de la langue : ils sont donc plutôt réservés aux lycéens et aux adultes ou à associer à la dictée vocale.

c. Les logiciels multifonctions

- *ClaroRead :* palette d'outils intégrant OCR, prédicteur, synthèse et retour vocal, dictionnaire, modification de l'apparence du texte, règle de lecture…
- *Médialexie.* Ce logiciel intègre plusieurs fonctions : dictée vocale (version pro de Dragon), lecteur de textes, visualisateur de textes, transcripteur vocal, correcteur de textes (écriveur Médialexie et Cordial), dictionnaire, tutorial.

  Le visualisateur permet de paramétrer et de personnaliser l'affichage à l'écran d'un texte, donc de mettre en évidence des éléments de lecture posant des difficultés (ex. lettres symétriques, petits mots…).
- *Kurzweil :* synthèse vocale, dictée vocale, prédiction de mots, dictionnaire, OCR, annotations d'écran, fonctions d'étude…

  Il est utilisable en plusieurs langues étrangères et peut lire un fichier PDF.
- *PackDys :* dictée vocale, ClaroRead et Antidote. Vocal qui réunit en une seule interface :
  - Coupe mots (logiciel permettant la segmentation et la colorisation des syllabes) ;
  - SD Vocal avec Coupe mots intégré (logiciel de lecture de texte, par voix de synthèse) ;
  - Seribe Dico (logiciel de prédiction de mots).

Pack téléchargeable sur h*ttp://stephaxad.over-blog.com*

Objectifs d'utilisation des logiciels de reconnaissance vocale ou des logiciels multifonctions

En classe

- Prise de notes peu envisageable.
- Devoirs sur tables, contrôles et examens (salle à part).

À la maison

- Mise en page et correction des fautes.
- Devoirs, répondre aux questions par écrit…
- À partir du lycée : dissertation, commentaire de texte…
- Vie sociale : courriel, lettre de motivation, CV…

Chez le même éditeur

176 p.
L'essentiel

Repérer et accompagner les troubles du langage

Dominique-Anne Romagny

Outils pratiques, mesures pédagogiques, adaptatives et rééducatives
Cet ouvrage, centré sur les troubles du langage de l'enfant, vise à resserrer les liens de travail entre l'enfant qui présente ces troubles, ses parents qui vivent au quotidien les difficultés de leur enfant et les professionnels de la petite enfance.
Ce livre s'adresse :
- aux enseignants désireux de préciser leurs connaissances dans le domaine du langage afin de mieux gérer le temps langage en classe, de mieux repérer les enfants porteurs de troubles du langage et de les aider ; il leur propose une série d'outils pratiques et concrets et un livret langage à remettre aux parents concernés ;
- aux médecins et psychologues scolaires amenés à faire du dépistage ; il leur propose des outils de dépistage et leur indique les procédures à suivre ;
- aux orthophonistes qui trouveront des éléments de conduite de bilan du langage et des pistes de rééducation ;
- aux auxiliaires de vie spécialisés et assistantes maternelles pour appuyer leur connaissance dans le domaine du langage ;
- aux parents pour trouver des repères précis de l'évolution du langage de l'enfant ; ils trouveront dans le livret langage des conseils pour éveiller, aider leur enfant à développer son langage.

Cet ouvrage a pour vocation de sensibiliser les personnes gravitant autour de l'enfant, à travailler tous ensemble pour le bien être de l'enfant.

272 p.
L'essentiel

Accompagner l'enfant atteint de troubles d'apprentissage

Marie-Jeanne Petiniot

Marie-Jeanne Petiniot, pédagogue de vocation et mère d'un fils cumulant les troubles d'apprentissage, nous livre ici un témoignage émouvant des souffrances familiales vécues parce que le monde de l'enseignement reste souvent ignorant face à la problématique de la dysphasie, de la dyslexie, de la dyspraxie, de la dyscalculie,... bref, de tous les aspects de la « dys-constellation ».

Son ouvrage, riche en apports pédagogiques, apporte un regard différent sur la gestion de la classe. Marie-Jeanne Petiniot insiste sur la nécessité de pratiquer la pédagogie différenciée à tous les niveaux de l'enseignement et rêve de transformer les pratiques évaluatives. Elle défend les principes de la pédagogie nouvelle qui sauvent beaucoup d'élèves en difficulté.

Pour tous ceux, parents ou enseignants qui veulent mieux comprendre les troubles de l'apprentissage, ce livre est un outil précieux, il les définit, les présente dans ses modes de fonctionnement, propose des aménagements pédagogiques.

Extrait de la préface de Vincent Goetry docteur en psychologie

Cahier couleurs

Les chromophones

oi	noir
ou	rouge
on	marron
an am en em	orange
eu	bleu
au eau	jaune
et ai ei er ez es	violet
er	vert
in im un um ain ein	du vin rosé

La méthode des jetons

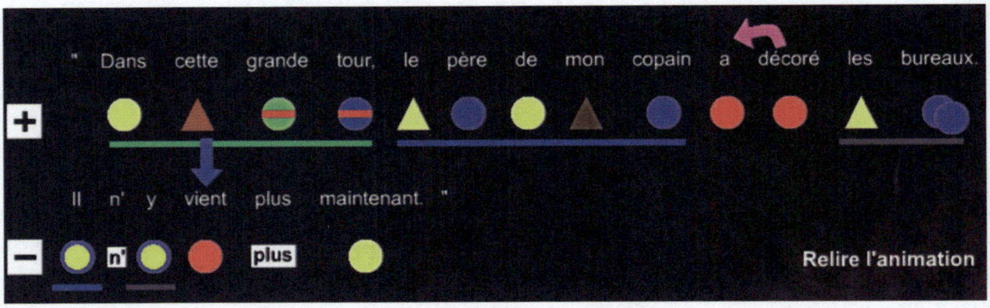

Texte adapté selon la méthode d'imprégnation syllabique

Sophie chante devant sa famille.
Elle joue du piano et chante.

Énoncés de problème aménagés (Évaluations nationales)

CE1	CM2
Pierre, Gisèle et Kévin veulent acheter des bandes dessinées. Chaque bande dessinée coûte 7 euros. Voici leurs économies : Pierre a un billet de 5 euros, trois pièces de 1 euro et une pièce de 2 euros. Gisèle a un billet de 10 euros. Kévin a un billet de 5 euros. Ils **réunissent** toutes leurs économies, et ils achètent 3 bandes dessinées. **Question** Combien d'argent **reste**-t-il ? ☺ Dans le cadre, écris tes recherches et fais tes calculs. ☺ Écris ta réponse :	Un spectacle musical **avec cinq** artistes est proposé au directeur d'une école. **Chaque** artiste est payé 50 euros. Il faut **aussi** payer leur déplacement. Le déplacement coûte deux cents euros **au total.** Il n'y a pas d'autres frais. L'association de parents d'élèves **donne** une **aide** de 110 euros. **Et** la mairie **donne** une **autre aide** de 240 euros. 102 élèves de cette école assistent au spectacle. **Question** Pour payer le **reste** des frais combien chaque élève doit-il payer ? Explique ton raisonnement : .... Fais tes calculs ici : Donne la réponse : **Chaque** élève va payer ....

Leçon de sciences CM2 adaptée

Les étapes de la digestion

1 La **mastic**ation (**masti**quer = mâcher)

Les aliments sont broyés (=écrasés) et les aliments sont mélangés à la salive (dans la bouche).

Les aliments deviennent de la bouillie = le bol alimentaire.

2 La **dégluti**tion.

Cette bouillie est **dégluti**e = avalée

Elle passe dans l'œsophage.

3 La bouillie arrive dans l'estomac.

L'estomac brasse = il mélange.

La bouillie devient liquide après 2 à 4 h.

4 L'estomac se contracte et le liquide arrive dans l'intestin grêle. Dans l'intestin grêle, il y a des sucs digestifs.

Les sucs digestifs transforment le liquide.

Le liquide devient des nutriments.

Les nutriments sont des éléments (=molécules) microscopiques.

5 Les nutriments traversent l'intestin grêle.

Les nutriments vont dans le sang.

6 Le sang transporte les nutriments dans toutes les parties du corps (= tous les organes).

Ce qui n'est pas digéré va dans le gros intestin.

Ensuite, ce sera évacué (= sorti) par l'anus ou la vessie.